| 한국의 선거 60년사 |

권위주의 체제, 선거 그리고 민주주의

제5공화국의 선거들

3

엄기홍 저

마인드탭
MIND TAP

이 저서는 2011년 대한민국 교육부와 한국학중앙연구원(한국학진흥사업단)의 한국학총서사업(모던코리아 학술총서)의 지원을 받아 수행된 연구임
(AKS－2011－DAE－3102)

한국의 선거 60년사 ③

권위주의 체제, 선거 그리고 민주주의: 제5공화국의 선거들

사랑하는 아내와 아이들에게 이 책을 바칩니다.

머리말

선거. 현 시대를 살아가는 사람들에게 너무나 친숙한 단어이다. "대통령을 직접 선출한다." 이 또한 너무나도 당연한 문구이다. "국회의원을 직접 선출한다." 이제는 이렇게 하지 않으면 고개를 갸우뚱 거릴 일이다.

그러나 제5공화국에서는 이러한 당연함이 당연하지 않았다. 대통령은 유권자에게 의해 직접 선출되지 않았으며, 상당 기간 국회의원도 간접 선거에 의해 선출되었다. 이 시기 많은 대통령 선거와 국회의원 선거는 단지 형식에 지나지 않았다. 그 형식이 제5공화국 선거를 거치면서 실질적인 의미로 살아났다.

불가능한 것을 가능한 것으로 만든 데에는 시민이 있었고, 정치인이 있었고, 선거가 있었다. 이때의 선거들은 다른 공화국의 선거들과 달리, 실패의 역사로만 점철되지도, 성공의 결실로만 심취되지도 않았다. 실패의 아픔도, 성공의 기쁨도, 그리고 다시 실패의 아픔을 겪으면서, 온고지신(溫故知新)의 뜻을 한 세대에서 모두 새길 수 있었다.

그러나 지금 이 순간 그 선거와 이를 통한 교훈들이 잊혀지고 있다. 1980년 광주민주화운동, 독재에 이은 또 다른 독재, 1987년 민주화운동 등에 나타났던 염원들이 이제는 과거의 흔적들로만 남겨져 있다. '민주화'라는 단어가 이제는 진부한 단어가 되었으며, 민주화를 위해 노력했던 희생들이 잊혀져 가고 있다. 성공에 도취되었을 때, 실패가 다시금 찾아 올 수 있다는 교훈이 잊혀지고 있다.

"과거를 기억하지 않는 민족에게는 미래가 없다"는 말이 있다. 과거가 있기에 현재가 있고, 과거의 교훈이 있기에 보다 나은 미래를 준비할 수 있기 때문이다. 이 책은 제5공화국 선거라는 과거의 이야기를 담고 있다. 과거의 이야기를 통해 현재의 선거를, 국회를, 그리고 정치를 되짚어 볼 필요가 있기 때문이다. 특히 정치인의 시각에서 그 당시의 사람, 선거, 역사를 살펴보고자 했다. 이를 위하여 당시의 신문 기사, 정치인들의 회고록, 사료(史料) 등을 분석해 보았다.

이 책의 독자층은 대학(원)생을 포함한 일반인이다. 특히, 과거의 이야기에 그리고 정치에 관심이 있는 독자들에게 유용하게 사용될 것이다. 현재의 논의들과 고민들이 과거에서도 생생히 재현되고 있기 때문이다.

이 책은 여러 사람의 도움으로 만들어졌다. 먼저 이 책이 시작될 수 있게끔 주도해 준 신두철 교수님께 감사드린다. 한국학진흥사업의 일환으로 시작된 한국교양총서를 진행하며, 각 공화국의 선거들을 토론할 수 있는 장을 만들어 주었다. 그리고 김욱 교수님, 지병근 교수님, 서복경 교수님께도 감사드린다. 이분들의 도움으로 제5공화국의 선거가 동떨어진 독특한 선거가 아닌, 한국이라는 역사 속에 한 선거였다는 것을 새삼 깨닫게 되었다. 이 책이 나오기까지 각 장의 흠결과 오류를 찾는 등 헌신적 노력을 기울여준 마인드탭 김중용 대표께 감사드린다.

저자의 가장 진심어린 감사는 가족에게 전하고자 한다. 부모님, 아내 박혜신, 딸 엄선민, 그리고 아들 엄주용의 사랑이 없었다면, 현재의 내가 존재할 수 없기에, 이(분)들께 진심어린 감사를 전하고자 한다. 감사합니다.

연구실에서

엄기홍

차 례

제1장 서 문

제2장 권위주의 체제에서의 선거와 민주주의

제3장 제11대 대통령 선거와 권위주의 체제의 태동

제4장 제12대 대통령 선거와 권위주의 체제의 정당화

제5장 제11대 국회의원 선거와 권위주의 체제의 공고화

제6장 제12대 국회의원 선거와 권위주의 체제 붕괴의 서곡

제7장 선거를 통한 민주화의 가능성

제8장 결론: 미완의 민주화

제 1 장 서 문

CHAPTER 01 서 문

제5공화국은 역사적 맥락에서 그리고 이론적 맥락에서 중요한 시기였다. 제5공화국은 역사적 맥락에서 볼 때 권위주의 체제가 해체되고 민주주의의 실현 가능성이 시민의 힘으로 만들어진 시기였다. 또한 제5공화국은 이론적 맥락에서 볼 때 민주화의 실패와 성공을 같은 공화국 내에 경험한 시기였다. 본서는 이와 같은 제5공화국의 역사적 흐름을 선거라는 매개체를 통하여 이론적으로 고찰하고자 한다. 선거라는 매개체를 통하여 제5공화국의 역사적 변화를 설명함으로써 미래의 한국 민주주의 발전에 기여하고자 한다. 이제 그 이야기를 시작해 보자.

제1절 제5공화국의 선거들과 민주주의

대의제 민주주의(代議制 民主主義)를 실시하는 국가에 있어서 선거는 당연히 존재해야 할 요소이며, 이의 역할은 자명하다. 선거는 유권자를 대표할 대표자를 선출하는 제도이며, 선거의 역할은 선출된 대표자가 유권자의 의견을 정책에 수립하고 집행하는데 반영될 수 있도록 강제하는데 있다. 따라서 선출된 대표자가 유권자의 의견을 따르지 않는다면, 유권자는 선거를 통하여 대표자를 교체할 수 있어야 한다. 제5공화국도 민주주의 운영을 위한 제도로서 대의제 민주주의를 채택했기에, 여러 번의 선거들이 있었다. 따라서 독자들은 제5공화국에서도 다른 서구 민주주의 국가에서처럼 선거가 역할했을 것으로 기대할 수 있으며, 민주주의 운영이라는 측면에서 여러 가지 이야기를 기대할 수 있을 것이다.

그렇지만 제5공화국은 권위주의 체제 국가였다. 권위주의 체제에서의 선거는 서구 민주주의에서 기대되는 것과는 사뭇 다른 차원에서 기능한다. 권위주의 체제에서의 선거는 집권하고 있는 정권의 정당화를 위한 도구이며, 따라서 선출된 대표자가 유권자의 의견을 듣지 않는다 할지라도 축출되지 않는다. 선거는 이미 집권하고 있는 사람들을 합법적으로 집권하도록 해주는 도구에 지나지 않기 때문이다. 그렇다면 권위주의 체제였던 제5공화국의 선거들은 형식적인 요식행위에 불과하며, 그 자체의 이야기는 중요하지도 흥미롭지도 않은 이야기인가?

두 가지 주장 중 어떤 주장이 보다 적절할까? 어쩌면 두 가지 주장이 모두 맞을 수도 있다. 왜냐하면 제5공화국 한 때의 선거는 형식적 요식행위였지만, 다른 한 때의 선거는 실질적 의미가 있는 행위이었기 때문이다. 만약 그러하다면, 형식적이고 요식행위에 불과한 선거가 어떻게 의미 있는 선거가 되었는가? 다른 시각에서 본다면, 즉 제5공화국에서 선거가 없었다면 한국의 민주화가 가능했을까? 만약 1985년 제12대 국회의원 선거가 없었다면, 민주 세력이 제도권 정치에 진입할 수 있었을까? 만약 민주 세력이 재야에만 머물러 정권에 대한 투쟁만을 지속하고 선거에 참여하지 않았다면, 대통령 직접 선거라는 '6·29 선언'을 권위주의 정부로부터 얻어 낼 수 있었을까?

여기에서의 '만약'들이 모두 설득력 있는 주장이라면, 제5공화국의 선거는 다른 어떤 선거 보다도 주목받아야 할 제도이고 이야기일 것이다. 1985년 제12대 국회의원 선거에서 신한민주당이라는, 권위주의 정부에 투쟁하는 야당이 선거에 참여했기에 권위주의 체제에 저항할 수 있는 제도적 기반이 형성되었다면, 우리는 제5공화국 선거에 관심을 가져야 할 것이다. 왜냐하면 선거라는 제도와 이 제도 속에서 활동했던 사람들이 있었기에 오늘날 우리의 민주주의가 가능하기 때문이다.

제5공화국은 '빼앗긴 서울의 봄'이라 일컫는 민주화의 희망이 실패한 자리에서 태어났다. 그 슬픔을 안고, 더욱 매서운 바람 속에 제5공화국은 탄생했다. 그렇지만 제5공화국은 '6·29 선언'이라는 성공을 낳았지만, 다시 한 번 기대만으로 종결되었다.

박정희 대통령 사망을 기점으로 12·12 군사반란, 5·17 쿠데타, 5·18 광주민주화 항쟁 등 많은 시련과 아픔의 역사가 이 때 있었다. 전두환을 중심으로 한 새로운 군부 세력은 군사력과 정보력을 토대로 제5공화국을 수립했다. 이렇게 탄생한 공화국이기에, 제5공화국 집권 초기에는 정치·사회·경제적 영역에서 체제에 대한 모든 도전 세력들을 배제하고, 집권 세력을 중심으로 권위주의적 지배체제를 강화시켜 나아갔다. 예를 들어, 전국적인 비상계엄을 선포하여 국회와 기존 정당들을 해산하고, 반체제적 정치인들의 활동을 금지시켰다. 이와 같은 공포 분위기 속에서 헌법 개정을 단행하였고, 새로운 헌법 하에서는 제5공화국의 선거들, 즉 제11대 대통령 선거, 제12대 대통령 선거 그리고 제11대 국회의원 선거가 치러졌다.

어느 정도 권위주의 체제가 안정되자, 집권 세력은 정치적 영향력 확보에 사신감을 가지게 된다. 때마침 터진 일련의 권력형 비리는 더 이상 집권 세력이 공포의 정치를 펼칠 필요성도, 명분도 흐리게 하였으며, 오히려 정치적 국면을 부드럽게 하는 것이 집권 안정화에 유리하게 작용할 것이라는 판단을 하게 된다. 이에 조응하여 1983년 정치해금, 학원자율화 등의 "유화조치"가 취해지게 된다. 집권 세력은 어느 정도 선거가 민주적이고, 경쟁적이 될지라도 집권을 유지할 수 있다는 자신감을 얻게 된 것이다. 따라서 집권 세력은 선거를 통하여 권위주의 체제의 재생산과 공고화를 도모하고자 했다.

그러나 집권 세력의 유화조치는 예상치 못했던 민주화의 요구를 맞이하게 된다. 첫 번째 유화조치였던 정치활동 금지자들에 대한 해금조치는 신한민주당이라는, 권위주의 정권에 정면으로 도전하는 선명야당의 창당으로 이어진다. 제12대 국회의원 선거를 불과 한 달여 앞둔 시점에서 창당된 신한민주당은 대통령 직선제 개헌, 광주민주화운동 진상 규명, 정치범 석방, 김대중 사면복권, 국회의 국정조사권 발동 등 전두환 정권에서 성역으로 간주되었던 부분들을 정면으로 꺼내 놓았다. 이는 전두환 정권의 정통성에 도전하는 강도 높은 투쟁을 의미하는 것으로서, 밑으로부터의 민주화를 위한 정치국면을 조성했다. 그 결과 아무도 예상하지 못했던, 심지어 신한민주당도 예상하지 못했던 결과가 제12대 국회의원 선거에서 벌어졌다. 선거를 목전에 둔 시점에서 창당된 신한민주당은 그동안 제1야당이었던 민주한국당을 압도했으며, 집권 세력의 정당이었던 민주정의당을 위협하는 정당으로 부각하였다. 나아가 신한민주당은 선거 직후 민주한국당 소속 국회의원 대부분을 흡수함으로써 민주한국당을 결과적으로 해체시켰으며, 시민사회와 연대하여 집권 세력의 마지막 보루였던 대통령 간접 선거제를 직접 선거제로 전환하고자 투쟁했다.

신한민주당을 중심으로 한 민주 세력의 단합된 행동에 대하여, 집권 세력은 정치규제법의 전면 폐지와 온건파 중심의 내각 교체 등을 통하여 대화와 타협의 카드를 제시했다. 또한 신한민주당 내부의 온건파 세력을 포섭하기 위하여 내각제 개헌 카드를 제시하기도 했다. 그러나 집권세력은 신한민주당 내부 급진파의 공세, 시민사회의 반정부투쟁 등이 가열됨에 따라 정치적인 해결방식을 포기하고 다시 폭력을 동원하는 모습을 보였다. 이의 상징적 조치는 1987년 4월 13일 발표된 소위 '4·13 호헌조치'이며, 전두환 대통령은 이 조치를 통하여 개헌에 관한 논의를 중단시키는 초강경책을 내놓았다.

그렇지만 집권 세력 내 온건파들의 생각은 달랐다. 집권 세력 내 온건파를 대표하는 노태우는 민주정의당의 제13대 대통령 후보로 지명된 후, 1987년 6월 29일 소위 '6·29 선언'을 통해 민주 세력과 시민사회의 요구를 수용하게 된다. 1987년 10월 12일 마침내 5년 단임의 대통령 직선제를 골자로 하는 새 헌법안이 국회에서 가결되고, 이는 10월 27일 국민투표를 통과하여 확정됨으로써 한국의 정치체제는 민주주의 체제로 돌아 갈 수 있는 전환기적 상황을 맞이하게 된다.

본서는 이와 같이 역동적인 제5공화국과 이의 변화를 선거라는 매개체를 통하여 이야기하고자 한다.

제2절 연구의 범위와 방법

본서의 목적은 권위주의 체제에서 민주주의 체제로의 전환을 밝히는데 있다. 특히, 이러한 전환에 있어서 선거의 역할과 그 과정의 역사를 찾고 서술하는 데 있다. 본서의 연구 범위와 방법은 다음과 같다.

1. 연구의 범위

권위주의 체제에서의 선거, 그 선거들이 어떤 의미를 지니고 있는지가 본서를 시작하게 만든 원동력이다. 특히, 본서에서 다루고 있는 제5공화국은 민주화 실패의 역사와 성공의 역사가 공존하는 시기이기에 더욱 의미가 크다. 전두환 중심의 신군부는 박정희 대통령 사망 이후 민주화가 목전에 있다는 희망을 앗아 갔고, 그 자리에 또 다른 권위주의 정부를 구성했다. 그러나 바로 그 집권 세력 스스로가 대통령 직선제라는 민주 세력과 시민사회의 요구를 수용하게 된 것이다.

제5공화국의 변화는 무엇을 의미하는가? 권위주의 정부는 무력, 자본, 언론 등 상당한 자원을 자신의 통제 하에 두고 있었는데, 이를 이겨내고 민주화를 달성할 수 있게 한 원동력은 무엇인가? 권위주의 체제에서 선거란 어떤 의미일까? 권위주의 체제에서의 선거란 권위주의 정부를 합법화하고 정당화하기 위한 기제인가, 아니면 민주화를 달성할 수 있는 필요조건인가?

이러한 질문에 답하기 위하여 본서는 제5공화국을 분석시기로 설정하였다. 따라서 본서의 시간적 범위는 전두환 후보가 당선된 1980년 8월 27일부터 12대 대통령 임기를 마친 1988년 2월 24일까지이다. 또한 본서는 선거라는 매개체를 대상으로 한 분석이기에 <표 1-1>에 제시된 바와 같이 1980년 8월 27일 제11대 대통령 선거, 1981년 2월 25일 제12대 대통령 선거, 1981년 3월 25일 제11대 국회의원 선거, 1985년 2월 12일 제12대 국회의원 선거 그리고 제13대 대통령 선거를 분석대상으로 설정하였다.

〈표 1-1〉 제5공화국의 선거들

유형	구분	공고일	선거일	당선인/다수당	선출방법
대통령 선거	제11대	1980.08.22(금)	1980.08.27(수)	전두환	통일주체국민회의
대통령 선거	제12대	1981.01.24(토)	1981.02.25(수)	전두환	대통령선거인단
국회의원 선거	제11대	1981.03.05(목)	1981.03.25(수)	민주정의당	직접선거
국회의원 선거	제12대	1985.01.23(수)	1985.02.12(화)	민주정의당	직접선거
대통령 선거	제13대	1987.11.16(월)	1987.12.16(수)	노태우	직접선거

2. 연구의 방법

본서는 권위주의 체제에서 민주주의 체제로의 전환과정에 있어서 선거의 역할을 서술하고 있다. 특히, 본서는 제11대 대통령 선거에서 전두환 후보가 당선된 시점부터 제12대 대통령으로서 임기를 마친 1988년 2월 24일 동안 치러진 선거들을 역사적 그리고 이론적 관점에서 서술하고 있다.

선거 결과는 제도와 행위자들이 서로 상호 작용하며 만들어 진 결과물이다. 여기서 제도란 선거 절차를 규정하는 선거제도, 선거 참여 주체 중 하나인 정당을 규정하는 정당제도, 선거에 대한 수입과 지출을 규정하는 정치자금제도 등을 의미한다. 행위자란 후보자 등의 인물, 유사한 정치적 뜻을 가진 사람들로 구성된 정당, 기존의 정치권 밖에서 활동하는 재야 세력을 의미한다. 제5공화국의 경우, 행위자는 권위주의 체제 유지를 옹호하는 집권 세력, 이에 저항하는 민주 세력 등으로 단순화할 수 있다.

흥미로운 점은 선거에 참여하는 행위자의 동기나 행동이 선거제도, 정당제도, 정치자금제도 등에 따라 제약받기도 하지만, 이들이 또한 제도를 변화시킬 수 있는 주체이기도 하다는 점이다. 따라서 각 행위자들은 기존 제도를 자신에게 유리한 방향으로 바꾸고자 노력하지만, 행위자들은 단일한 행위자가 아니며

서로 갈등하는, 합의하지 못하는 행위자라는 점에서 문제가 발생한다. 서로 갈등하는 행위자들은 기존의 제도 하에서 경쟁하기도 하지만, 동시에 제도를 자신에게 유리한 방향으로 유지 또는 개정하고자 하기 때문이다. 선거는 이러한 제도와 행위자, 그리고 행위자들 간 경쟁의 결과이다.

第5공화국의 경우도 예외는 아니어서, 집권 세력과 민주 세력은 현 제도의 테두리 안에서 경쟁하지만, 서로에게 유리한 결과를 가져올 수 있는 제도로의 변화를 시도한다. 따라서 선거에서의 제도는 단순한 형식이 아닌 집권 세력과 민주 세력 간 투쟁의 결과로 볼 수 있다. 예를 들어, 제11대 대통령 선거는 유신헌법의 잔재인 「통일주체국민회의법」에 따라 선거가 실시되었다. 「통일주체국민회의법」에 따르면, 대통령은 유권자가 직접 선출하는 것이 아닌 「통일주체국민회의대의원선거법시행령」에 따라 선출된 통일주체국민회의 대의원들에 의하여 선출된다. 만약 정권의 핵심에 신군부가 아닌, 김대중, 김영삼 또는 다른 인사가 정권을 획득했다면, 다른 헌법에 의한 대통령 선거가 있었을 것이다. 제12대 대통령 선거도 유사한 방식으로 치러졌다. 「대통령선거법」에 따라, 대통령은 유권자에 의한 직접 선출이 아니라 대통령 선거인에 의하여 간접 선출되었다.

대통령 선거와 유사하게 국회의원 선거도 다양한 이해관계가 반영되어 있다. 예를 들어, 집권 세력의 정당인 민주정의당은 2개 이상의 관제 야당을 창당시켜, 자당(自黨)이 원내 제1당이 되길 희망했다. 원내 제1당이 되면, 전국구 의원 배분방식에 따라 자당 의석수가 과반이 되기 때문이었다. 이를 달성하기 위하여 제11대 국회의원 선거는 1구 2인의 대표자를 선출하는 중선거구제를 선택했으며, 다당제 형성을 위하여 정당법과 정치자금법을 개정했다.

이와 같은 맥락에서 본서는 제도와 행위자, 즉 헌법－선거제도－정당법－정치자금법 등의 제도와 집권 세력－민주세력 등의 행위자를 중심으로 제5공화국을 분석하고자 한다. 분석되는 선거들은 제11대 대통령 선거, 제12대 대통령 선거, 제11대 국회의원 선거 그리고 제12대 국회의원 선거 그리고 제13대 대통령 선거이다.

본서의 접근방법은 제도사적 고찰 그리고 제도와 행위자 간의 상호작용에 대한 서술이다. 제도사적 고찰은 당시의 헌법, 선거제도, 정당법, 정치자금법 등 다양한 형태의 제도에 대한 역사적 고찰과 더불어 변화에 대한 비교가 진행된다. 또한 제도와 행위자 간의 작용은 행위자들의 동인에 대한 파악과 각 동인들이 어떠한 행위로 이어졌는지를 파악하여 이들 간의 상호작용을 분석한다.

이를 위해 사용된 자료의 출처와 분석방법은 다음과 같다. 제5공화국의 헌법, 선거제도, 정당법, 정치자금법 등은 주로 국가법령정보센터(http://www.law.go.kr)에서 획득하였다. 행위자들의 동인과 행위를 분석하기 위하여 행위자들의 회고록, 신문 기사 등에 대한 내용을 분석하였다. 활용된 회고록은 전두환 회고록, 노태우 회고록, 정승화 회고록, 김영삼 회고록, 김대중 회고록 등이다. 관련 신문기사는 주로 네이버 뉴스 라이브러리(http://newslibrary.naver.com/)에서 획득하였다. 또한 선거결과를 분석하기 위하여 선거결과에 대한 통계자료가 사용되었다. 선거결과에 대한 통계자료는 정부간행물, 중앙선거관리위원회 선거통계시스템(http://info.nec.go.kr/) 등에서 획득하였다. 정부간행물이란 중앙선거관리위원회 발간인 『대한민국선거사』 시리즈, 『대한민국정당사』 시리즈 그리고 국회 발간인 『대한민국 60년사』 등을 의미한다. 끝으로 각 장에는 해당 시기의 핵심 사건을 정리한 박스와 사진이 있다. 박스의 주요 출처는 위키피디아(http://ko.wikipedia.org/)이다. 각 선거의 모습을 담은 사진은 『대한민국선거사: 제4집』과 e영상역사관(http://www.ehistory.go.kr)에서 획득했다.

제3절 본서의 구성

본서는 전두환 후보가 당선된 선거인 제11대 대통령 선거부터 제12대 대통령으로서 임기를 마친 1988년 2월 24일까지의 선거를 역사적 관점에서 다루고 있다. 본서는 제5공화국이 출현하게 된 역사적 배경과 과정에 대한 논의를 토대로, 이 시기에 실시되었던 주요 선거들의 특징들을 시계열적 차원에서 고찰하였다. 특히, 권위주의 체제 유지를 목적으로 하는 집권 세력과 이를 극복하고 민주화를 달성하고자 했던 민주 세력 간의 역학 관계가 '선거'라는 매개를 통하여 전개된 양상을 서술하고 있다.

먼저 제2장에서는 제5공화국 선거들에 대한 논의를 전개하기 위하여 선거제도와 정당구도를 개괄적으로 서술하고, 제5공화국 선거를 설명하기 위한 이론적 토대를 쌓고자 한다. 역사의 한 순간은 과거의 사건들에 대한 경험과 반성에 의해서 만들어지며, 현재의 제도는 과거의 연속선상에 있다. 따라서 선거제도와 정치 관련 법들을 시계열적 차원에서 서술함으로써, 제5공화국에 사용되었던 제도가 갖고 있는 역사적 위상을 찾고자 한다. 이와 같은 역사적 흐름에 대한 반추(反芻)는 제5공화국에서 발생한 사건에 대한 이론적 토대를 형성하리라 본다. 또한 권위주의 체제 하에서 치러지는 선거에 참여하는 것이 부질 없다는 선거 무용론과 이에 반하는 논쟁들이 소개되며, 선거가 체제 변화에 기여할 수 있는 환경이 소개된다.

제3장부터 제6장까지는 제5공화국 선거에 대한 개별적 분석이다. 제3장에서는 제4공화국의 핵심이었던 박정희 대통령이 사망한 이후, 전두환을 중심으로 한 신군부 세력이 정권을 장악하는 과정이 그려진다. 이와 같은 환경에서 치러진 제11대 대통령 선거 결과와 그 의미가 이야기되고 있다. 제4장은 제12대 대통령 선거를 분석한 장이다. 제11대 대통령 선거가 치러진 지, 1년이 되지 않은 시점에서 제12대 대통령 선거가 치러졌다. 제11대 대통령 선거와 유사하게, 제12대 대통령 선거에서도 대통령은 유권자에 의한 직접 선출이 아닌 선거인단에 의한 간접 선출이었다. 집권 세력은 제11대 대통령을 선출한 헌법이 장기 집권의 가능성을 내포하고 있다는 점을 들어 헌법을 개정했지만, 실제적으로 장기 집권의 핵심 요소인 간접 선출제는 그대로 유지했다. 한편, 헌법 개정의 핵심인 7년 단임의 대통령제는 권력 공유라는 관점에서 바라 볼 필요가 있다. 전두환을 중심으로 형성된 제5공화국이라 할지라도, 집권 세력 인사들의 충성심이 유지되어야 정권이 유지될 수 있었기 때문이다. 즉 집권 세력 인사들의 충성심 유지를 위해서는 국회의원 의석 뿐만 아니라 보다 강력한 유인책이 필요했으며, 그 유인책은 7년 단임의 대통령제였다. 제5장은 제11대 국회의원 선거에 대한 장이다. 앞서 언급한 바와 같이, 전두환은 집권 세력의 충성심을 유인하기 위하여, 권력을 공유할 필요가 있었다. 이를 위하여 집권 세력에게 돌아갈 국회의원 의석이 필요했으며, 제도는 이에 조응하여 변화되었다. 1구 2인 중선거구제, 원내 제1당에게 배분되는 전국구 3분의 2의 의석, 야당 분열을 위한 정당 창

당 및 유지를 위한 법 개정 등 다양한 제도적 변화가 있었다. 이의 결과, 관제 야당이 다수 출현하였고, 제11대 국회의원 선거는 집권 세력 인사들에 대해 권력 공유의 약속을 지킨 선거가 되었다.

제6장은 민주 세력과 집권 세력이 경쟁하는 제12대 국회의원 선거가 논의된다. 빈번하게 발생하는 집권 세력 내부의 갈등, 시민사회의 동요, 지배에 대한 자신감 등의 이유로 집권 세력은 민주 세력 인사들의 정치활동을 허용하게 된다. 해금된 인사들을 중심으로 민주화추진협의회가 형성되고, 이 협의회는 권위주의 체제에 반대하는 민주화 투쟁의 중심이 된다. 이러한 시점에 치러진 1985년 제12대 국회의원 선거는 4년 전 치러진 1981년 선거와 사뭇 다른 결과를 가져왔다. 민주화추진협의회를 모태로 선거를 불과 한 달 앞둔 시점에 창당된 신한민주당은 정권에 저항하는 선명 야당이 되었으며, 선거 결과 집권 세력에 위협을 가할 수 있는 야당으로 대두하였다. 제7장은 제12대 국회의원 선거와 더불어 물결친 민주화의 요구가 6·29 선언 및 대통령 직선제로 이어진 과정을 서술하고 있다. 제12대 국회의원 선거 결과, 민주 세력은 신한민주당을 중심으로 집권 세력에 대항할 수 있는 정치적 토대를 형성했다. 신한민주당은 대통령 직접선거로의 개헌을 주장하고, 권위주의 정권의 비도적적, 비민주적 요소들을 정면으로 제기하였다. 집권 세력은 이러한 와중에 내부 단결을 도모했지만, 현행 헌법의 호헌(護憲), 의원내각제로의 개헌, 다시 호헌(護憲)으로의 후퇴 등 흔들리는 모습을 보이게 된다. 결국, 당시 민주정의당 대통령 후보였던 노태우는 1987년 6월 29일 소위 '6·29 선언'을 통해 대통령 직선제 개헌을 골자로 하는 선언을 발표한다. 이로써 제5공화국의 종말과 민주화의 가능성이 제기되었다.

제8장 결론에서는 본서에서 주장한 단결과 분열의 역할이 다시금 제6공화국, 제13대 대통령 선거에서도 재현되고 있음을 보여주고 있다. 즉 1980년 '서울의 봄' 당시 나타났던 김대중·김영삼 간의 갈등이 6·29 선언과 대통령 직선제 개헌 이후 다시 등장하였던 것이다. 특히 제13대 대통령 선거를 목전에 두고 불거진 김대중, 김영삼 간의 갈등은 대통령 후보 단일화 실패로 귀결되고 제13대 대통령 선거는 집권 세력의 후보인 노태우 후보의 당선으로 귀결되었다. 제8장 결론에서는 이와 같은 과정을 이야기하고, 제5공화국 선거들을 통해 배운 교훈을 제시하고 있다.

제 2 장 권위주의 체제에서의 선거와 민주주의

CHAPTER

02 권위주의 체제에서의 선거와 민주주의

1987년 민주화 이전의 선거제도와 정당구도는 역사적 굴곡을 반영하고 있다. 당시 한국의 선거제도는 정권의 의도에 따라 개정되었고, 정당구도 또한 이에 따라 변화되었다. 그러나 시민사회를 비롯한 민주주의 세력은 오히려 선거라는 제도를 통하여 저항하였고 새로운 변화를 만들어 내었다. 제2장은 한국의 선거제도와 정당구도를 통시적 측면에서 개괄하고자 한다. 이와 같은 통시적 고찰은 제3장부터 진행되는 제5공화국 선거의 위상과 이에 따른 변화를 이해하는데 기여하리라 본다.

제1절 한국의 선거제도와 정당구도 개관

1. 한국의 선거제도

현재의 선거제도는 이전의 선거들에 의하여 영향을 받은 제도임과 동시에 현재의 선거결과와 미래의 선거제도에 영향을 미친다. 따라서 현재의 선거제도는 우연히 형성된 것이 아니며, 역사적 사건의 결과인 동시에 미래 정치에 관한 제도이다. 이러한 관점에서 한국 선거제도의 역사적 경로와 위상을 개괄적으로

짚어보고자 한다.

한국의 선거제도는 민주주의 운영의 민주성과 대표성을 구현하기 위하여 도입된 제도이기 보다는 해방 이후 정치세력들 간 정략적 이해의 결과물이다(김용호 2003). 제헌국회 선거제도는 해방 이후 형성된 우파와 좌파, 그리고 미군정과 유엔 한국임시위원단 간의 정치적 타협물이었다. <표 2-1>에 제시된 바와 같이 제1공화국 선거제도는 1구 1인 대표제에 기반을 둔 소선거구제였으며, 상대다수 득표에 의하여 당선자가 결정되었다.[1] 이는 대통령 선거와 국회의원 선거에 동일하게 적용되어서, 대통령은 전국을 단위로 그리고 국회의원은 시도 내에 존재하는 지역구를 단위로 '직접' 선출되었다. 이와 같은 제1공화국 선거제도는 이승만 정권의 몰락과 더불어 의원내각제 형식의 제2화공화국 선거제도로 변화하였다.

제1공화국 정치체제와 비교할 때, 제2공화국 정치체제의 특징은 대통령제에서 의원내각제로의 전환 그리고 양원제의 실질적 구성이다.[2] 양원 중 하나인 민의원(民議院)은 지역구를 대표하는 의회로서 1구 1인 소선거구제를 통해 선출되었으며, 다른 하나인 참의원(參議院)은 시도를 대표하는 의회로서 1구 2~8인 중대선거구제를 통해 선출되었다(중앙선거관리위원회 1992a, 81쪽; 국회사무처 2008, 181쪽). 의원내각제 하에서 국가의 수장인 국무총리는 민의원에서 선출되었으며, 집행권을 담당하였다.

그러나 한국 정치 역사상 최초의 시도였던 의원내각제는 1961년 5·16 군사 쿠데타에 의하여 막을 내리고, 대통령제로 회귀되었다. 제5차 헌법개정에 따라 제3공화국의 정치체제는 유권자가 대통령을 '직접' 선출하는 제도로 바뀌었으며, 국회 또한 양원제에서 단원제로 복귀되었다. 특히, 국회의원 선거제도 역사상 처음으로 전국을 단위로 하는 비례대표제도(이하 전국구 국회의원제도)가 도입되었다. 그렇지만 이 때의 전국구 국회의원제도는 비례대표제도의 취지인 1인 1표의 비례성에 근거를 둔 제도이기 보다는 정권 안정을 위한 비(非)비례적 요소가 강하게 가미된 제도로서 평가될 수 있다(김현우 2001).

---

1 본 절은 엄기홍(2010)의 논문을 바탕으로 작성되었다.

2 제2공화국에 실시된 양원제는 사실 제1공화국 당시 1952년 제1차 헌법 개정에 따라 참의원(參議院) 형태로 소개되었지만, 실행되지는 않았던 제도였다.

정권 안정을 위한 비(非)비례적 요소는 1972년 제7차 헌법개정에 따른 제4공화국 유신체제에서 보다 극명하게 나타났다. 예를 들어, 대통령 선출은 대통령 본인이 의장인 통일주체국민회의에서 이루어졌으며, 통일주체국민회의 대의원의 3분의 1은 대통령의 추천에 따라 선출되었다(김용호 2003). 또한 일당 지배의 정당구도를 형성하기 위하여 1개 선거구에서 2인의 대표가 선출되는 중대선거구제가 역사상 처음으로 도입되었다. 이와 같이 당시 진행된 일련의 선거제도 개편 목적은 정권의 안정적 지배이었으며, 이러한 노력은 제5공화국까지 지속되었다.

〈표 2-1〉 한국의 선거제도

선거연도	공화국	대통령 선거 방식	국회의원 선거 방식
1948	제1공화국	국회선출	지역구 소선거구제 상대다수대표제
1950		–	지역구 소선거구제 상대다수대표제
1952		직접선거	–
1954		–	지역구 소선거구제 상대다수대표제
1956		직접선거	–
1958		–	지역구 소선거구제 상대다수대표제
1960	제2공화국	직접선거(1960.03.15.) 국회선출(1060.08.12.)	민의원 지역구 소선거구제 상대다수대표제, 참의원 지역구 1구 2–8인 중대선기구제
1963	제3공화국	직접선거	지역구 소선거구제 상대다수대표제, 전국구 비례대표제 의석수 기준
1967		직접선거	지역구 소선거구제 상대다수대표제, 전국구 비례대표제 의석수 기준
1971		직접선거	지역구 소선거구제 상대다수대표제, 전국구 비례대표제 의석수 기준
1972	제4공화국	통일주체국민회의선출	–
1973		–	지역구 1구 2인 중대선거구제 상대다수대표제, 전국구 대통령 추천에 따라 통일주체국민회의 선출
1978		통일주체국민회의선출	지역구 1구 2인 중대선거구제 상대다수대표제, 전국구 대통령 추천에 따라 통일주체국민회의 선출

1979		통일주체국민회의선출	–
1980	제5공화국	통일주체국민회의선출	–
1981		대통령 선거인단선출	지역구 1구 2인 중대선거구제 상대다수대표제, 전국구 비례대표제 의석수 기준
1985		–	지역구 1구 2인 중대선거구제 상대다수대표제, 전국구 비례대표제 의석수 기준
1987		직접선거	–
1988	제6공화국	–	지역구 소선거구제 상대다수대표제, 전국구 비례대표제 의석수 기준
1992		직접선거	지역구 소선거구제 상대다수대표제, 전국구 비례대표제 의석수 기준
1997		직접선거	–
1996		–	지역구 소선거구제 상대다수대표제, 전국구 비례대표제 지역구 득표율 기준
2000		–	지역구 소선거구제 상대다수대표제, 전국구 비례대표제 지역구 득표율 기준
2002		직접선거	
2004			지역구 소선거구제 상대다수대표제, 전국구 비례대표제 정당득표율 기준
2007		직접선거	–
2008		–	지역구 소선거구제 상대다수대표제, 전국구 비례대표제 정당득표율 기준
2012		직접선거	지역구 소선거구제 상대다수대표제, 전국구 비례대표제 정당득표율 기준
2014		직접선거	–

주 1. 대통령 선거는 중앙선거관리위원회 선거통계시스템(http://info.nec.go.kr/)을 참고 했음.

주 2. 국회의원 선거는 1948년부터 2000년 선거까지는 김용호(2003, 344~345쪽) <표 2>를 재구성했으며, 2004년부터 2012년까지 선거는 공직선거법을 참고 했음.

주 3. "–"는 해당 시기에 관련 선거가 없었음을 의미함.

제5공화국의 선거제도 역시 유권자의 정치적 의사를 선거결과에 반영하기 보다는 집권세력의 의도와 노력이 반영된 제도로서 평가할 수 있다. 대통령 선거는 직접 선거가 아닌 집권세력의 영향력 하에 놓인 간접 선출이었으며, 국회의원 선거 역시 집권 정당의 안정성을 확보하기 위한 수단이었다. 예를 들어, 1981년 제11대 국회의원 선거와 1985년 제12대 국회의원 선거 모두 유신체제에서 사용되었던 1구 2인제의 중대선거구제가 유지되었다. 또한 국회의원 정수 3분의 1에 해당하는 전국구 국회의원의 경우 역시, 원내 제1당에게 전국구 의석수 3분의 2를 할당함으로써 집권 정당의 안정성을 꾀하고 있었다. 따라서 제5공화국 국회의원 선거제도는 유신체제 하의 간접 선거 보다는 다소 개선되었을지라도, 여전히 정당 득표율과 의석수 간의 비례성이 훼손되고 있었다. 이와 같은 비(非)비례성의 결과, 1981년 제11대 국회의원 선거에서 원내 제1당은 35.6%의 정당 득표율로 전체 의석수의 54.7%를 차지하였다.

그렇지만 한국의 선거제도는 1987년 민주화 운동을 계기로 획기적인 변화를 맞이하게 된다(심지연 2004; 임혁백 1990; 한병진 2010). 1987년 제9차 헌법개정에 따라, 유권자가 대통령을 직접 선출할 수 있게 되었을 뿐만 아니라, 지역구 국회의원 선거제도 역시 1구 1인의 대표를 선출하는 소선거구제를 채택하여 집권 정당에게 유리했던 선거제도를 개선하였다. 나아가 집권 정당의 안정적 지배를 목적으로 도입된 전국구 국회의원 선거제도 역시 비례성 원칙을 회복시키고자 노력하였다. 예를 들어, 1988년 원내 제1당에게 배분되는 전국구 국회의원 의석수 비중을 3분의 2에서 2분의 1로 감소하였으며, 1996년에는 정당의 지역구 득표율에 따라 의석을 배분하는 방향으로 제도를 개선하였다.

전국구 국회의원 선거제도의 획기적 변화는 2001년 7월 19일 내려진 헌법재판소 판결에 의하여 이루어졌다(2000헌마91판례). 헌법재판소는 당시의 전국구 국회의원 선거제도가 유권자의 진정한 의사를 반영할 수 없다고 판결했다. 그러한 판결의 근거는 첫째, 지역구 후보자에 대한 지지를 정당에 대한 지지로 의제(擬制)하는 것은 "유권자가 지역구 후보자나 그가 속한 정당 중 어느 일방만을 지지할 경우 자신의 진정한 의사를 반영할 수 없다는 점에서 유권자의 진정한 의사를 반영할 수 없다"는 것이다. 둘째, 전국구 국회의원 선거제도는 직접선거의 원칙에 위배된다는 것이다. "직접선거의 원칙은 의원의 선출뿐만 아니라 정당의 비례적인 의석확보도 선거권자의 투표에 의하여 직접 결정될 것을 요구하는 바, 비례대표의원의 선거는 지역구의원의 선거와는 별도의 선거이므로 이에 관한 유권자의 별도의 의사표시"가 있어야 한다는 것이다. 셋째, 전국구 국회의원 의석배분방식은 평등선거의 원칙에 위배된다는 것이다. "비례대표 의석배분방식에서, 지역구후보자에 대한 투표는 지역구의원의 선출에 기여함과 아울러 그가 속한 정당의 비례대표의원의 선출에도 기여하는 2중의 가치를 지니게 되는데 반하여, 무소속후보자에 대한 투표는 그 무소속후보자의 선출에만 기여할 뿐 비례대표의원의 선출에는 전혀 기여하지 못하므로 투표가치의 불평등이 발생"하게 된다는 점이다. 이러한 점들을 근거로, 전국구 국회의원 선거제도는 지역구 선거결과와는 독립되어 존재하는, 소위 병립형 혼합대표제가 새로운 형태의 국회의원 선거제도로서 도입되었다(조진만 2009). 다시 말해, 집권 정당을 위해 역할 했던 전국구 국회의원 제도가 그 근본에서부터 변화하기 시작했다.

한국 선거제도의 변천은 여러 가지 기준에서 평가될 수 있다. 이 중 하나로서 비례성, 즉 유권자의 정치적 의사가 국회의원 의석수로 얼마나 적절하게 전환되는지를 기준으로 평가될 수 있다. 이때 비례성이란 후보자(또는 정당)의 득표율과 지역구(또는 전국구) 의석수 비율 간의 비슷한 정도이다. 비례성 지수를 계산하는 방식은 다양하게 존재한다. 예를 들어, 정당별 득표율과 의석수 비율 간의 차이에 기반을 둔 정당의 이득율 지수, 그리고 이득율 지수에 대한 절댓값을 취한 후 이를 100에서 뺀 숫자인 로즈의 비례지수 등이 있다(장훈 2006). 이러한 방식들의 공통점은 후보자/정당별 득표율과 국회 의석수 비율의 근접성 정도를 파악하는데 있다.

본서는 비례성 기준에 근거하여 한국의 선거제도, 특히 국회의원 선거제도를 평가하고자 한다. 비례성 지수는 다음과 같은 방식으로 계산된다. 먼저, 비례성 지수는 지역구 국회의원 선거의 비례성 지수와 전국구 국회의원 선거의 비례성 지수로 구분한다. 이후, 각 범주의 비례성 지수를 계산하는데, 그 계산식은 (실제 득표율－의석수 비율)×100 값의 절대값이다. 이 방식에 따를 때, 비례성 지수의 값이 0에 가까울수록 비례성 수준이 높은 것을 의미하며, 100에 가까울수록 비례성 수준이 낮은 것을 의미한다.

그렇지만 한국 선거제도의 비례성을 계산할 때 한국 국회의원 선거의 특수성이 고려되어야 할 것이다. 첫 번째 특수성은 한국 선거에서 전국구 국회의원 선거제도가 도입된 것은 1963년 제6대 국회의원 선거 이후이기 때문에 비례성 지수 계산의 시작은 1963년 국회의원 선거 이후로 제한될 수밖에 없다. 또한 1973년 제9회 국회와 1978년 제10대 국회는 유권자의 의사가 반영되지 않은, 대통령 추천에 따라 통일주체국민회의 결정에 따른 선출로 구성되었기 때문에 분석에서 제외된다. 끝으로 전국구 국회의원 선거에 있어서 의석수 배분은 선거 시기에 따라 지역구 의석수(제6대~제8대, 제11대~제14대), 지역구 득표율(제15~제16대), 정당득표율(제17~제19대) 등 다양한 기준이 사용되었다. 따라서 비례성 수치가 직접적으로 비교될 수 있는가 하는 문제가 발생할 수 있다. 이를 해결하기 위하여 본서는 국회의원 선출에 있어서 유권자의 의사가 직접으로 파악되지 않는 경우, 지역구 득표율을 전국구 국회의원에 대한 지지율로 간주하고자 한다.[3]

한국 국회의원 선거제도의 비례성 수치는 [그림 2−1]과 [그림 2−2]에 제시되어 있다. [그림 2−1]은 지역구 국회의원 선거의 비례성 수치를 표시한 그림이고, [그림 2−2]는 전국구 국회의원 선거의 비례성 수치를 표시한 그림이다 (이에 대한 구체적인 값은 부록 <A1. 한국 국회의원 선거제도의 비례성>을 참조).

[그림 2−1]과 [그림 2−2]에서 보이는 공통적 특징은 한국의 선거제도가 원내 제1당에게 상당히 유리하게 구성된 반면, 원내 제3당에게는 불리하게 구성되어 있다는 점이다. 즉 한국의 선거제도는 지역구이든 전국구이든 원내 제1당은 득표율에 비하여 국회 의석수 비율이 높은 반면, 원내 제3당은 득표율에 비하여 국회 의석수 비율이 낮은 것으로 나타났다. 결국 한국의 선거제도는 원내 제1당에게는 유리한 제도인 반면, 소수당에게는 불리한 제도로서 평가할 수 있다.

그렇지만 원내 제1당에게 유리한 제도의 주요 원인은 시기에 따라 차별적이었다. 예를 들어, 제3공화국 때는 지역구 선거제도가 그 주요한 원인이라면, 제5공화국 때는 전국구 선거제도가 주요한 원인이었다. 즉 제3공화국 국회의원

3 이에 해당하는 국회의원 선거는 지역구 의석수에 따라 전국구 국회의원 의석수가 배분되었던 제6대~제8대와 제11대~제14대 선거이며, 지역구 득표율에 따라 전국구 국회의원 의석수가 배분되었던 제15대~제16대 선거이다.

[그림 2-1] 지역구 국회의원 선거의 비례성

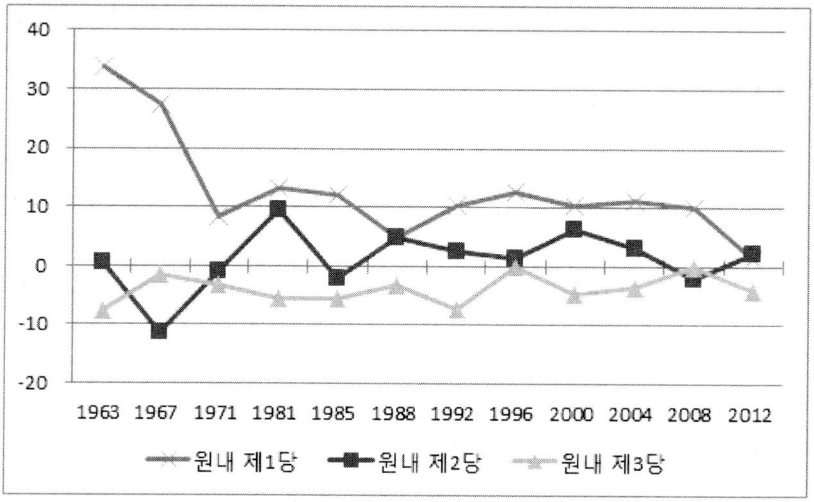

[그림 2-2] 전국구 국회의원 선거의 비례성

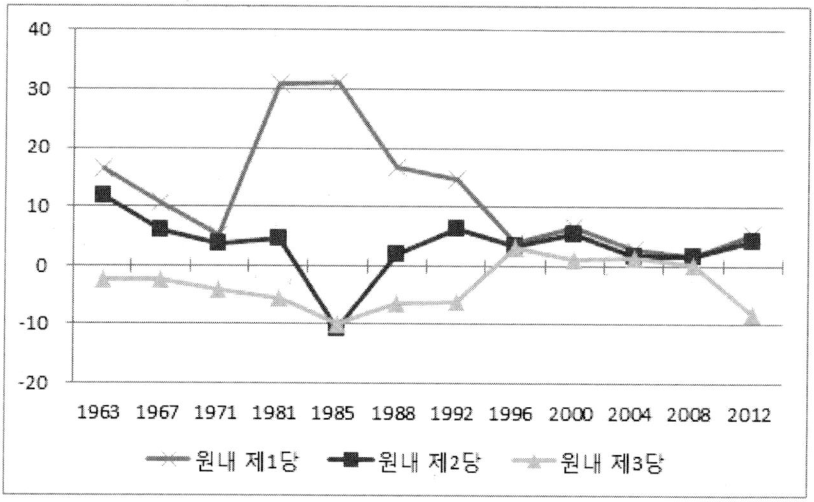

선거제도 있어서 전체 의석수 중 지역구 의석수가 차지하는 비율은 높은 반면, 전국구 의석수가 차지하는 비율은 높지 않았다(1963년과 1967년 정수 175석 중 44석, 1971년 정수 203석 중 51석). 따라서 원내 제1당에게 유리하게 귀결되는 선거결과의 원인은 지역구 선거제도에서 찾을 수 있다. 반면 제5공화국 국회의원 선

거에 있어서는 의원 정수 중 전국구 의석수가 차지하는 비중은 3분의 1이었으며, 이 중 3분의 2 의석수는 원내 제1당에게 배분되었다. 따라서 1구 2인 중선거구제를 채택한 지역구 선거에 있어서 집권 세력은 안정적으로 원내 제1당이 되었으며, 이에 따라 전체 의석수 3분의 1에 해당하는 전국구 의석 중 3분의 2를 자동적으로 배분받게 되었다. 달리 이야기하면, 제3공화국의 집권 세력은 지역구 선거제도를 통하여 친정부 정당의 지배력을 강화시킨 반면, 제5공화국은 전국구 선거제도를 통하여 친정부 정당의 지배력을 강화시켰다고 볼 수 있다.

[그림 2-1]과 [그림 2-2]에서 보이는 또 다른 특징은 이와 같은 국회의원 선거제도의 비(非)비례성 정도가 1987년 민주화 이후 급격히 감소하고 있다는 점이다. 전술한 바와 같이, 1987년 민주화 이후 개정된 선거제도는 득표율과 의석수 간의 비례성 확보를 통하여 민의가 국회의원 구성에 바르게 전달되도록 노력했다. 특히, 2004년 선거제도 개정에 따라 지역구 선거와 전국구 선거가 독립적으로 계산되는 병립형 혼합대표제가 실시됨으로써 전국구 선거에서 보이던 비(非)비례성이 현저하게 감소하게 되었다.

요컨대 유권자의 민의가 의석수에 반영되는 비례성의 기준으로 한국의 선거제도를 평가해 보건데 한국의 민주주의는, 최소한 국회의원 선거 차원에서는 적절한 방향으로 나아가고 있다고 할 수 있다.

이어서 한국의 선거를 이해하는 데 핵심 사항 중 하나인 정당사를 개략적으로 논의해 보자.

2. 한국의 정당구도

한국 정당을 공부하는데 있어 가장 어려운 점은 정당의 이름을 기억하는 것이라 해도 과언이 아닐 것이다. 한 신문의 기사처럼 너무나도 다양한 당명이 사용되어, 이전에 사용되었던 당명이 다시 사용되는 경우도 드물지 않을 정도이다(동아일보 2013년 4월 26일, "민주통합당, 돌고 돌아 다시 '민주당'으로"). 이와 같이 한국 정당의 변화 양상은 정당명의 변경만큼이나 굴곡의 역사를 보이고 있다.

한국 정당의 변천사를 [그림 2-3]과 같이 도표로 그려 보았다. 정당명 하단의 연도는 정당 등록 연도를 의미하며, 화살표 실선(→)은 통합되어 새롭게 등록된 정당을 의미한다. 만약 하나의 상자 안에 여러 개의 정당명이 존재한다면, 그것은 정당명만이 변경된 경우를 의미한다. 1980년에 그어진 실선은 제8차 개정 헌법 부칙 7조에 의하여 기존 정당이 해산된 연도를 의미한다(정당 해산에 관한 조항은 부록 <A2. 헌법 제9호> 참조).

한국 정당사를 고찰해 볼 때 나타나는 첫 번째 특징은 지배적 일당체제의 존재이다. 즉 제3공화국 선거에서부터 제5공화국 선거에 이르기까지 집권 정당은 과반의 국회의원 의석수를 확보함으로써 정권을 안정적으로 지배하고 있었다. 이와 같은 안정적 의석확보에는 왜곡된 비례대표제인 전국구 국회의원 제도가 역할하고 있음은 이론(異論)의 여지가 없으리라 본다. 또한 이와 같은 지배적 일당체제에는 정치자금제도가 기여한 바도 크다. 특히 1980년에 도입된 국고보조금 제도는 카르텔 정당화를 야기하는 원인으로 지적되고 있다(심지연 2004; 엄기홍 2008).

한국 정당사의 두 번째 특징은 야당으로 통칭될 수 있는 원내 제2당이 존재해 왔다는 점이다. 물론 원내 제2당이 존재했다는 것이 양당제를 의미하는 것은 아니지만, 형식적으로나마 집권 정당을 견제할 수 있는 민주주의 세력이 존재해 왔다는 것이다. 예를 들어, 제3공화국 제7대 국회의원 선거 때 집권 정당인 민주공화당은 지역구 의원 정수 131석 중 101석을 획득하였고, 야당이었던 신민당은 29석을 획득하였다. 물론 전국구 의석 배분에 따라 야당이 차지한 의석 비율은 현저히 감소했지만, 야당은 지역구 선거에서 22%의 의석수를 차지했다.

4년 후 치러진 1971년 제8대 국회의원 선거에서는 야당의 존재 의미가 커졌다. 제8대 국회의원 선거에서 지역구 의원 정수 153석 중 야당인 신민당이 65석(43%)을 차지함으로써 야당이 차지한 비중이 커졌다. 또한 제5공화국 때에는 급조된 야당인 신한민주당이 지역구 의원 정수 184석 중 48석(26%)을 차지함으로써 야당이 여전히 '존재'했다. 이와 같이 한국 정당사에 있어서 패권적 일당의 존재와 더불어 이를 견제할 수 있는 야당이 존재했다는 점은 선거를 통한 민주주의 달성이라는 명제의 단초가 된다.

[그림 2-3] 한국의 정당 변천사

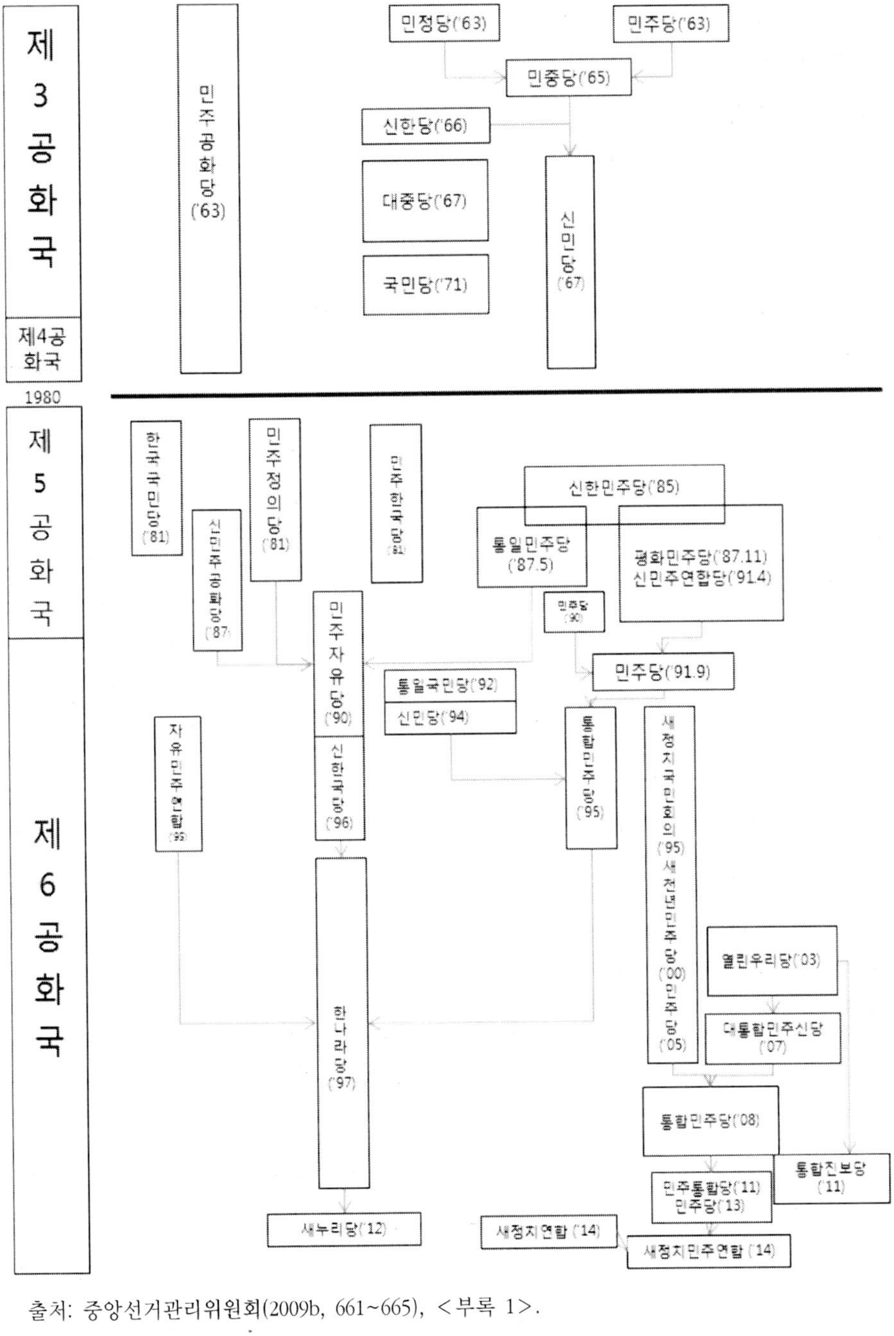

출처: 중앙선거관리위원회(2009b, 661~665), <부록 1>.

한국 정당사의 세 번째 특징은 진보성향 정당들 간의 이합집산(離合集散)이 보수성향 정당들에 비하여 빈번하게 일어났다는 점이다. 예를 들어, 제3공화국 때 진보정당이었던 민정당과 민주당은 1965년 민중당으로 통합·신설되었으며, 신설된 민중당은 1967년 신한당과 통합되어 신민당으로 개명하였다. 반면 보수성향의 정당인 민주공화당은 제3공화국 내내 지속해 왔다. 이와 같은 점은 제5공화국에서도 발견된다. 제5공화국에 창당된 야당인 신한민주당은 김영삼과 김대중을 따라 각각 통일민주당과 평화민주당을 분화되었다. 이후, 1990년 통일민주당은 신민주공화당·민주정의당과 함께 통합되어, 민주자유당이란 이름으로 새로운 정당을 창당하였다.

이와 같은 진보정당의 빈번한 이합집산은 진보정당의 자체적 문제점으로 평가할 수 있지만, 집권 세력의 의도라는 평가 또한 간과할 수 없다. 심지연(2004)은 집권 세력이 선거제도와 정치자금제도를 통하여 자체적 힘을 강화함과 동시에, 이에 반대하는 세력, 즉 진보세력을 약화시키고자 했다고 주장한다. 가령 집권 세력은 중선거구제 도입을 통하여 집권 정당 이외의 정당들에게도 권력에 쉽게 진입할 수 있는 기회를 제공하는 한편, 정치자금제도를 통하여 생성된 정당의 유지를 용이하게 했다는 것이다. 이처럼 집권 세력은 선거제도를 통하여 진보성향 정당들의 목소리가 통합되기 보다는 다양한 목소리가 유지될 수 있는 환경을 조성했으며, 이의 결과 진보정당의 이합집산이 빈번하게 일어났다는 것이다. 왜냐하면 분산되고 분열된 저항은 단일하고 응집된 저항 보다 효과적으로 대응할 수 있기 때문이다.

이처럼 한국의 정당체제는 집권세력의 안정적 정권유지를 위한 목적으로 변천되어 왔으며, 특히 이러한 시도는 권위주의 체제에서 보다 노골적으로 나타났다. 그럼에도 불구하고 한국의 정당사에는 이들 집권 세력에 대항할 수 있는 '야당' 세력이 존재해 왔으며, 야당을 통한 견제의 가능성이 존재해 왔다고 볼 수 있다.

그렇다면 한국의 선거제도 및 정당사에서 제5공화국은 어떠한 의미를 지니고 있을까? 과연 선거는, 특히 권위주의 체제 하에서의 선거는 의미가 있는 것일까, 아니면 집권 세력을 정당화하는 도구로서만 기능했을까? 이어지는 절에서는 제5공화국에서의 선거를 이해할 수 있는 한 가지 설명을 제공하고자 한다.

제 2 절 권위주의 체제에서의 선거란?

이상적으로 볼 때, 선거는 유권자를 대표할 사람들을 선출하는 과정으로서 선거결과 당선된 대표자들은 유권자를 대신하여 입법과 집행을 담당한다. 그렇지만 권위주의 체제에서는 이미 정권을 장악하고 있는, 선출되지 않은 권위주의 세력이 있다. 따라서 권위주의 체제에서의 선거는 그 이상적 의미를 구현하지도, 실질적인 함의도 존재하지 않은 것으로 간주되어 왔다.

예를 들어, 허미트(Hermet 1978, 13~16쪽)는 권위주의 체제 하에서의 선거는 권위주의 체제 유지를 위한 기제라고 주장한다. 즉 선거는 지배자의 의도를 효율적으로 전달시키는 역할, 피지배인들을 효율적으로 교육시키는 역할, 체제의 대내외적 합법성을 확보하는 역할, 그리고 지배계급 내부에 권력을 분배하는 역할을 함으로써 권위주의 체제를 유지하는 기능을 한다고 지적하고 있다. 여기서 지배자의 의도를 효율적으로 전달시키는 역할이란 권위주의 체제에 있어서도 집권 세력이 자신의 의지를 전달할 통로 및 기회가 필요한데, 국가통제 하에 놓여 있는 선거가 그러한 역할을 한다는 것이다. 집권 세력은 선거과정에서 정부의 명령, 설명 그리고 암시 등을 피지배인에게 효과적으로 전달할 수 있다는 것이다. 또한 선거과정은 집권 세력을 대변할 중간자들을 충원할 수 있는 기회를 제공하기도 한다. 물론 이들 중간자들은 명목상 지역구민을 대표하지만, 실제로 이들은 집권 정부의 전달자 역할을 하고 있다.

둘째, 권위주의 체제에서의 선거는 피지배인들을 교육시키는 역할을 한다는 것이다. 투표는 유권자가 집권 세력에게 영향력을 행사할 수 있다는 인상을 심어 줌으로써 지배자와 유권자 간에 실질적으로 존재하는 힘의 불균형을 망각케 한다는 것이다. 또한 집권 세력은 선거를 통하여, 일종의 '시민문화'(civic culture)를 형성하고자 한다. 이때의 시민문화란 권위주의 정부가 추구하는 선택 이외의 선택은 유권자에게 없으며, 아예 그러한 선택조차 있었다는 것을 잊게 함으로써 집권 세력의 요구에 순응하는 투표행태를 지니는 문화를 의미한다. 이러한 시민문화를 형성함으로써 유권자들은 "선택 없는 선거"(election without choice)를 맞게 되며, 선거결과의 책임성을 집권 세력과 공유하게 된다는 것이다. 이의 결과, 권위주의 정부는 자신의 의지에 따른 자발적 협조를 피지배인들로부터 기대할 수 있게 된다.

셋째, 권위주의 체제에서 선거는 대내외적 합법성(legitimacy)을 확보할 수 있는 수단이 될 수 있다는 것이다. 선거는 외부세계에 대하여 체제의 좋은 징표를 보일 수 있으며, 내부 단합용으로 사용될 수 있기 때문이다. 끝으로 권위주의 체제에서 선거는 집권 세력 내부의 권력구조를 반영하는 것과 동시에 권력구조 변동에 영향을 주는 통로가 된다. 즉 집권 세력의 일부 계파는 선거를 통하여 집권 세력의 다른 계파를 공공연하게 제제할 수 있다. 또한 선거는 종교와 같은 전통적 세력의 영향력을 약화시키는 수단으로서 이용될 수도 있으며, 선거를 통하여 새로운 세력을 영입할 수도 있다. 이와 같은 이유로 권위주의 체제에서의 선거가 존재하며, 이상적 가치가 아닌 집권 세력의 의도에 따른 기능을 수행하고 있다는 것이다. 이러한 이유로 1970년대 후반까지 정치학계는 권위주의 체제에서 치러진 선거에 그다지 큰 관심을 보이지 않고 있었다.

한국에 있어서도 선거의 역할에 대해 유사한 주장이 존재한다. 권위주의 체제 하에서의 한국 선거 역시 체제의 안정과 합법성을 위하여 기능했다는 주장들이다(심지연·김민전 1999; 조진만 2011; 한병진 2010). 예를 들어, 권위주의 체제에서의 선거제도 변화는 권위주의 정부가 집권 연장을 위하여 선거제도가 개정될 필요가 있을 때, 발생했다는 주장이다(심지연·김민전 1999). 이들은 1구 2인의 중선거구제도와 국회 다수당에게 과도하게 배분되는 전국구 국회의원제도 개정은 민주 세력의 분열과 집권 세력의 일당 지배를 강화하기 위하여 개정된 것으로 평가하고 있다. 왜냐하면 1구 2인제의 중선거구제는 집권 정당 후보자의 당선과 더불어 다른 정당 소속 후보의 당선 가능성을 암시함으로써 집권 세력의 과반 의석 확보와 민주 세력의 분열을 꾀할 수 있기 때문이다. 또한 1구 2인 선거구 제도는 전국구 국회의원 제도와 연동하여 권위주의 체제에 안정적 지배력을 확보하게 해준다. 즉 1구 2인 중선거구제도에 따라 집권 정당이 국회 다수당이 되면, 국회 제1당에게 전국구 국회의원 의석 3분의 2가 배분되는 규정에 따라 집권 정당은 더욱 안정적으로 권위주의 체제를 유지할 수 있기 때문이다. 따라서 이들은 권위주의 체제 하에서의 선거는 체제의 안정과 정권의 합법성 획득을 위하여 사용되었다고 주장한다.

그렇지만 이러한 주장에는 의문이 제기 될 수 있다. 예를 들어, 만약 선거가 없었더라면, 한국의 민주화가 실현될 수 있을까? 보다 구체적으로, 선거가 없이 1987년 한국의 민주화를 어떻게 설명할 수 있을까? 어떻게 안정적 권위주의 체제를 붕괴시킬 수 있는 대통령 직접 선출이라는 선거제도가 채택되었을까? 이러한 의문들에 대한 해결의 실마리는 라모니어(Lamounier 1984)의 논의에서 찾을 수 있을 것이다. 라모니어는 브라질의 민주화가 아직은 시작 단계라고 조심히 전제하면서, 권위주의 체제였던 브라질이 민주화를 달성하는데 선거가 핵심적인 역할을 했다고 지적하고 있다. 먼저 라모니어는 브라질의 민주화가 가능했던 이유로서 권위주의 체제의 핵심 세력이었던 군사 엘리트 중 일부가 민주화의 필요성에 공감했다는 점을 들었다. 또한 라모니어는 선거를 통해 선출된 정치인들의 역할이 강화되어야 한다는 믿음이 국민에게 있었다는 점을 들었다. 즉 브라질에는 특정한 인물에 의하여 국가가 지배되어서는 안 된다는 전통이 있으며, 이를 가능케 하는 선거제도는 존재해야 할 제도로서 간주되는 것이다. 이와 같은 전통 하에 치러지는 선거에서는 다양한 목소리가 표출되는 것이 당연시 되었으며, 이러한 목소리 중 하나로서 권위주의 체제에 반대하는 투쟁이 포함되어 있었다는 것이다. 따라서 브라질의 민주화는 지배 엘리트 내부의 분열과 그로 인한 권위주의 체제의 약화, 그리고 권위주의에 반대하는 민주 세력이 도시 거주자의 투표를 흡수함에 따라 가능했다는 것이다.

집권 세력 내부의 공감대와 정치문화의 중요성은 임혁백(1990)의 논의에서도 나타나고 있다. 임혁백은 권위주의 세력 내부의 단합과 분열, 민주주의 세력 내부의 단합과 분열 그리고 시민사회의 행동에 따라 선거는 '양날의 검'이 될 수 있음을 지적하고 있다. <표 2-2>에 제시된 바와 같이, 임혁백은 권위주의 권력블럭이 응집와 분열, 그리고 반대 세력의 공동보조와 불협화된 경우에 따라 상이한 결과가 야기됨을 예측하였다. 예를 들어, 집권 세력이 응집하고 반대 세력이 불협화를 겪을 경우, 권위주의 체제는 안정적 체제를 유지한다는 것이다. 한편 권위주의 세력이 분열된 상태에서 권위주의 세력 내의 개혁파와 반대 세력 내 온건파가 타협할 경우, 민주화가 발생할 수 있다는 것이다. 이때 체제유지와 민주화로의 전환은 선거라는 제도적 틀을 통해 만들어 진다는 것이다.

〈표 2-2〉 민주화의 동학

		권위주의 권력블럭	
		응집	분열
반대 세력	불협화	안정적 권위주의: 현상유지	쿠데타 또는 급진반대 세력의 주도에 의한 민중혁명
	공동보조	줄다리기 전쟁, 대치, 교착	체제내 개혁파와 온건반대세력의 타협에 의한 민주화

출처: 임혁백(1990) 61쪽, [그림 2].

임혁백(1990)에 따르면, 민주화란 반대 세력 또는 권위주의 세력의 일방적 행위가 아닌, 각 세력 내부의 선택에 따른 결과라는 것이다. 이러한 선택은 '위로부터의 민주화'나 '아래부터의 민주화', 어느 한 방향의 민주화가 아니라 위와 아래의 민주화가 서로 타협할 수 있을 때 가능하다는 것이다. 만약 반대 세력이 불협화를 보이거나 권위주의 권력블럭이 응집되어 있을 경우, 민주화는 어렵다는 것이다. 민주화는 집권 세력 내부에서 개혁을 원하는 세력과 반대 세력 내부에서 온건한 방식으로 민주화를 이루고자 하는 세력이 주를 이룰 때, 달성된다는 것이다.

이때 선거는 권위주의 권력블록이 체제를 유지하거나 민주화를 이루는 제도적 방식으로 기능한다는 것이다. 따라서 선거는 '양날의 검', 즉 조건에 따라 민주 세력을 억압할 수도, 민주 세력을 지원할 수도 있는 기제가 된다는 것이다. 달리 이야기하면 선거절차를 규정하는 선거제도가 때로는 민주 세력의 의석수를 축소시켜 권위주의 체제에 대항할 수 없게 하여 권위주의 체제를 합법적으로 인정하는 기제가 될 수 있지만, 때로는 민주 세력의 결집과 민주화를 위한 초석이 될 수도 있다는 것이다. 요컨대 선거는 권위주의 체제의 유지와 합법성을 위한 수단이 될 수도 있지만, 권위주의 체제를 민주주의 체제로 전환시킬 수 있는 내부로부터의 통로가 될 수 있다는 점이다.

그렇다면 각 세력의 단결과 분열은 어떤 요인에 의하여 좌우되는가? 먼저 집권 세력의 경우를 살펴보자. 마갈로니(Magaloni 2008)에 따르면, 권위주의 체제에서 독재자는 딜레마에 처하게 된다. 독재자는 자신의 정권을 유지하기 위하여 충성스러운 지배 엘리트를 필요로 하며, 이들의 충성을 유지하기 위해서는 이들에게 일정한 보상(예를 들어, 국회의원 의석)을 주어야 한다. 그렇지만 독재자는 이들에게 준 보상을 언제나 철회할 수 있기 때문에, 지배 엘리트의 충성심은 약화될 가능성을 내재하고 있다. 독재자는 이와 같은 딜레마를 해결하기 위하여 지배 엘리트와 권력공유(power-sharing)의 약속을 하게 된다. 나아가 권력공유의 약속은 정당과 같은 조직에게 선거를 통한 국회의원 의석 및 정부요직에 대한 통제권을 부여함으로써 보다 신뢰성을 높이게 된다. 마갈로니(Magaloni 2008)는 이와 같은 권력공유가 효과적으로 이루어지는 권위주의 체제에서 보다 정권이 오래 지속되는 것을 발견하였다.

그렇지만 한병진(2010)은 선거를 독재자와 지배 엘리트 간의 권력공유의 약속을 유지시키는 기제로'만' 보는데 동의하지 않고 있다. 만약 독재자가 대중의 지지를 확보하고 있을 경우, 선거는 독재자의 권력집중에 기여한다고 볼 수 있으며, 권위주의 체제를 지속시키는 역할을 한다고 볼 수 있다. 그러나 독재자가 대중의 지지를 획득하지 못한 상황에서 독재의지를 표출할 경우, 선거는 내부의 지배 엘리트를 통해 독재자를 처벌할 수 있는 수단이 된다는 것이다. 따라서 선거가 독재자의 권력집중에 기여하여 집권 세력을 단결시킬 지 아니면, 선거가 대중의 반독재 목소리를 반영하여 집권 세력의 분열을 초래할 지는, 선거를 전후한 유권자의 목소리에 달려 있다는 것이다.

권위주의 체제에서의 선거에 관한 일련의 연구는 이와 같은 주장에 신빙성을 더해 주고 있다. 김세중·김종표(1992)에 따르면, 독재자의 권력의지 표명은 대중의 지지변화에 장기적이고도 큰 영향을 미치는 것으로 나타났다. 1985년 1월부터 1990년 3월까지 시기를 분석한 이들의 연구는 개혁에 대한 정부의 비타협적 태도, 즉 4·13 호헌조치와 같은 독재자의 독재의지 표명은 오히려 국민의 개혁요구에 장기적이고도 큰 영향을 미치고 있음을 밝혔다. 또한 1979~1980년과 1985~1987년 두 시기의 민주화 운동을 분석한 임혁백(1990)은 집권 세력 내에 존재하는 온건파는 이와 같은 유권자의 목소리에 반응하고, 때에 따라 민주화를 전략적으로 선택할 수 있음을 지적하고 있다. 즉 집권 세력에는 온건파와 강경파가 있으며, 만약 온건파와 강경파가 입장을 같이한다면, 유권자의 요구는 지배 엘리트 차원에서 무시된다는 것이다. 그렇지만 유권자의 요구를 수용하는 것이 체제 유지에 이득이 된다고 온건파가 판단할 경우, 그리고 이들의 자율성이 확보될 경우 지배 엘리트는 분열될 가능성이 커지며, 유권자의 개혁요구는 수용될 가능성이 커지게 된다는 것이다. 달리 이야기 하면 독재자가 대중의 지지를 받지 못하는 상황에서 독재의지를 계속적으로 표명하고, 이에 격분한 대중의 민주화 요구가 적극적으로 전환될 경우, 권위주의 세력은 안에서부터 분열될 수 있다는 것이다. 요컨대 강경파와 달리, 어느 정도의 자율성을 확보한 온건파는 유권자의 개혁요구를 수용하는 것이 체제 유지에 이득이 되는지를 판단한 후, 이에 따라 행동할 수 있다는 것이다.

집권 세력뿐만 아니라 권위주의 체제에서 민주화가 달성되기 위해서는 민주 세력도 해결해야 할 문제가 있다. 즉 "조정(coordination)"의 문제가 해결되어야 한다(한병진 2010). 칵스(Cox 1997)에 의하여 체계화된 것처럼, 선거는 조정의 게임(coordination game)으로 간주할 수 있다. 민주 세력(칵스의 책에서는 좌파 정당들)은 연대(連帶)하여 한 명의 후보를 출마시킬 경우 당선될 가능성이 높다는 것을 알지만, 연대에 실패함으로써 선거에 패배한다는 것이다. 즉 민주 세력 간의 연대가 실패하면, 다수의 민주 세력 후보들이 출마하게 되고, 이럴 경우 유권자는 자신의 전략적 투표(strategic vote)가 선거결과에 영향을 미치지 못하다는 것을 알기 때문에, 진성투표(sincere vote), 즉 자신이 가장 선호하는 민주 세력 각각의 후보에게 투표함으로써 모든 민주 세력 후보들이 낙선되는 결과를 낳는다. 이를 해결하기 위해서는 민주 세력들 간의 연대, 즉 조정의 문제가 해결되어야 한다는 것이다. 따라서 권위주의 체제에서 민주 세력의 부상은 민주 세력이 이러한 조정의 문제를 해결한 후에나 가능하다는 것이다.

그렇지만 권위주의 정권은 민주 세력이 직면하고 있는 조정의 문제를 인지하고 있다. 다양한 이해와 사상을 지니고 있는 민주 세력은 근본적으로 조정의 문제를 안고 있으며, 따라서 적절한 유인책이 마련될 경우 집권 세력은 민주 세력들 간의 조정을 방해할 수 있다. 예를 들어, 1개의 선거구에 몇 명의 대표자를 선출할지는 민주 세력 간의 조정에 지대한 영향을 미칠 수 있다. 듀베르제(Durverger 1967)가 지적한 바와 같이, 1개의 선거구에 1명의 대표자를 선출하는 소선거구제(single member district, 소위 1구 1인제)는 양당제를 야기하는 반면, 2명 이상의 대표자를 선출하는 중대선거구제(multi-member district, 소위 1구 多인제)

는 다당제를 야기하는 경향이 있다.[4] 만약 중대선거구제를 실시할 경우 1명의 집권 정당 소속 후보와 민주 세력 소속 1명 이상이 당선될 수 있다. 따라서 집권 세력이 중대선거구제를 실시하면, 전국적인 인지도를 가진 집권 정당은 정권의 안정성을 담보할 수 있는 의석을 확보함과 더불어 다양한 색채를 표방하고자 하는 민주 세력의 분열을 꾀할 수 있게 된다. 앞서 언급한 바와 같이, 한국 선거제도의 변천은 이러한 집권 세력의 의도된 결과로 볼 수 있다(심지연 2004).

현재까지의 논의를 정리해 보면, 권위주의 체제에서의 선거는 집권 세력과 민주 세력 간 경합의 장으로 간주할 수 있다. 선거를 통하여 권위주의 체제가 합법적으로 유지될 수도 있으며, 민주화로 전환될 수도 있다. 그 갈림길에는 집권 세력의 단합과 분열이 있으며 민주 세력의 단합과 분열이 있다. 집권 세력의 단합과 분열은 유권자의 개혁요구의 강도에 따라 영향을 받게 된다. 또한 민주 세력의 단합과 분열은 조정 문제의 해결에 달려 있다. 이와 같은 내용은 <표 2-3>과 같이 정리될 수 있다.

<표 2-3>은 몇 가지 가설 도출을 가능하게 한다. 가령 민주 세력과 집권 세력 모두 단결되어 있다면, 선거는 민주 세력과 집권 세력 간의 극렬한 경합의 장이 될 것이다. 또한 선거결과는 어떠한 세력도 받아들이기 어려운 결과가 될 것이다. 따라서 이러한 상황에서의 선거는 각 세력의 대치국면을 또 다른 대치국면으로 옮기는 기제가 될 것이다. 둘째, 만약 민주 세력들 간에 조정의 문제

〈표 2-3〉 권위주의 체제에서 선거의 역할

		집권 세력	
		단결	분열
민주 세력	단결	대치국면	민주화 기제
	분열	체제 정당화 기제	쿠데타 또는 민주 세력에 의한 민중혁명

4 1개의 선거구에서 2명 이상의 대표자를 선출하는 선거구제도는 multi-member district로 명명되는 반면, 한국에서는 중선거구제, 중대선거구제 또는 대선거구제 등으로 혼용되는 경향이 있다. 본서는 multi-member district를 명명함에 있어 오해의 소지가 적은 중대선거구제를 사용하고자 한다.

가 해결되어 단결된 반면, 집권 세력은 내부적으로 분열되어 있을 경우라면, 선거는 민주화를 촉진시키는 장으로 역할 할 것이다. 즉 민주 세력은 선거를 통하여 부상할 수 있을 것이다. 셋째, 만약 민주 세력이 조정의 문제를 해결하지 못하여 연대에 실패한 반면, 집권 세력은 내부적으로 단결된 양상을 보인다면, 선거는 권위주의 체제를 정당화하는 기제로 사용될 것이다. 끝으로 민주 세력과 집권 세력 모두 분열되어 있다면, 집권 세력 내부의 한 세력에 의한 쿠데타 또는 민주 세력 내부의 한 세력에 의한 민중혁명이 일어나 선거 자체가 실시될 가능성이 낮다.

현재까지 논의한 이론과 가설들은 제3장부터 경험적 검증에 놓이게 된다. 경험적 검증의 대상은 제5공화국에서 치러졌던 선거들, 1980년 제11대 대통령 선거, 1981년 제12대 대통령 선거, 1981년 제11대 국회의원 선거, 1985년 제12대 국회의원 선거 그리고 1987년 제13대 대통령 선거이다. 이러한 경험적 검증을 통하여 이론의 신빙성이 검증된 후, 향후 대한민국 민주주의의 공고화를 위한 몇 가지 제언(提言)을 하고자 한다.

제 3 장 제11대 대통령 선거와 권위주의 체제의 태동

CHAPTER 03 제11대 대통령 선거와 권위주의 체제의 태동

1980년 제11대 대통령 선거 이후 시작된 제5공화국은 사실 그 이전부터 앞날을 예고하고 있었다. 1979년 박정희 대통령 사망 이후 노골화된 육사 출신과 비육사 출신 간의 갈등, '서울의 봄' 이면에 존재하는 김영삼과 김대중의 갈등, 이러한 갈등들이 결과적으로 유신헌법의 연속을 가져왔고, 또 다른 권위주의 체제로 변모되는 결과를 야기했다. 본 장에서는 집권 세력과 민주 세력 내부 각각의 갈등과 이러한 갈등의 결과를 서술하고자 한다.

제1절 박정희 대통령 사망과 12·12 군사반란

1979년 10월 26일, 박정희 대통령은 김재규에 의하여 살해되었다. 김재규의 박정희 대통령 살해 동기에 대해서는 다양한 해석이 있지만, 박정희 대통령의 사망으로 인해 잠재되어 있던 다양한 욕구들이 표면에 나타나게 된 점에 대해서는 이견(異見)이 없을 것이다. 최규하 대통령 권한대행의 미묘한 행보, 정승화 장군으로 대표되는 비육사 출신과 전두환으로 대표되는 육사 출신 간의 갈등, 민주 세력의 제도권 세력인 김영삼과 재야 세력인 김대중 간의 갈등은 박정희 대통령 사망 시점인 10월 26일 이후 폭발되고 있었다. 이와 같은 욕구의 폭발은 한편으로는 민주화로 인한 다양한 목소리의 반영으로도 비추어 질 수 있지만, 사회혼란이라는 명분으로도 사용될 수 있었다.

1979년 10월 26일 대통령이 사망함에 따라, 최규하 당시 국무총리는 10월 27일 대통령 권한대행을 맡게 되었다. 권한대행을 맡은 최규하는 10월 27일 비상계엄령을 선포하고, 군의 지지를 신속히 이끌어 냈다. 일례로서 노재현 국방부 장관과 군 수뇌부들은 10월 27일 오전 국방부에서 기자회견을 갖고 "비상시국을 맞아 국군 전 장병은 최규하 대통령 권한대행을 중심으로 일치단결하여 북괴의 어떠한 도발도 즉각 분쇄할 수 있는 만반의 태세를 갖추고 국가보위의 대임을 완수할 것"이라는 결의문을 발표했다(경향신문 1979년 10월 27일 1면). 이 자리에는 노재현 국방부 장관, 이민우 국방부 차관, 김종환 합참의장, 정승화 육군 참모총장, 김종곤 해군참모총장, 윤자중 공군 참모총장이 참석했다.

당시 헌법인 유신헌법에 따르면, 대통령이 궐위된 경우 3개월 이내에 후임자를 선출하도록 규정되어 있었다(헌법 제8호 제45조 2항). 따라서 최규하 권한대행은 1980년 11월 16일 이전까지 대통령 선거를 실시해야만 했으며, 1979년 11월 10일 「시국에 관한 특별담화」를 통하여 조속한 대통령 선거 실시를 밝히면서 동시에 헌법 개정의 의지를 표명하기도 하였다(경향신문 1979년 11월 10일 1면).

> 본인은 대통령 권한대행으로서 헌법에 규정된 시일내에 국법이 정하는 절차에 따라 대통령선거를 실시하여 새로 선출되는 대통령에게 정부를 이양 한다는 것을 정부방침으로 확정하였으며 이를 국민 여러분에게 알리는 바입니다. 그리고 이 기회를 빌어 헌법문제에 관한 본인의 의견을 개진한다면, 새로 선출되는 대통령은 현행 헌법에 규정된 잔여임기를 채우지 않고 현실적으로 가능한 빠른 기간내에 각계각층의 의견을 광범하게 들어서 헌법을 개정하고, 그 헌법에 따라 선거를 실시해야 한다는 것입니다.

그렇지만 최규하 권한대행의 정치적 행보에 대해 당시 민주 세력의 지도자였던 김영삼, 김대중 등은 상당한 우려를 표명하고 있었다. 이러한 우려는 시간이 흐름에 따라, 최규하 권한대행이 정권을 장악하고자 하는 것이 아닌가 하는 의혹으로 비추어지기 시작했다. 김대중은 다음과 같이 최규하 권한대행의 활동을 바라보고 있었다.

박정희의 국장이 끝났지만 최규하 대통령 권한대행은 민주화 일정에 대해 아무런 언급이 없었다. 최 대행은 11월 10일 유신헌법에 따라 통일주체국민회의에서 대통령을 먼저 선출하고 민의를 수렴해서 개헌을 하겠다는 담화를 발표했다. 담화는 원론적인 내용 같았지만 따져 보면 민의와는 정반대로 가고 있었다. 매우 불길했다 (김대중 2010, 386~387쪽).

국민 여론은 헌법을 개정하기를 원했지만 최규하 대통령 대행은 유신헌법에 의해 12월 6일 제10대 대통령에 취임했다. '대행'이란 꼬리를 뗀 최 대통령은 다음 날 국무회의 의결을 거쳐 대통령 긴급조치 제9호를 12월 8일 0시를 기해 해제했다(김대중 2010, 388~389쪽).

최규하 대통령의 행보는 갈수록 이상했다. 당시 국민들의 요구는 직선제였다. 대통령은 내 손으로 뽑겠다는 것이었다. 한데 최 대통령은 헌법 연구팀을 구성하고 "현 정부는 과도 정부가 아닌 위기관리 정부"라고 강조했다. 4·19 이후 허정 과도 정부와는 다르다고 선을 그었다. 연두 회견에서는 "개헌은 대통령이 발의하여 국민투표에 붙이겠다"고 천명했지만 그 뒤로도 수시로 말을 바꾸었다(김대중 2010, 391~392쪽).

김영삼도 최규하 권한대행의 행보를 부정적으로 평가하면서, 최규하 권한대행의 의도에 대해 다음과 같은 의혹의 시선을 보내고 있었다.

나는 10·26 직후 최규하를 만났을 때부터 "군부에 기회와 명분을 주어서는 안된다. 시간을 끌면 자꾸 혼란을 일으키는 사태가 온다. 당신의 임무는 3개월 내에 선거를 하는 것"이라고 주장했고, 그에게 답을 받아 내기까지 했다. 그러나 최규하는 중대한 역사의 고비에서 정치일정을 지연시킴으로써 국가적 불행을 초래했다. 4·19 직후 허정 과도정부 수반이 혼란 속에서도 선거를 통해 민주당에 정권을 이양했던 것과 대조되는 잘못된 처신이었다(김영삼 2000, 204쪽).

최규하의 태도는 갈수록 변하기 시작했다. 박정희의 유신에 반대해 싸워 온 국민들의 갈망은 "대통령을 내 손으로 뽑자"는 너무나도 당연한 민주주의에의 요구였다. 그런데도 최규하는 새삼스레 헌법연구반을 편성해 유럽으로 내보내는 등 법석을 떨었다. …(중략)… 과도정부가 아니라면 도대체 무엇을 어떻게 하겠다는 것인지 도무지 그 속셈을 알 수가 없었다(김영삼 2000, 176쪽).

보다 심각한 문제는 집권 세력 내부로부터 발생하고 있었다. 집권 세력 내부에는 정승화 중심의 비육사 출신과 전두환 중심의 육사 출신, 이렇게 두 개의 군사세력이 대립하고 있었다. 정승화 세력은 전두환 등을 정치군인으로 간주하면서 배제할 대상으로 간주하였고, 전두환 세력은 정승화 등을 비육사 출신으로 무능력하고 불신의 대상으로 간주하였다. 정승화의 회고에 따르면, 당시 헌병감 김진기 준장은 다음과 같이 전두환 등의 정치군인을 바라보고 있었다.

> 정치에는 군이 관여하지 않아야 한다는 기운이 전군에 공감대를 형성하고 있었읍니다. 이번이 우리 군을 깨끗하게 만드는 계기가 되어야 한다, 5·16은 한번으로 족하다는 생각이 주류였어요. 우리는 이 대세를 너무 믿었읍니다. 아무도 이 대세를 돌려놓지 못할 것이라고 안심했던 거지요. 정치장교들의 움직임이 신경 쓰이긴 했읍니다. 여러번 정승화 총장에게 그 동향을 보고했으나 총장은 애써 관심을 두지 않으려 합디다. 그런 보고가 여러번 올라오니까 정총장의 태도도 달라지는 것 같았는데 그 때는 너무 늦었지요(정승화 1987, 148쪽).

비육사 세력의 중심이었던 정승화는 이러한 군 내부의 갈등을 무마하고 군의 단결을 도모하고자 했던 것으로 이야기하고 있다.

> 청와대나 중앙정보부에 파견된 장교들이라고 해서 그 모두가 스스로 운동해서 그렇게 된 것은 아니었다. 오히려 유능하고 쓸모가 컸기 때문에 점찍혀 뽑혀간 장교들이 더 많았다. 그러한 곳에 파견되었더라도 군인으로서 자신의 본분을 잃지 않고 오직 자기 직무에만 충실하려고 노력한 장교도 많이 있었다. 그들을 모두 도매금으로 취급한다는 것은 잘못이라고 나는 믿어 왔다. 나는 이와 같은 군의 분위기를 완화하고 군의 단결을 도모해야겠다고 생각하고 12월 초 군사령부를 순회하면서 훈시를 통해 나의 뜻을 이해시키려고 했다(정승화 1987, 145쪽).

그러나 다른 이들은 정승화의 동의하지 않는 것으로 보인다. 예를 들어, 김대중은 정승화가 육사 출신 정치장교들을 배제하고자 했으며 이의 반응으로 12월 12일 군사반란이 발생한 것으로 보고 있다.

> 정[승화] 총장이 계엄사령관에 취임했을 때 내부에서 차제에 정치군인들을 추방해야 한다는 목소리가 높았다. 정 총장은 전두환 보안사령관을 타직으로 내치려

했다. 이런 정보를 입수한 전두환은 '하나회' 출신 부대 지휘관들을 움직여 계엄령하에 계엄사령관을 체포해 버렸다. 하나회는 전두환, 노태우 등 육군사관학교 11기가 중심이 되어 만든 비밀 조직이었다. 기수마다 서너 명씩 주로 경상도 출신들을 뽑았고, 박정희의 비호 아래 온갖 특혜를 누렸다. 이들 정치군인들은 박정희에게 배운 대로 권력의 공백기를 틈타 군사 반란을 일으켰다(김대중 2010, 390쪽).

12·12 군사반란

12·12 군사반란 또는 12·12 사태는 1979년 12월 12일, 전두환과 노태우 등을 중심으로 한 신군부 세력이 최규하 대통령의 승인 없이 계엄사령관인 정승화 육군 참모총장, 정병주 특수전사령부 사령관, 장태완 수도경비사령부 사령관 등을 체포한 사건이다. 당시 보안사령관이던 전두환 소장은 12·12 군사 반란으로 군부 권력을 장악하고 정치적인 실세로 등장했다.

또한 김영삼에 따르면, 전두환 세력은 자신들이 불신하고 무능한 것으로 평가하고 있던 정승화 세력에 의해 그 동안에 누려왔던 기득권을 놓치는 것을 우려하고 있었다. 따라서 이들의 입장에선 12·12 군사반란은 하나회라는 조직을 통하여 "(비육사 출신들을 배제하는) 군 개혁이었다"(조갑제 2005, 141쪽).

전두환을 비롯한 정치군인들은 박정희가 죽자, 민주화가 진행될 경우 박정희의 그늘 아래 유지해 왔던 자신들의 기득권이 붕괴될까 두려워했고, 여기에 권력의 공백을 틈타 무력으로 권력을 장악하고자 하는 정권욕이 보태져 18년 전 박정희가 했던 것과 똑같은 방식으로 군사반란을 일으킨 것이다. 독재자 박정희의 후계자인 이들은 12·12 이후 언론통제를 통해 박정희를 일방적으로 미화해 나갔다(김영삼 2000, 175~176쪽).

이러한 시각들에 대하여 전두환은 12·12 군사반란은 박정희 대통령 사망 사건에 대한 조사과정 상 발생한 "합법적인 노력의 우연한 결과"라고 주장하고 있다. 미국 국무성이 1989년 6월 한국 국회의 광주특위에 제출한 답변서에 따르면, 전두환은 당시 주한민국대사인 글라이스틴 대사관과의 면담 자리에서 다음과 같이 답변했다.

> 전[두환]씨는 12·12사건은 박 대통령 사망사건조사를 하기 위한 합법적인 노력의 우연한 결과로 발생한 것이라고 답변했다. 전씨는 자기는 개인적인 야심은 없다고, 자기는 최 대통령의 자유화 계획을 지지한다고, 또 자기는 자기가 단행한 군 지휘 구조개편의 결과로 군부의 단결이 강화될 것을 기대한다고 말했다(조갑제 2005, 141쪽).

이러한 시각들을 종합해 보면, 1979년 12월 12일 당시 보안사령관 전두환에 의한 계엄사령관 정승화의 체포, 즉 하급자에 의한 상급자의 체포는 집권 세력 내부 권력 투쟁의 산물로서 간주 할 수 있다. 즉 집권 세력은 최규하, 정승화로 대표되는 구 집권 세력과 이에 대항하는 집권 세력 내부로부터 탄생한 신군부 세력으로 분열되어 있었다. 이러한 집권 세력 내부의 분열과 투쟁은 박정희 사망으로 인해 민주화의 서곡이 열리는 시점에서 더욱 노골화됐으며, 12·12군사반란은 전두환을 중심으로 하는 정규육사 출신 중심의 신군부 세력이 정권을 장악하는 시점(始點)으로 간주할 수 있다. 달리 이야기 하면, 12·12 군사반란은 박정희 권위주의 체제가 붕괴되고 새로운 권위주의 체제가 태동하는 시점으로 간주할 수 있다. 12·12 군사반란 이후, 집권 세력의 재편 양상은 조갑제에 의해 잘 묘사되고 있다.

> 12월 13일부터 한국의 최강자는 전두환 장군이었다. …(중략)… 하룻밤 사이에 계엄사령관을 구속하고 국방장관을 바꿔버리고 대통령을 벌벌 떨게 했으니 그가 최강자가 아니면 누구란 말인가. 한국인들은 1980년 5·17조치로 그가 정권을 잡았다고 생각하는데 우리는 12월 13일로 본다(조갑제 2005, 127~128쪽).

박정희 대통령 사망 이후, 집권 세력은 분열되어 있었다. 따라서 민주 세력이 단결되어 있다면, 민주화를 기대할 수 있었을 것이다. 제2장 <표 2-3>에 제시된 바와 같이, 집권 세력의 분열과 민주 세력의 단결이 있는 상황에서 우리는 민주화를 기대할 수도 있었기 때문이다. 그렇지만 아쉽게도 당시 민주 세력은 각자의 목소리를 내고 있었다. 당시 제도권 세력의 중심인 김영삼, 재야 세력의 중심인 김대중은 각자의 세력을 단결시키고자 했을 뿐, 민주 세력들 간의 단결은 도모하지 않았다. 제2절에서는 이에 대한 이야기를 해보고자 한다.

제 2 절 김대중, 김영삼 그리고 잃어버린 서울의 봄

1979년 10월 26일 대통령의 갑작스러운 죽음은 집권 세력 내부에서의 변화만 야기한 것이 아니었다. 신민당을 중심으로 한 제도권 세력, 제도권 밖에서 활동하던 재야 세력, 그리고 민주화를 갈망하던 학생 운동 세력은 저마다 갑작스레 찾아 온 민주화를 환호하고 자신의 목소리를 내고자 했다. 특히 1980년 2월 29일에 취해진 재야인사 6백 87명에 대한 복권 조치는 그 동안 박정희 정권의 유신체제 하에서 억압되어 오던 민주화가 실현될 것이라는 희망을 갖게 하는, 그야말로 '서울의 봄'이 찾아 온 것으로 기대하게 만들었다.

그렇지만 갑작스레 찾아 온 민주화의 기회 속에 민주 세력 내부에 존재하고 있었던 균열(龜裂)은 분열(分裂)로 악화되었다. 그러한 분열의 중심에는 제도권 세력을 대표하는 김영삼과 재야 세력을 대표하는 김대중이 있었다. 김영삼은 민주 세력들 간의 단합을 강조하며 신민당을 중심으로 한 통합을 강조했으며, 김대중은 제도권 세력과 재야 세력의 동등한 통합을 원했다. 이러한 시각 차이는 김영삼과 김대중이 바라보는 집권 세력에 대한 차이에서 비롯되었다. 예를 들어, 김영삼은 일찌감치 자신을 대통령 후보로 간주하면서, 최규하 권한대행의 정권 장악에 강한 반감을 가지고 있었다.

> 1980년 1월 중순에 접어들자 정계 일각에서는 이른 바 '이원적 집정부제안'이 모락모락 피어올랐다. 대통령이 외교·국방분야를 맡고 국회에서 선출한 국무총리가 경제·치안 등 내정을 전담토록 한다는 내용이었다. 최규하 정부도 이를 진지하게 검토한다는 식의 태도를 보였다. 이원집정부제에 대해 나는 "정부가 그 같은 엉뚱한 제도를 생각하고 있다면, 이는 민주주의 상식을 벗어난 일로 유감스럽기 짝이 없다"고 말하고, "대통령을 국민들이 직접 선출하는 대통령중심제는 이미 국민적으로 합의를 한 것"이라고 강력히 비판했다(김영삼 2000, 178쪽).
>
> 대학가에서는 최규하를 규탄하는 시위가 이어졌고, 4월 21일에는 사북의 동원탄좌에서 이른바 '사북사태'가 발생했다. 4월 24일, 신현확 총리가 자신과 최규하는 대통령선거에 출마하지 않겠다고 밝혔지만 정국은 여전히 불투명했다(김영삼 2000, 191쪽).

김대중은 최규하 보다 전두환 세력에 대해 경계하고 있었다. 12·12 군사반란을 전후로 김대중은 전두환을 중심으로 하는 신군부 세력이 다시금 정권을 획득할 가능성이 있다고 보았으며, 이를 막기 위한 민주 세력의 단합이 필요하다고 보았다.

> 전두환과 그 일파들이 쿠데타로 군권을 장악했음은 중대한 사태였다. 이를 견제할 수 있는 것은 오직 정치권뿐이었다. 정치권이 단결하여 국회에서 계엄령을 해제하는 것이 가장 효과적인 방법이었다. 민주공화당은 김종필씨가, 신민당은 김영삼씨가 이끌고 있었다. 두 정당에 연락을 했다. 나는 아직 복권이 되지 않아 정치를 할 수 없었다. "민주주의가 위태롭습니다. 전두환 사령관이 모든 권한을 가지고 있는데 저들 무기가 계엄령입니다. 계엄령만 해제하면 호랑이의 어금니를 빼 버리는 것과 같습니다." 그러나 공화, 신민 양당은 전혀 내 이야기에 귀를 기울이지 않았다. 괜한 걱정 말라는 투였다. 심지어 내가 정치를 재개하려는 술수 정도로 여기는 사람도 있었다. 여야 할 것 없이 정치권은 새로운 헌법에만 관심이 있었다. 헌법 초안 작성에 몰두했다. 신문은 이런 움직임을 받아 적기에 여념이 없었다. 하지만 민주화의 길이 그리 평탄치 않을 것이라는 내 말은 실리지 않았다(김대중 2010, 391쪽).
>
> 1월 말에는 이런 일도 있었다. 전두환 장군이 나를 만나고 싶다는 것이었다. …(중략)… 나는 이제 복권되기는 틀렸다고 생각했다. 그러면서 곰곰 생각해 보니 복권 조치는 대통령이 내려야 함에도 저들이 저렇게 설치고 다니는 것은 보통 일이 아니라는 생각이 번쩍 들었다. '저들은 이제 권력을 잡기 위해 정지 작업을 하고 있는 것 아닌가.' 과도 정부가 왜 유신헌법에 따라 대통령을 뽑았는지 어렴풋이 감이 잡혔다. 최 대통령은 점점 실권을 잃어 가고 있었던 것이다(김대중 2010, 392쪽).

여기서 한 가지 주목해야 할 점은 김대중을 비롯한 재야 세력이 신민당을 바라보는 시각이다. 재야 세력은 김영삼을 비롯한 신민당 정치인들이 박정희 정권 하에서 제도권에 안주한 세력이 있었으며, 재야 세력이 박정희 정권에 대항할 때 이들은 '뒷짐'을 지고 있었다고 생각하고 있었다. 따라서 재야 세력은 신민당 정치인들이 전두환 세력에 대항하여 민주화를 달성할 수 있을지에 대해 회의(懷疑)적이었으며, 최소한 정치적으로 재야 세력이 신민당 정치인들과 동등한 조건이 되어야 한다고 생각했다. 이러한 시각은 재야 세력의 신민당 입당에 대한 김대중의 반응에서 나타난다.

> 신민당에서는 내가 조속히 입당하기를 바랐다. 김영삼 총재와는 3월 6일과 4월 4일 단독 회동을 했다. 우리 두 사람은 민주 회복을 위한 대처 방안 등을 논의했다. 그 자리에서도 김 총재는 나의 입당을 재촉했다. 그러나 나 혼자서 결정을 내릴 수 없었다. 생사고락을 같이한 재야 민주 인사들과 협의를 해야 했다. 정치권이 침묵하고 있을 때 온몸으로 독재에 저항하며 자유를 외쳤던 동지들과 함께 민주화를 완성해 나가는 것이 순리였다. 신민당은 재야인사들을 흡수하려 들었다. 수뇌부도 "재야에서 올 사람은 몇 사람 안 된다"는 말을 흘리고 다녔다. 독재 정치에 뒷짐 지고 있던 사람들이 옥고를 치르며 민주화 투쟁을 벌였던 재야인사들의 입당을 심사하려 했다. 나는 도저히 받아들일 수 없었다(김대중 2010, 394쪽).

1980년 4월 제기원 신군부에 의한 김영삼 추대 의혹은 민주 세력 내부의 분열을 가속화하였다(조갑제 2005, 148쪽). 재야 세력이 신민당을 비롯한 제도권 정치세력에 갖고 있던 시각과 더불어, 이러한 의혹들은 신민당을 주축으로 한 민주 세력의 단합을 어렵게 하였다. 따라서 재야 세력은 김대중을 대통령 후보로 내세워 전두환 등의 신군부 세력을 억제하고, 민주화를 달성하는 것이 보다 효과적인 전략으로 간주한 것으로 보인다.

이러한 갈등은 김대중과 김영삼의 대통령 후보 단일화 과정에서 노골화되었다. 김영삼의 입장에서 김대중은 믿을 수 없는 사람으로 비추어지고 있었다.

> 1980년 3월 6일, 나[김영삼]는 서울 외교구락부에서 김대중과 만났다. 오찬을 겸한 2시간여의 단독회동이었다. 이 자리에서는 신민당과 재야의 통합문제 등 민주회복을 위한 공동 대처방안을 논의할 예정이었다. 그런데 김대중은 새삼 자신의 거취문제를 들고 나왔다. 요컨대, 자신은 신민당에 입당한 바 없는 만큼 재야인사들과 협의한 후 정치적 거취를 결정하겠다는 것이었다. 나는 곤혹스러웠다. 나는 1970년 5·30 신민당 전당대회에서 총재로 선출된 직후 윤보선·김대중 두 사람을 상임고문으로 발표한 바 있었다. 내가 직접 본인들로부터 승낙을 받아 발표한 것이었고, 윤보선씨도 이 사실을 인정하고 있었다. 그런데 김대중은 자신이 "신민당에 입당한 바 없다"면서, 자신을 비롯한 재야의 입당문제를 "원점에서 협상해야 한다"는 이상한 논리를 들고 나온 것이었다. 회담은 성과 없이 끝났다. …(중략)… 나[김영삼]는

> 1980년 4월 4일 오전 10시 30분 신라호텔에서 김대중을 두 시간여 동안 다시 만났다. 두 사람의 협력과 재야인사의 신민당 영입문제가 회담의 핵심 사안이었다. 나는 김대중이 하루 빨리 신민당에 입당해 나와 김대중 두 사람이 협력하는 모습을 보이는 것이 국민들을 안심시키고 민주화세력의 힘을 모으는 것이라고 누차 강조했다. 김대중은 "대통령후보 지명대회는 표 대결이 돼서는 안 된다", "당헌을 개정해야 한다", "재야에 문호개방을 늘려야 된다"는 등 여러 가지 주장을 늘어놓았고, 나는 그가 신민당에 입당하기를 바라는 마음에서 이를 모두 수용하겠다고 했다. 그러나 김대중은 자신이 신민당에 입당할 것처럼 얘기하면서도, 입당시기는 재야인사들과 논의해 봐야 한다며 자꾸만 대답을 회피했다(김영삼 2010, 185쪽).

김대중을 비롯한 재야 인사들도 신민당 정치인들에 대해 긍정적인 시각을 갖고 있지 않았다. 또한 김대중은 제도권 정당인 신민당에 입당하는 것이 재야 세력으로부터 적극적인 지지를 받을 수 있는 지에 대한 확신도 없었던 것으로 보인다. 오히려 김대중은 재야 세력이 자신을 대통령 후보로 선호하고 있었던 것으로 판단하고 있었다.

> 정가에서는 나[김대중]와 재야인사들의 입당 문제를 놓고 연일 신경전을 벌였다. 결국 4월 7일, 재야인사에 대한 적극적인 영입 의사가 없는 것을 확인한 나는 신민당 입당을 포기하는 성명을 이문영, 박형규, 서남동, 문익환, 이우정, 계훈제, 고은, 김윤식, 김종완, 김승훈, 함세웅, 예춘호 씨 등이 긴급히 모여 나의 입당 포기 선언에 대해 '충분히 이해하며 지지한다'는 입장을 밝혔다. 이들은 유신 체제와 싸우다 투옥을 당한 종교계와 학계, 문화계 인사들이었다. 당시 재야 민주 인사들 가운데 대다수는 내가 대통령이 돼야 한다고 생각했다. 문동환, 이문영, 환완상, 박종태, 예춘호 등은 적극적이었다. 이들은 서로 의기가 투합하여 나를 대통령으로 만들기 위해 분주히 움직였다(김대중 2010, 395쪽).

이렇듯 김대중과 김영삼은 1980년의 시대적 환경을 각기 다른 시각에서 보고 있었으며, 서로에 대해서도 자신의 입장에서만 바라보고 있었다. 따라서 1980년 '서울의 봄'을 현실화시키기 위한 민주 세력 내부의 대통령 단일 후보 노력은 실패로 돌아갔고, 김대중을 지지하던 신민당 일부 국회의원들은 탈당하여 독자적인 모임을 결성하였다. 이러한 과정 속에서 김대중과 김영삼은 서로를 대통령 욕구로 가득한 정치인으로서 바라보게 되었고, 결과적으로 서로의 불신은 높아져만 갔다. 김영삼의 회고록에는 이러한 점이 극명히 제시되고 있다.

> 같은 날 오전[1980년 4월 7일], 김대중은 동교동 자택에서 "신민당의 자세로 보아 입당해서 정치생활을 하기가 어렵다고 생각된다"면서, 신민당 입당포기를 선언했다. 김대중의 대통령선거에 대한 출마욕구가 민주화 추진의 구심이어야 할 신민당에 대한 입당포기로 나타난 것이다(김영삼 2000, 188쪽).

김대중과 김영삼의 결별은 민주 세력 간의 분열을 의미한다. 재야 세력의 중심이었던 김대중과 제도권 세력의 중심이었던 김영삼은 대통령 후보 단일화에 실패함으로써 민주 세력 간의 단합은 실패하게 되었다.

반면 1980년 4월 집권 세력은 전두환을 중심으로 단합을 완성해가고 있었다. 즉 12·12 군사반란 이후, 군부는 정규 육사출신 장교들로 단합해 가고 있었던 것이다(조갑제 2005, 165쪽). 따라서 4월 14일자로 권력의 핵심인 양대 정보기관의 수장이 된 전두환은 민주 세력을 억압할 수 있는 명분이 필요했다. 집권 세력에 대한 학생들의 저항은 박정희 정권에서도 지속되었으며, 박정희 대통령 사망 이후 그 정도가 더욱 심화되었다. 초기의 학생 운동은 재단비리 척결 등의 학내민주화 투쟁과 병영집체훈련 반대운동 등으로 전개되었으나, 전두환 집권 세력의 장악 의도가 명확해진 1980년 5월에는 '계엄령 즉각 해제', '전두환 퇴진' 등 정치적 문제가 주요한 이슈로 등장하였다(중앙선거관리위원회 2009a, 41쪽). 따라서 때마침 격렬히 진행되고 있던 학생운동은 집권 세력이 이용할 수 있는 적절한 명분이 되었다.

김대중과 김영삼은 국민적 지지를 받지 못하는 학생 운동이 집권 세력에 의하여 이용될 가능성이 있음을 충분히 알고 있었던 것으로 보인다. 이러한 이유로 김대중과 김영삼은 학생운동 자제의 필요성을 역설하고 있었다.

> 5월 들어 대학생들의 시위가 더욱 격렬해졌다. 5월 2일 서울대생 1만여명이 '민주화 대통회'를 개최하고 계엄령 해제를 요구한 데 이어, 3일과 7일에도 격렬한 시위가 이어졌다. 대학가의 '80년 5월 가투'가 시작되고 있었다. 경찰력은 한계에 다다르고 있었다. 신군부의 동향이 심상치 않다는 제보가 여러 경로를 통해 들어오고 있었

> 다. 사태가 급박했다. 군부가 강경수단을 사용할 수 있다는 걱정 때문에 나는 연일 대책마련에 골몰했다. 정국이 더욱 불투명해지고 있음에도, 5월 6일 최규하는 10일 중동 방문을 위해 출국할 것이라고 발표했다(김영삼 2000, 192쪽)
>
> 학생들이 거리로 뛰쳐나왔다. 그동안 학생들은 학원 민주화와 유신 체제에 협력했던 어용 교수들의 퇴진을 요구하며 교내 시위만 벌였다. 하지만 5월 7일을 전후해서 교문 밖으로 나오기 시작했다. 개헌을 비롯한 민주화 일정 등에 도무지 믿음이 가지 않았기 때문이다. 수천, 수만 명이 거리로 쏟아져 나와 '수상한 정국'을 규탄하기 시작했다. "계엄 철폐", "전두환 퇴진", "전두환 처단" 비상계엄 하에서도 시위는 날로 확산되었다. 그러나 이상하게도 군인들은 수수방관했다. 학생들 집회와 시위는 반정부 투쟁 쪽으로 흘러갔다. 나는 이러한 학생들 움직임이 위험하다고 판단했다. "만약 시위가 격해지면 민주주의를 저해하는 세력에게 빌미를 줄 수 있습니다. 지금 국민들이 걱정하고 있습니다. 나는 기회만 있으면 이렇듯 학생들을 만류했다. 신군부는 국민들과 민주화 세력을 분리시킬 명분을 찾고 있었다. 그것은 사회 혼란이었고, 그래서 학생들의 과격 시위는 저들이 고대하던 호재였다 …(중략)… 14일 오후 예정대로 서울, 대구, 광주 등 전국 주요 도시에서 대대적인 가두시위가 벌어졌다. 수만 명이 참여했다. "비상계엄 해제하라", "전두환은 물러나라", "유신 잔당 타도하자", "언론 자유 보장하라", "정부 개헌 중단하라". 학생 시위대는 영등포에서, 청량리에서, 신촌에서, 충무로에서 광화문 쪽으로 몰려 들었다. 경찰과 충돌로 600여 명이 연행되었고, 다친 사람들이 속출했다. 그러나 시민들의 반응은 신통치 않았다(김대중 2010, 397쪽).

학생 운동이 집권 세력의 민주 세력 억압을 위한 빌미로 사용될 수 있다는 점은 학생들 사이에서도 공감대가 퍼졌던 것으로 보인다. 5월 15일 각 대학 총학생회 대표들은 이른바 "서울역 회군"을 결정하고 5월 16일 학교로 돌아가기로 결정했다. 이들의 서울역 회군 결정은 시민들의 호응이 없는 상황에서 군부와 충돌한다는 것은 현명치 않으며, 학생 운동이 주장하는 바가 이미 국민들 사이에 충분히 전달된 것으로 판단했기 때문이다. 더욱 중요한 것은 서울, 대구, 광주, 부산, 인천 등 주요 도시의 외곽에 군인들이 집중 배치되어 있다는 것이 알려지기 시작했기 때문이다(김대중 2010, 399쪽).

그렇지만 민주 세력과 학생들의 우려는 현실로 나타났다. 최규하 대통령 권한 대행은 1980년 5월 17일 24시를 기해, 제주도를 포함하여 전국으로 비상계엄을 확대하는 이른바 '5·17 비상계엄 전국확대 조치'(이하 5·17 조치)를 발표했다.[1] 5·17 조치의 명분은 정치인들의 선동과 대학생들의 소요, 그리고 근로자들의 노사분규 등으로 사회가 혼란스럽고 무질서해져 사회 안정을 도모하기 위한 것이었다(중앙선거관리위원회 2009a, 42쪽). 모든 정치적 활동의 중지를 골자로 하는 5·17 조치는 「계엄포고 제10호」로서 발효됐다. 계엄포고 제10호의 주요 내용은 다음과 같다(중앙선거관리위원회 1981, 63쪽).

- 모든 정치활동을 중지하며 정치목적의 실내외집회 및 시위를 일체 금한다.
- 언론·출판·보도 및 방송은 사전 검열을 받아야 한다.
- 각 대학은 당분간 휴교 조치한다.
- 정당한 이유 없이 직장이탈, 태업 및 파업행위를 금한다.
- 유언비어의 날조 및 유포를 금한다.
- 본 포고를 위반한 자는 영장 없이 체포·구금·수색하며 엄중 처단한다.

5·17 쿠데타

5·17 쿠데타는 1980년 5월 17일 전두환·노태우를 비롯한 신군부 인사가 정권 장악을 위해 주도한 비상계엄 확대조치에 의해 발생한 사건이다. 신군부는 시국을 수습한다는 명목 아래 1980년 5월 17일 24시부터 비상계엄을 전국으로 확대하면서 정당 및 정치인의 정치활동 금지·국회 폐쇄·국가보위비상대책위원회 설치 등의 조치를 내리고, 영장 없이 학생·정치인·재야인사 2,699명을 구금했다. 5·17 비상계엄 전국 확대조치로 실권을 장악한 신군부는 비상계엄 기간 제5공화국 정권을 창출하는 과정에서 인권유린·헌정파괴 행위를 자행했다. 이 사건은 1997년 12·12 사건, 5·18 사건 재판 당시 사건명칭인 5·18 내란 사건으로 불리는 경우도 있다.

전두환을 중심으로 한 신군부 세력은 5·17 쿠데타 이후 신속히 정권을 장악하기 시작했다. 국회를 폐쇄하고, 정치인·재야 인사·학생 등 2,699명을 구금했으며, 정당 및 정치인의 정치활동을 금지하였다. 김영삼은 자택에 연금되었으

1 5·17 조치는 전두환을 중심으로 한 신군부 세력이 정권을 장악하기 위한 조치이기 때문에 5·17 쿠데타로 불리기도 한다.

며, 김대중은 북한의 사주를 받아 내란을 음모한 혐의로 체포되었다. 신군부 세력의 정권 장악 기도에 대해 민주 세력은 자책의 목소리를 내놓았다.

> 신군부는 처음부터 나[김대중]와 광주를 겨냥했던 게 분명하다. 나는 10·26 사태 이후 군부의 정치 개입 가능성을 계속 경계해 왔다. 이런 점이 신군부를 자극했을 것이다. 신군부는 재야와 시민운동 세력의 연계를 가장 두려워했다. 나는 그 연계의 중심에 있었다. 신군부가 5·17 쿠데타를 일으킨 것은 결국 민주 세력을 국민으로부터 격리하기 위해서였다(김대중 2010, 408쪽).

> 나[김영삼] 자신에 대해서도 자책과 상심이 교차했다. 10·26 이후 5인방이니 7인방이니 해서 신군부의 동향에 대한 많은 소문이 나돌았고, 나도 내심 쿠데타를 크게 우려하고 있었다. 그러나 이를 공개적으로 표현할 수는 없는 일이었다. 나는 쿠데타와 같은 불행한 사태를 막으려면 무엇보다 정치일정을 단축해야 한다고 판단했고, 그래서 이를 계속 밀어붙였다. 그러나 결과적으로 나는 야당의 총재로서 신군부의 쿠데타를 막지 못했다. '서울의 봄'은 이제 '엄동의 겨울'로 변했다(김영삼 2000, 205쪽).

5·17 비상계엄 전국 확대 조치가 취해진 다음 날 1980년 5월 18일, 광주에서는 이에 반대하는 이른 바 '5·18 광주 민주화 항쟁'이 발생했다. 계엄사령부 발표에 의하면 5월 18일 약 200명의 전남대 학생들에 의해 시작된 민주화 운동은 공수부대에 의한 강경진압에 반응하여 일반 시민으로까지 확대되었으며, 오후 2시경 시위군중이 약 2,000명으로 증가하였다(홍득표 1993, 92쪽). 광주 민주화 운동은 계엄령과 민주화 지연 그리고 전두환의 정권 탈취에 대해 반대하는 운동이었다. 또한 광주민주화운동은 김대중 체포에 대한 지역적 분노이기도 했다. 김대중은 지역의 뛰어난 야당 지도자로서 김대중을 체포하는 것은 지역의 희망을 꺾는 것이었기 때문이다(홍득표 1993, 94~95쪽).

5·18 광주 민주화 운동

5·18 광주 민주화 운동 혹은 광주민중항쟁은 1980년 5월 18일부터 27일까지 광주 시민과 전라남도민이 중심이 되어, 12·12 군사 반란과 5·17 쿠데타를 주도한 전두환 보안사령관과 신군부 세력의 퇴진 및 계엄령 철폐, 김대중 석방 등을 요구하며 전개한 대한민국의 민주화 운동이다. 당시 광주시민은 신군부 세력이 집권 시나리오에 따라 실행한 5·17 비상계엄 전국 확대조치로 인해 발생한 헌정 파괴·민주화 역행에 항거했으며, 신군부는 사전에 시위 진압 훈련을 받은 공수부대를 투입해 이를 폭력적으로 진압하여 수많은 시민이 희생되었다.

[그림 3-1] 5·18 광주 민주화 운동

출처: 중앙선거관리위원회(2009a, 45쪽).

그러나 5·18 광주 민주화 운동은 실패로 끝나게 되고, 전두환을 중심으로 한 신군부 세력은 정권을 장악하게 된다. 신군부 세력은 5·18 광주 민주화 운동을 강제 진압한 후, 5월 31일 국가보위비상대책위원회라는 비상기구를 설치하였다. 국가보위비상대책위원회는 계엄 시 대통령 자문기구 형식으로 설치되었지만, 그 산하에 국가보위비상대책상임위원회를 두고 상임위원장에 신군부 세력의 핵심 인사인 전두환을 앉혔다(중앙선거관리위원회 2009a).

국가보위비상대책위원회는 발족 이후 2번의 회의만 개최되었고, 실질적인 운영은 전두환이 상임위원장으로 있는 국가보위비상대책상임위원회에서 주도했다. 국가보위비상대책상임위원회는 개혁조치라는 명분으로 공직자 숙청, 보도검열에 협조하지 않은 언론인 해직, 불량배 소탕을 명분으로 진행된 삼청교육대, 사회정화 운동 등을 자행했다(중앙선거관리위원회 2009a, 47쪽). 이후 1980년 10월 22일 헌법 개정에 따라 국회가 해산되었고, 국회보위비상대책위원회는 행

[그림 3-2] 국가보위비상대책위원회 현판식

출처: 중앙선거관리위원회(2009a, 45쪽).

정부와 입법부를 총괄하는 사실상 범정부적 기구가 된다. 이렇게 '서울의 봄'은 또 다른 쿠데타로 결론 짓게 되었다.

삼청교육대

삼청교육대(三淸敎育隊)는 전두환 보안사령관이 내각을 조종·통제하기 위해 설치한 국가보위비상대책위원회에서 1980년 8월 4일 사회악 일소특별조치 및 계엄포고령 제19호에 의한 삼청5호 계획에 따라 설치된 군대식 기관을 뜻한다. 대상자에는 학생과 여성도 포함되어 있었으며, 전체 피검자의 3분의 1 이상이 무고한 일반인이었다. 일반적으로 그 설치 목적과는 달리 정부에 의한 조직적인 폭력 및 인권유린의 대표적인 사례로 간주되고 있다.

제3절 제11대 대통령 선거

1980년 5·18 광주 민주화 운동 이후, 전두환을 중심으로 한 신군부 세력은 선거를 통한 정권의 합법화를 기도한다. 제11대 대통령 선거는 그러한 기도의 첫 번째 수단으로 활용되었다. 본 절은 제11대 대통령 선거 당시의 선거제도와 정당구도를 개괄한 후, 제11대 대통령 선거의 역사적 의미를 짚어 보고자 한다.

1. 선거제도와 정당구도

1980년 8월 16일 최규하 대통령은 대통령직을 사임했다. 소위 유신헌법으로 명명되는 당시 헌법에는 대통령이 궐위된 경우 3개월 이내에 후임자를 선출하도록 규정하고 있었다. 따라서 1980년 8월 16일 대통령 사임에 따라, 제11대 대통령 선거는 1980년 11월 16일 이전에 치러져야 했다. 그리고 유신헌법 하의 대통령 선거제도에 따라, 대통령은 유권자에 의한 직접 선출이 아닌 통일주체국민회의 소속 대의원에 의해서 선출되며, 이 회의의 의장은 현직 대통령이었다. 즉 대통령 선거 후보자인 대통령이 자신의 선거를 직접 관리할 수 있는 형태였다.

통일주체국민회의 규정은 「헌법 제8호」, 「통일주체국민회의법」, 「통일주체국민회의대의원선거법시행령」에 제시되어 있다. 「헌법 제8호」 제3장에 따르면, 통일주체국민회의 대의원은 국민의 직접 선거에 의하여 선출되며, 그 수는 2,000인 이상 5,000인 이하이어야 한다. 통일주체국민회의 대의원의 임기는 6년이다. 「통일주체국민회의법」에 따르면, 통일주체국민회의 대의원의 권한 중 하나는 대통령 후보자 등록이며(즉 후보자 자신에 의한 등록이 아닌), 등록을 위해서는 대의원 200인 이상의 후보자 추천장과 후보자가 되려는 자의 승낙서를 첨부해야 한다. 여기서 유념할 점은 대통령이 되려는 후보자가 대의원들의 서명을 받거나 후보자로서 등록을 하는 것이 아니라, 후보자를 추천하는 대의원이 이러한 역할을 한다는 것이다.

대의원 선출에 대한 구체적 규정은 「통일주체국민회의대의원선거법시행령」에서 찾을 수 있다. 「통일주체국민회의대의원선거법시행령」 제3장 제3조에 의하면, 선거구 단위는 구·시·읍·면이며, 해당 단위에 2개 이상의 선거구들이 존재할 수 있다. 제2대 통일주체국민회의 대의원 선거구 총수는 1,665개이며, 대의원 정수는 2,583명으로서 선거구별로 1~5명의 대의원이 선출될 수 있다(중앙선거관리위원회 선거연수원 웹진, http://www.다다익선.kr/38, 방문일: 2014년 1월 31일). 선거구에 대한 선거관리는 해당 선거구의 선거관리위원회가 담당한다.

이러한 규정에 따라, 1978년 5월 18일 제2대 통일주체국민회의 대의원들이 선출되었으며, 이들이 제11대 대통령 선거에 참여하여 대통령을 선출했다.[2] 제2대 통일주체국민회의 대의원 선거에 입후보한 전형적인 후보자는 대졸 출신의 40대였다(동아일보 1978년 5월 6일, 3면). 직종으로는 농림업과 상업을 담당하는 자들이 많았으며, 자신의 사업을 위해 출마한 기업인들도 상당했다. 제1대 대의원에 비해, 기업인들의 진출은 두드러진 반면, 변호사, 의사, 언론인, 문학계 등의 이른바 '인텔리층'은 줄어들었다. 이러한 현상에 대하여 동아일보는 "기업들은 기업보호라는 측면이 강조되고 있는 반면 정신적 직업층은 새삼스러운 명예

2 이들은 1980년 제11대 대통령뿐만 아니라, 1978년 제9대 박정희 대통령과 1979년 제10대 최규하 대통령도 선출했다.

직으로서의 가치를 부여하고 있지 않은 때문인 것 같다"고 보도하고 있었다(동아일보 1978년 5월 19일, 3면).

제11대 대통령 선거에 즈음하여, 이들 통일주체국민회의 대의원들은 이미 전두환 후보를 제11대 대통령으로 추대하고 있었다. 예를 들어, 서울·제주 지역 대의원들은 1980년 8월 18일 안보보고회에서 전두환을 추대하기로 결의하였으며, 8월 19일은 경기·강원 지역 대의원들이, 20일은 충남·충북 지역 대의원들이, 21일은 전남·전북 대의원들이, 22일은 부산·경남 대의원들이 전두환을 대통령으로 추대하는 등 일련의 '정부 주도' 안보보고회에서 전두환을 대통령으로 추대하고 있었다(경향신문 1980년 8월 18일, 19일, 20일, 21일, 22일). 따라서 1980년 8월 27일 제11대 대통령 선거일 이전, 이미 전두환은 제11대 대통령으로 기정사실화 되고 있었다.

한 쪽에서는 정치활동이 활발히 벌어지고 있는 반면, 다른 한 쪽에서는 정치활동이 금지되어 있었다. 제11대 대통령 선거를 앞둔 시점에서 정당 및 정치인의 활동이 금지되었으며, 집회 및 시위도 금지되어 있었다. 언론에 대한 사전검열은 강화되었고, 대학교는 휴교에 들어감으로써 대학생들의 모임은 원천적으로 차단되었다. 김종필 당시 공화당 총재는 6월 18일, 김영삼 당시 신민당 총재는 8월 13일 각각 정계은퇴를 선언했으며, 김대중은 7월 31일 내란음모 혐의로 구속 기소되었다(중앙선거관리위원회 1981, 64쪽).

김대중 내란음모사건

김대중 내란음모사건은 1980년 신군부세력이 김대중을 비롯한 민주화 운동가 20여 명을 북한의 사주를 받아 내란음모를 계획하고, 광주 민주화 운동을 일으켰다는 혐의를 조작해, 군사재판에 회부한 사건이다. 2004년 김대중은 재심을 통해 무죄를 선고받았다.

이러한 가운데, 전두환을 중심으로 한 신군부 세력은 꾸준히 정권 장악을 시도하고 있었다. 예를 들어, 행정과 사법 기능을 통제하는 국가보위비상대책위원회가 1980년 5월 31일 설치되었다. 전두환은 국가보위비상대책위원회의 실질적 운영 주체인 국가보위비상대책상임위원회 상임위원장이 되었다. 이로써 전두환은 민간과 군부의 정보부처를 장악하였고, 국가보위비상대책상임위원회를 통하여 행정과 사법부를 통제하게 됨으로써 정권의 실질적 주체가 되었다. 나아가 1980년 10월 국가보위비상대책위원회가 '입법'의 기능까지 담당함으로써, 입법, 행정, 사법, 군부가 한 사람의 손아래에 놓이게 되었다. 1980년 8월 27일 제11대 대통령 선거는 이와 같은 환경에서 치러진 선거였다.

2. 선거결과

1980년 8월 27일 치러진 제11대 대통령 선거는 통일주체국민회의 대의원들에 의한 간접 선거였다. 선거에 참여한 통일주체국민회의 대의원들은 박정희가 집권하고 있었던 1978년 5월 18일 선거에서 선출되었으며, 이들은 제9대 박정희 대통령과 제10대 최규하 대통령을 선출했다(최한수 1996, 258쪽). 제2회 통일주체국민회의 대의원 정수는 2,583명이었으며, 입후보한 후보자는 5,672명이었다(중앙선거관리위원회 1986, 385~391쪽). 당시의 선거법에 따르면, 후보자의 개별 선거운동은 허용되지 않았으며, 정당 또한 선거운동을 할 수 없었다. 허용된 선거운동 방식은 선거관리위원회에 의한 선전벽보, 선거공보의 발송, 후보자의 합동연설회뿐이었다. 따라서 선거는 조용히 진행될 수밖에 없었으며, 정당이 선거에 개입하는 것 또한 상당히 제한되어 있었다.

먼저 제2회 통일주체국민회의 대의원 의원정수의 시도별 분포를 살펴보자. 당시의 대통령 선거가 비록 간접 선거였다 할지라도, 대의원 정수 분포를 살펴보는 것은 최소한의 인구비례성이 확보되었는지를 살펴 볼 수 있는 기회를 준다. 전체 대의원 중 시도별 대의원의 비율, 전체 선거인 중 시도별 선거인의 비율, 그리고 이들 간의 차이가 <표 3-1>에 제시되어 있다.[3] 만약 시도별 대의

3 대의원 비율은 총 대의원 수를 시도별 의원 수로 나눈 비율이며, 선거인 비율은 총 선거인 수를 시도별 선거인수로 나눈 비율이다. 차이는 대의원 비율에서 선거인 비율을 제한 값으로 그 비율이 0에 가까울수록 적절히 배분된 것이며, 음수(−)의 경우 선거인 수에 비하여 대의원 수가 적게 배분된 것을 의미한다. 중앙선거관리위원회(1986, 388쪽)는 총선거인수와 선거인수를 구분하고 있다. 총선거인수란 시도의 유권자 수를 의미하며, 선거인수란 총선거인수에서 선거를 실시하지 않는 선거구의 유권자 수를 뺀 숫자를 의미한다. 본서에서는 선거를 실시하지 않는 유권자 수를 뺀 선거인수를 기준으로 계산하였다.

원 수가 시도별 선거인 수에 따라 적절히 배분되었다면, 대의원의 비율과 선거인의 비율 간에 큰 차이가 없을 것이다. 만약 1987년 민주화 이전 선거에서 흔히 발견되었던 여촌야도(與村野都) 현상이 대의원 의원정수 배분에도 반영되어 농촌에 대한 의원정수 배분이 높았다면(김재한 2011), 이는 간접 선거의 주체인 대의원 의원정수가 집권 세력에게 유리한 형태로 배분되었음을 보여주는 하나의 근거가 될 것이다.

<표 3−1>을 보면, 제2회 통일주체국민회의 대의원은 농촌[村]의 경우 과다하게 배분된 반면, 도시[都]의 경우 과소하게 배분된 것을 알 수 있다. 달리 이야기 하면, 여촌야도가 본선에서 뿐만 아니라 대의원 배정에 있어서도 나타나고 있었다. 가장 불리하게 배정된 도시는 서울시였다. 서울의 경우, 전체 2,583명 대의원 중 391명이 배정되어 있어 15.1%의 배정 비율이었으나, 선거인 비율 24.1%에 비하여 약 8.9% 낮은 수치였다. 부산 역시 마찬가지여서, 대의원

〈표 3-1〉 제2회 통일주체국민회의 대의원 비율

	대의원*		선거인**		차이
	명	비율	명	비율	
서울	391	15.1	4,059,794	24.1	−8.9
부산	145	5.6	1,221,428	7.2	−1.6
경기	319	12.3	2,091,669	12.4	0.0
강원	151	5.8	879,961	5.2	0.6
충북	131	5.1	664,572	3.9	1.1
충남	235	9.1	1,281,785	7.6	1.5
전북	203	7.9	1,066,210	6.3	1.5
전남	312	12.1	1,721,558	10.2	1.9
경북	379	14.7	2,171,690	12.9	1.8
경남	290	11.2	1,512,865	9.0	2.3
제주	27	1.0	205,657	1.2	−0.2
합계	2583	100.0	16,877,189	100.0	0.0

* 중앙선거관리위원회(1986) 386쪽 별표 1

** 중앙선거관리위원회(1986) 388쪽 별표 2

비율 5.6%는 선거인 비율 7.2%에 비하여 1.6% 낮은 수치였다. 반면에 수도권으로부터 멀어 떨어진 농촌일수록 선거인 비율에 비하여 대의원 비율이 높아졌다. 예를 들어, 전북·전남은 선거인 비율에 비하여 대의원 비율이 각각 1.5%, 1.9% 높았다. 경북·경남도 유사하게 선거인 비율에 비하여 대의원 비율이 각각 1.8%, 2.3% 높은 379석과 290석을 배정받았다. 이와 같이 제11대 대통령 선거는 시작에서부터, 즉 통일주체국민회의 대의원 구성에 있어서부터 집권 세력에게 유리한 여촌야도(與村野都) 형식으로 배정되고 있었다.

또한 대의원 입후보자의 직업별 분포를 볼 때도 다른 어떠한 직업군보다도 농업 종사자 비율이 높았다. <표 3－2>에 제시된 것처럼, 농림업을 자신의 직업이라 명기한 대의원 입후보자는 전체 5,672명 중 2,631명으로서 46.4%를 차지하고 있었다. 다음 순위인 상업의 16.3%와 비교하여도, 농림업은 압도적으로 높은 직군을 차지한다. 반면 전문직 종사자들의 비율은 극히 낮았다. 예를 들어, 변호사 비율은 0.1%에 불과했으며, 교육, 언론 및 출판업 종사자 비율은 0.6%에 그쳤다. 의사 및 약업이 4.5%로서 광공업과 유사한 비중을 차지했다.

1978년 5월 18일 시행된 제2회 통일주체국민회의 대의원 선거결과는 <표 3－2>의 직업군을 그대로 재현하고 있다. <표 3－3>에 나타난 바와 같이, 농림업이 가장 높은 순위(16.9%)이며, 그 뒤를 이어 상업(7.5%)이 차지하고 있었다.

〈표 3-2〉 입후보자 직업별 분포

직업별	명	비율	직업별	명	비율
농림업	2,631	46.4	변호사	4	0.1
상업	923	16.3	교육자	36	0.6
광공업	256	4.5	회사원	291	5.1
수산업	79	1.4	종교인	7	0.1
운송업	154	2.7	기타	961	16.9
의사 및 약업	258	4.5	무직	39	0.7
언론 및 출판업	33	0.6	합계	5,672	100.0

출처: 중앙선거관리위원회(1986) 386쪽 별표 2.

여전히 전문직 종사자의 비율은 변호사 0.1%, 교육자 0.4%, 언론 및 출판업 0.2% 등의 순으로 나타나고 있다.

한편 제11대 대통령 선거를 통해 권위주의 체제를 부정하고 저항할 수 있는 인사들의 등용은 대의원 선거에 있어서부터 제도적으로 막혀 있었다. 제2회 통일주체국민회의 대의원 선거에 즈음해, 박정희 정권은 당선 후 체제에 비판하고 정권에 반대할 가능성이 있는 인사의 등용을 근본적으로 차단할 수 있는 조항을 삽입했다(최한수 1996, 255쪽). 예를 들어, 선거일 전 3년 간 정당의 당원이었던 자, 그리고 선거일 이전 최후로 실시한 국회의원 총선이나 그 이후에 실시한 국회의원 보선에 입후보하여 낙선한 사실이 있는 자는 피선거권을 박탈한다는 조항을 대의원 선거제도에 삽입했다. 따라서 정치체제에 비판적일 수 있는 인사들, 그리고 독자적인 목소리를 내고자 했던 인사들은 제도권 진입에 근본적으로 차단되었다.

종합해 보면, 박정희 정권 시기에 치러진 제2회 통일주체국민회의 대의원 선거에 입후보한 후보자와 당선자들 대부분은 기존의 집권 세력을 수용하는 인사들이었다고 볼 수 있다. 따라서 새로이 부상하고 있는 전두환 중심의 신군부 세력에 대해서도 비판적으로 접근하기 보다는 수용하는 자세를 취했을 가능성이 크다. 이들에게 있어 군부와 행정, 사법부를 통제할 수 있는 위치해 있었던

〈표 3-3〉 당선자 직업별 분포

직업별	명	비율	직업별	명	비율
농림업	959	16.9	변호사	3	0.1
상업	423	7.5	교육자	22	0.4
광공업	164	2.9	회사원	169	3.0
수산업	39	0.7	종교인	1	0.0
운송업	98	1.7	기타	513	9.0
의사 및 약업	165	2.9	무직	1	0.0
언론 및 출판업	14	0.2	합계	2,583	100.0

출처: 중앙선거관리위원회(1986) 390쪽 별표 4.

전두환 국가보위비상대책상임위원회 위원장은 이미 사실상의 대통령이었기 때문이다.

1980년 8월 27일 치러진 제11대 대통령 선거의 선거방식은 통일주체국민회의 대의원에 의한 간접 선거였다. 대의원 수는 당초 2,583명이었으나 사망 또는 사퇴에 의하여 재적의원 수는 2,540명이었으며, 이 중 기권자 15명을 제외한 2,525명이 참석하여 99.4%의 투표참여율을 보였다(중앙선거관리위원회 2009a, 55쪽). 단독 후보로 출마한 전두환 후보는 2,525 대의원 투표 수 중 1명을 제외한 2,524의 찬성을 받음으로써 99.96%라는 득표율로 당선되었다. 매일경제신문은 당시 대통령 선거 진행과정을 다음과 같이 보도하고 있다(매일경제신문 1980년 8월 27일, 7면).

[그림 3-3] 제11대 대통령 선거 전두환 후보 등록신청서

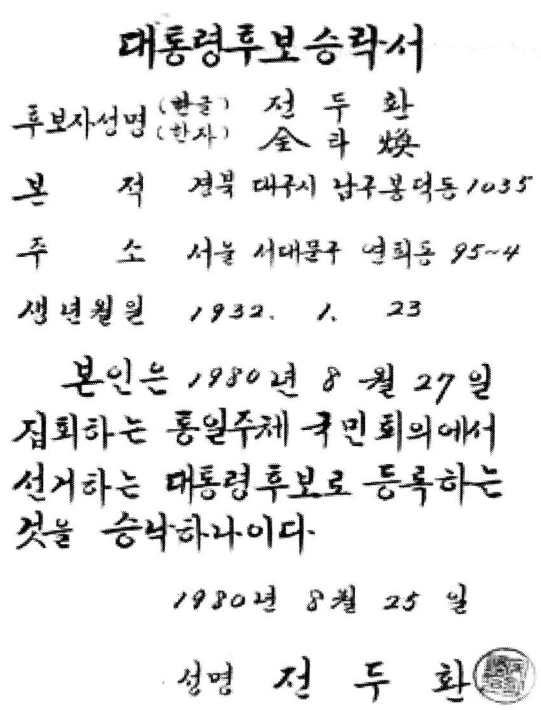

대통령후보승락서

후보자성명 (한글) 전 두 환
(한자) 全 斗 煥

본 적 경북 대구시 남구봉덕동 1035

주 소 서울 서대문구 연희동 95-4

생년월일 1932. 1. 23

본인은 1980년 8월 27일 집회하는 통일주체국민회의에서 선거하는 대통령후보로 등록하는 것을 승낙하나이다.

1980년 8월 25일

성명 전 두 환

출처: 중앙선거관리위원회(2009a, 53쪽).

10대 대통령을 선출한지 8개월여 만에 다시 제11대 대통령을 선출한 「대통령의 산실」 장충체육관은 이날 상오 8시 20분부터 대의원들의 입장개시로 붐비기 시작, 부근의 교통정리를 위한 경찰관들이 바쁘게 움직였으며 국민회의 사무처 직원들은 내빈안내를 위해 회의장 안팎으로 왔다 갔다 하면서 이른 아침부터 진땀을 흘렸다. 지방 대의원들은 상오 8시 15분께 신라호텔 등 서울시내 10개 호텔에서 각각 전세버스로, 서울출신 대의원들은 구별로 구청에 집합했다가 회의장으로 입장하기 시작, 9시 10분께 입장을 완료. 사무처에서 미리 연락한대로 검은색과 짙은 감색 옷차림을 한 대의원들은 가슴에 금빛 대의원 배지와 성명·출신구·좌석번호를 기입한 명찰을 달고 근엄한 표정으로 지정석에 착석. …(중략)… 9시 58분 통일주체국민회의 의장 권한대행 자격으로 박충훈 대통령 권한대행이 입장, 대의원 2천 5백 40명[중 2천 5백 25명이 참석]과 내외귀빈이 모두 자리에서 일어나 박수로 맞았다. …(중략)… 대통령 선거에 들어가기에 앞서 약10분간 정회된 동안 단상에는 사회석과 의사일정표들이 갖춰졌고 단 아래엔 미리 마련된 투표함·명패함·기표소·개표대 등이 등장. 실내벽 위쪽 세 군데에 쳐졌던 커튼이 걷히자 「대통령 후보자 전두환」이라고 크게 써 붙인 후보자 광고문이 모습을 드러냈다. 10시 35분에 박[영수 사무] 총장이 단상마이크를 통해 전국대의원 정수는 2천 5백 83명인데 그동안 43명의 유고로 재적 대의원은 2천 5백 40명이라고 보고하고 대통령 후보자는 「전두환 국보위상임위원장단일후보」라고 통보했다. 투표는 10시 40분 회의 주재 대의원으로 임명된 이춘기·김일환·정희택씨 등 세 대의원의 교대사회로 진행, 11개 시·도별로 앉은 자리순으로 질서 정연하게 이어졌다. …(중략)… 복도를 빙돌아가며 5군데에 마련된 휴게소에는 빵3천봉지·사이다·콜라 등 음료수 3천병과 코피·엽차 및 담배는 물론 소화제·아스피린 등 구급약까지 마련되어 있을 뿐 아니라 국민회의 사무처와 시청에서 나온 20여명의 여직원들이 상냥스럽게 시중. 11시 40분까지 약 1시간 동안 투표가 끝나고 투표함과 명패함이 닫혔다. 개표는 국회사무처에서 차출된 개표종사원들의 능숙한 솜씨로 45분만에 완료. 이어 사회자인 이춘기 대의원이 "전두환 후보가 대의원의 압도적 지지로 당선었음을 선포"하자 장내엔 새시대의 지도자가 탄생한데 대한 축하의 박수가 터져 나왔다.

대통령 선출을 책임진 대의원들 중 일부는 대통령 선거가 있었던 당일 이미 준비된 결의문을 채택하기도 했다. 결의문의 내용은 '전두환 대통령의 영도하에 향도적 역할'을 다짐하는 것이었다. 원문은 다음과 같다(경향신문 1980년 8

월 27일, 1면).

> 우리 통일주체국민회의 대의원 일동은 새역사의 서광이 비치는 대전환기에 즈음하여 나라의 소명과 온 국민의 총의를 받들어 80년대를 이끌어 나갈 새시대의 영도자로 전두환 대통령을 선출하고 조국의 무궁한 발전과 평화적 통일을 다짐하면서 다음과 같이 결의한다. ① 우리는 전두환 대통령의 영도 하에 추구되는 국가보위와 민주복지 국가건설의 숭고한 지도이념이 조속히 실현될 수 있도록 향도적 역할을 다한다. ② 우리는 이 땅의 비리와 부조리를 과감하게 척결하고 정의와 도의, 진실이 지배하는 새로운 사회의 창출에 솔선, 혼신의 노력을 다한다. ③ 우리는 자주정신과 주체의식을 함양하고 국력을 배양하여 국가적 민족적 숙원인 조국의 평화통일을 앞당겨 세계평화에 적극 이바지한다.

전두환 체제 출범에 대해 미국은 현 체제를 인정하는 메시지를 전달하였다. 당시의 집권 세력이 미국에 의한 정통성 인정을 갈구한다는 점을 고려할 때, 이와 같은 미국의 메시지는 정권 및 집권 세력의 안정에 크게 도움을 주었다고 해도 과언이 아닐 것이다. 매일경제신문이 전한 미국 정부의 발표 내용은 다음과 같다(매일경제신문 1980년 8월 28일, 1면).

> 미국정부는 27일 전두환 장군의 대통령 피선은 예기했던 일이라고 발표하면서 전 장군의 제11대 대통령 당선을 환영했다. 존 트래트너 국무성 대변은 이날 전 장군의 대통령 당선에 관해 그 같이 논평하면서 미국은 분명히 한국의 새정부가 "한국정부에 의해 공약되었던 개헌국민투표와 새선거가 실시"되기를 희망한다고 말하고 "새정부의 성공의 중요한 척도는 국민의 광범한 지지기반을 가진 정부와 대중참여적 정치제도를 수립할 수 있는 능력이 될 것으로 믿으며 한국 정부가 그러한 방향으로 나갈 것을 희망한다고"고 말했다.

이로써 1979년을 10월 26일 박정희 대통령 사망으로 시작된 한국 민주화의 기회는 새로운 권위주의 세력인 전두환 중심의 신군부 세력으로 전환하게 되었다. 전두환 중심의 신군부는 최규하 중심의 구 집권 세력을 진압하여 하나의 세력으로 단결된 반면, '서울의 봄'을 맞이한 김영삼, 김대중의 민주 세력은 단합하지 못하고 분열된 세력으로 존재했다. 이의 결과, <표 3-4>에 제시된 바와

〈표 3-4〉 제11대 대통령 선거: 체제 정당화의 기제

		집권 세력	
		단결	분열
민주 세력	단결	대치국면	민주화 기제
	분열	체제 정당화 기제 (제11대 대통령 선거)	쿠데타 또는 민주 세력에 의한 민중혁명

같이 1980년 8월 27일 치러진 제11대 대통령 선거는 기존 체제의 합법성 확보를 위한 수단으로 역할 하였다.

이제 '서울의 봄'은 사라졌으며 '민주화의 겨울'이 찾아온 것이다. 이와 같은 시대 변화의 암시는 1980년 9월 1일 행해진 전두환 대통령의 취임사에서 전해지고 있었다(매일경제신문 1980년 9월 1일, 2면).

> 우선 헌법개정 문제에 있어서 정치과열의 방지와 정치풍토 쇄신을 기할 수 있는 다시 말해 우리 현실에 맞는 능률적인 헌법안을 마련할 작정입니다. 이 헌법개정안은 늦어도 10월 중에는 국민투표에 붙일 생각입니다. 그리하여 정부가 누차 밝힌 대로 내년 상반기 중 새헌법에 의한 선거를 실시하여 신정부를 출범시킬 예정입니다. 정치활동은 새헌법이 확정된 후 빠른 시일내에 재개토록 하겠읍니다. …(중략)… 참다운 민주주의가 이 땅에 뿌리를 내리기 위하여는 정치풍토부터 개선되어야 하겠읍니다. 과거처럼 선동·비리·파쟁·권모술수·부정부패 등이 판을 치던 풍토 속에서는 민주주의가 제대로 성장할 수 없읍니다. 우리는 그동안 이같은 정치작태에 대하여 책임을 져야할 상당수의 구정치인들을 정리하였으며 그 외에도 이런 폐습에 물든 정치인들에게 앞으로의 정치를 맡길 수 없다는 것이 본인의 소신입니다. 따라서 정계의 개편과 정치인의 세대교체는 불가피하다고 봅니다. …(중략)… 특히 대통령 자신부터 국민 위에 군림하는 것이 아니라 국민에게 봉사하는 자세로 일해야 하며 권력이 자신을 위한 개인적 전유물이 아니라 국민이 일정기간 맡겨 놓은 것에 불과하다는 생각을 가져야 한다고 믿습니다. 본인은 민주주의를 이 나라에 토착화하기 위하여 헌법절차에 의한 평화적 정권교체의 전통을 반드시 확립할 것입니다.

[그림 3-4] 제11대 대통령 취임식

출처: 중앙선거관리위원회(2009a, 57쪽).

전두환 대통령은 취임사에서 기존 정치인들의 정치활동 금지, 새로운 정치세력에 대한 지지, 그리고 평화적 정권교체를 강조하고 있었다. 이를 달리 해석하면, 기존의 정치인들을 배제한 채 새로운 정치세력에 의한 정치를 강조하고 있었다. 즉 전두환 대통령은 취임사에서 새로이 등장한 군부세력에 대한 지지를 강조하고 있었던 것이다. 이와 같은 공언은 집권 세력 내부에 대한 권력공유의 약속을 제시하는 것으로써 집권 세력 내부의 단합을 공고화하기 위한 것으로 볼 수 있다. 반면 김대중·김영삼의 갈등과 정치활동 금지는 민주 세력의 영향력을 제한하고자 했던 것으로 볼 수 있다.

제 4 장 제12대 대통령 선거와 권위주의 체제의 정당화

CHAPTER

04 제12대 대통령 선거와 권위주의 체제의 정당화

제11대 대통령 선거가 치러진 후 6개월 반에 실시된 제12대 대통령 선거는 다시 한 번 집권 세력의 결집과 민주 세력의 분열 속에 치러진 선거였다. 권위주의 정권의 안정을 꾀할 수 있는 대통령 및 국회의원 선거제도가 제9차 헌법 개정을 통하여 마련됨으로써 집권 세력은 선거를 통한 권위주의 체제의 정당성을 기할 수 있게 되었다.

제1절 제9호 헌법과 집권 세력

'서울의 봄'이 찾아오자 박정희 권위주의 체제의 상징인 유신헌법에 대한 논의가 본격적으로 진행되었다. 사실 유신헌법에 대한 반대와 개정 논의는 유신헌법이 만들어지는 그 시점에서부터 시작됐다. 민주주의에 어긋나는 수많은 조항들, 예를 들어 국민이 대통령을 직접 선출할 수 없는 점, 대통령의 연임제한 규정이 없는 점, 대통령에게 국회의 동의나 승인이 필요하지 않은 긴급조치권과 국회해산권을 부여한 점, 국회의원 정수의 3분의 1을 대통령이 의장인 통일주체국민회에서 선출할 수 있게 한 점 등에 대한 전면적 개정이 요구되고 있었기 때문이다. 1973년부터 전국에서 유신반대 시위가 계속되었고, 시민단체를 중심으로 민주헌정 회복 요구와 정부의 인권탄압을 규탄하는 개헌 청원 백만인 서명운동 등이 전개되었다(중앙선거관리위원회 2009a, 65쪽). 그렇지만 박정희 정권은 긴급조치 제1호와 제2호를 발동하고, 1975년 국민투표를 통하여 이와 같은 반대의 움직임을 잠재웠다.

그러나 1979년 박정희 대통령이 살해되고 유신체제가 붕괴된 다음부터는 유신헌법에 대한 개헌 논의가 본격적으로 진행되었다. 대통령이 사망한 지 한 달이 지난 1979년 11월 26일 「헌법개정심의특별위원회」가 구성되었고, 여야 국회의원 동수(민주공화당 7, 유신정우회 7, 신민당 13, 민주통일당 1)로 구성된 국회 중심의 헌법개정심의특별위원회가 개헌작업을 시작했다(중앙선거관리위원회 2009a, 65쪽). 헌법개정심의특별위원회는 1980년 1월부터 서울, 부산, 대구 등에서 6차례의 개헌 공청회를 열어 국민의 의견을 수렴 등 개정 헌법에 대한 조문화 작업을 시작했다.

그렇지만 국회 중심의 개헌작업은 1979년 12월 21일 제10대 대통령 취임식에서 최규하 대통령이 정부 중심의 개헌 논의를 언급하면서 변화되기 시작했다. 최규하 대통령은 취임식에서 "국가의 최고기본법을 제정함에 있어 본인은 중대한 책임을 지고 있기 때문에, 이미 천명한 바와 같이 정부로서도 앞으로 전국의 각계각층의 의견을 광범위하게 들어가면서 적절한 시기에 구체적인 연구와 검토를 시작할 것입니다"라고 밝혔다(경향신문 1979년 12월 21일, 1면). 김영삼은 최규하 정부가 구상하고 있던 정치체제의 골격을 이원적 집정부제로 추정하고 있었다(김영삼 2000, 178쪽). 대통령이 외교·국방분야를 맡고, 국회에서 선출한 국무총리가 경제·치안 등 내정을 전담하는 방식의 이원제적 집정부제였던 것이다.

물론 국회는 정부 주도의 개헌안에 대하여 반대했다. 김택수 헌법개정심의특별위원회 위원장은 "개헌작업은 주권재민의 원리에 입각해서 국회가 주도해서 하는 것이 국민합의"라는 내용의 성명서를 발표하면서 정부 주도의 개헌안에 반대했다. 나아가 1980년 5월 14일 헌법개정심의특별위원회는 제22차 회의를 열어 전문을 제외한 새로운 헌법안의 조문화 작업을 완료했다(중앙선거관리위원회 2009a, 66~67쪽).

그렇지만 이러한 국회의 시도는 3일이 지난 1980년 5월 17일, 5·17 쿠데타를 통하여 정권을 장악한 전두환 중심의 신군부 세력에 의하여 좌절되었다. 전두환 중심의 신군부 세력은 국회를 폐쇄하고, 정당 및 정치인의 정치활동은 금지함으로써 개헌 작업을 중지시켰다.

전두환 중심의 신군부 세력은 자신들이 주도권을 갖게 된 정부를 통하여 개헌 작업을 시작하였다. 먼저 법제처가 주관이 되어 「개헌요강작성소위원회」를 구성하고, 해당 위원회를 통하여 새 헌법안의 총강, 기본권, 경제조항 등을 작성했다. 이후 전두환이 상임위원장인 국가보위비상대책위원회가 권력 구조의 핵심인 대통령의 선출방식, 임기, 연임여부 등을 만들어 정부에 전달했다. 즉 전두환에 의한 헌법 개정이 시작된 것이다.

이와 같은 체제의 안정화 작업은 제11대 대통령 선거를 며칠 앞둔 1980년 8월 25일, 정부에 의한 제9호 헌법 개정안 요강(要綱)이 완성됨으로써 정리되었다. 헌법 전문안의 내용은 다음과 같다.

> 유구한 민족사에 빛나는 문화 그리고 평화애호의 전통을 자랑하는 우리 대한국민은 조국의 평화적 통일과 민족중흥의 역사적 사명에 입각하여 새로운 민주공화국을 건설함에 있어 정의, 인도와 동포애로써 민족의 단결을 공고히 하고 모든 사회적 폐습과 불의를 타파하며 자유·민주적 기본질서를 더욱 확고히 하여 정치, 경제, 사회, 문화의 모든 영역에 있어서 각인의 기회를 균등히 하고 능력을 최고도로 발휘하게 하며 권리에 따르는 책임과 의무를 완수케하여 안으로는 국민생활의 균등한 향상을 기하고 밖으로는 항구적인 세계평화와 인류공영에 이바지함으로써 긍지와 신념을 가진 근면한 국민으로서 우리들과 우리들 자손의 안전과 자유와 행복을 영원히 확보하고 새로운 역사를 창조할 것을 다짐하면서 1948년 7월 12일에 제정되고 1962년 12월 26일과 1972년 11월 24일에 개정된 헌법을 이제 국민투표에 의해 개정한다(경향신문 1980년 8월 25일, 1면).

이렇게 만들어진 유신헌법 개정안은 제11대 대통령 선거가 끝난 지 얼마되지 않아, 제9호 헌법안으로 공고되었다. 제9호 헌법안은 전문과 본문 131조와 부칙 10조로 구성되어 있었으며, 1980년 9월 29일 전두환 대통령 주재 하에 열린 임시 국무회의에서 의결되었다. 헌법개정안 공고 당일 발표된 전두환 대통령의 담화문 내용은 다음과 같다.

정부는 민주주의의 토착화에 최대의 역점을 두고 민주화에의 전진을 도모하는 구체적인 내용들을 최대의 역점을 두고 민주화에의 전진을 도모하는 구체적인 내용들을 헌법개정안에 반영시켰읍니다. 그 대표적인 예는 권력구조 부분의 조정으로서 대통령 선거에서 정당참여의 봉쇄로 사실상 자유경쟁이 여의치 못했던 부분을 시정한 것을 비롯하여 대통령의 국회의원 일부 추천권 법관임명권을 삭제하고 국회해산권과 비상조치권을 제한하였읍니다. 이것은 막강한 권력의 영도적 대통령중심제를 권력분립의 원칙에 토대를 둔 합리적인 대통령중심제로 개편한 것으로서 민주화에 대한 국민적 여망과도 일치하는 것입니다. 그러나 대통령의 권한이 설사 축소된다고 하더라도 1인의 장기집권이 초래될 경우 민주화는 사실상 형식에 불과하게 된다는 사실을 정부는 유의하였읍니다. 그러므로 대통령의 임기를 7년 단임으로 못 박아 1인의 장기재임을 일단 제도적으로 불허하는 한편 임기 및 중임 금지조항을 개정할 경우 제안 당시의 대통령에게는 그 효력이 없도록 함으로써 장기집권을 위한 개헌파동의 재발을 원천적으로 봉쇄하였읍니다. …(중략)… 30여년 간의 우리의 헌정사를 통하여 국민적 염원인 평화적 정권교체를 한 번도 경험하지 못했다는 것은 나라의 체모에 관련되는 일일뿐만 아니라 정권의 정당성에 대한 논란을 연중 행사화시킴으로써 정국을 격동의 수렁에 빠뜨린 주인(主因)이기도 했읍니다. 평화적 정권교체를 위한 개헌안의 정신이 우리의 체질로 될 때 자신의 손으로 정권을 결정한다는 국민적 자부심이 제고될 것이며, 이때에 비로서 민주주의는 우리의 토양 위에 굳건히 뿌리를 내리게 될 것입니다. …(중략)… 국회의원에 관해 국익우선 의무조항과 청렴의무조항을 두고 공무원에게 청렴을 강조한 것이나 대통령 선거방법에서 선거인단에 의한 간접선거 제도를 채택한 것은 공직을 지난 날의 폐습으로부터 건전하게 보호하기 위한 것입니다. 특히 대통령선거방법의 경우 직접선거는 인적·물적 양면에서의 고도의 국력낭비, 인기에 영합하려는 무책임한 공약의 남발, 여야대립 격화로 인한 국론 분열 및 지역감정 촉발에 따른 국민총화의 저해 등 정치를 지난 날의 왜곡되고 파행된 모습으로 뒷걸음치게 할 많은 유인들을 내포하고 있읍니다. 10·26 사태 이후 일부 구정치인을 중심으로 야기된 일련의 정치사회적 혼란과 계층간 지역간의 갈등 및 국론분열 현상은 직접선거가 폐습재연의 온상이 될 가능성이 있다는 국민적 각성과 교훈을 일깨워준 계기가 되었읍니다(동아일보 1980년 9월 29일, 3면).

전두환 대통령은 유신헌법에 비하여 제9호 헌법개정안이 민주주의에 근접한 제도임을 강조하고 있었다. 유신헌법에 비하여 제9호 헌법개정안은 권력 분립을 확보하고자 노력이 있다는 것이다. 또한 7년 단임의 필요성을 역설하면서 정권 교체를 확언하고 있기 때문이다.

그렇지만 7년 단임과 평화적 정권교체에 대한 강조는 국민의 의혹(疑惑)을 희석하고, 권력 공유에 대한 확신을 집권 세력에게 심어주기 위한 것으로 볼 수 있다. 또한 제9호 헌법개정안은 대통령 선출을 직접 선거가 아닌 간접 선거로 유지하는 오점(汚點)을 남기고 있다. <표 4-1>은 제9호 헌법개정안의 주요 내용을 유신헌법과 비교하고 있다.

제9호 헌법 개정안에서 가장 주목해야 할 점은 대통령 선출방식이다. 대통령 선출방식은 1979년 박정희 대통령 사망 이후 국민이 열망하고, 국회가 추진한 대통령 직접 선거방식과는 다른 간접 선거방식이었다. 5,800여명으로 구성된 선거인단에 의하여 선출되는 대통령 간접 선출방식은 개헌안을 작성하고 있던 「개헌요강작성소위원회」의 결정이 아닌 전두환에 의한 결정이었다. 국가보위비상대책위원회 상임위원장이었던 전두환은 정부의 개헌요강작성소위원회와 별도로, 국가보위비상대책위원회 법사분과위원들에게 개헌안을 연구토록 했다. 전두환 상임위원장은 이들의 논의 결과인 대통령 간선제 중심의 헌법요강을 8월 10일경 정부 개헌요강작성소위원회에 보내 이를 반영시켰다. 또한 전두환은 "8월 중순경 '대통령 간선제'와 '대통령임기 7년'이 관철되도록 지시하기도 했다"(1996년 1월 24일 12·12 군사반란 사건 등에 관한 검찰의 공소장 내용을 인용 중앙선거관리위원회 2009a, 67~68쪽 재인용).

대통령 선출방식과 더불어, 제9호 헌법개정안에서 주목해야할 점은 임기에 관한 제도이다. 제9호 헌법개정안은 유신헌법과 다르게 대통령의 임기를 7년으로 하면서 중임(重任)을 금지했다. 또한 전두환은 평화적 정권교체에 대한 염원을 헌법개정안에 대한 담화문과 더불어 집권 동안 지속적으로 강조하고 있었다. 따라서 헌법이 준수된다면, 집권 세력의 또 다른 인사가 7년 이후 대통령이 될 수 있는 가능성을 열어 놓은 것이다. 이와 같은 헌법 개정안의 내용과 평화적 정권교체의 강조는 권력 공유에 대한 의지를 집권 세력에게 각인시키고, 집권 세력 내부의 결속을 다질 수 있는 촉매로 작용했다고 볼 수 있다.

〈표 4-1〉 유신헌법과 제9호 헌법개정안의 주요 내용비교

구분		유신헌법	제9호 헌법개정안
대통령	선출방법	통일주체국민회의에 의한 간접선거	대통령선거인단에 의한 간접선거
	후보자 추천	통일주체국민회의 대의원만 추천가능	정당 또는 대통령 선거인단이 추천
	임기	6년(궐위시 후임자는 전임자의 잔여 임기만 재임)	7년(궐위 시 후임자는 전임자의 잔여 임기에 관계없이 7년 재임)
	중임 허용 여부	제한 불가	중임 불가
	국회해산권	대통령에게 일임	국회해산권 발동 제한(국회의장의 자문 및 국무회의 사전심의, 「국회 구성 후 1년 이내」 또는 「동일한 사유로 2차에 걸쳐」 해산할 수 없도록 제한)
국회	선출방법	의원정수의 3분의 2: 국민이 직접선출 의원정수의 3분의 1: 대통령의 추천에 의해 통일주체국민회의에서 선출	국민이 직접 선출(통일주체국민회의에 의한 선출제도 폐지)
	임기	국민이 직접 선출한 의원: 6년 통일주체국민회의에서 선출한 의원: 3년	4년
	의원정수	법률로 정함	200인 이상으로 하되 법률로 정함
	비례대표제도	없음	도입(부활)
헌법개정	발의권자	대통령과 국회재적의원 과반수	좌동
	확정절차	대통령이 발의한 경우: 국민투표에서 과반수 찬성으로 확정 국회의원이 발의한 경우: 국회 재적의원 3분의 2의 찬성을 얻은 후, 통일주체국민회의 재적의원 과반수의 찬성으로 확정	대통령이나 국회의원이 발의한 경우 모두 국회 재적의원 3분의 2의 찬성을 얻은 후, 국민투표에서 과반수 찬성으로 확정
	대통령의 임기 변경	연장·중임 변경을 위한 헌법개정에 대하여 제한 없음	개정 당시의 대통령에게는 효력 없음
법원	임명권	대법원장을 제외한 법관은 대법원장의 제청으로 대통령이 임명	법관의 독립성 보장(일반법관은 대법원장이 임명)
	파면조항	탄핵, 형벌 외에도 징계 처분에 의해서도 파면	징계처분에 의한 파면조항 삭제
	임기	대법원장 임기 6년	대법원장 임기 5년, 중임 금지
선거관리	임명	위원장과 위원을 대통령이 임명	위원장은 위원호선제, 위원은 대통령 3명, 국회에서 3명, 대법원장이 3명씩 임명

출처: 중앙선거관리위원회(2009a, 71쪽); 경향신문(1980년 9월 29일, 1면).

제9호 헌법개정안 추진과 더불어, 집권 세력은 민주 세력을 와해코자 다양한 조치를 취했다. 집권 세력이 행한 첫 번째 시도는 국회 해산이었다. 1978년 치러진 제10대 국회의원 선거는 역사상 처음으로 '득표율 차원'에서 제1야당(신민당)이 여당(민주공화당)에 승리한 선거였다. 이는 하나의 지역구에서 2명의 대표자를 선출하는 중선거구제라는 불리한 선거제도에도 불구하고, 야당이 득표율 차원에서 여당에게 승리함으로써 새로운 선거사의 한 면을 장식했다.[1] 따라서 제10대 국회는 새로이 부상한 집권 세력에게 위협적인 존재로 자리하기에 충분했다. 집권 세력은 헌법안 부칙으로서 제10대 국회를 해산하는 조항을 삽입함으로써 자신에 대한 저항세력을 해산토록 했다.

> 84년으로 임기가 끝나게 돼 있는 제10대 국회는 해산의 강제규정을 적용하지 않고 80년대 복지 국가건설과 정의사회 구현이라는 역사적 배경과 시대적 요청에 따라 새시대를 개막하는 제5공화국의 신헌법이 10월 하순 확정되면 자동적으로 그 임기가 끝나고 의회의 기능이 소멸되도록 새헌법부칙에 시한을 넣어야 한다는 소리가 높다. 과거의 정치적폐를 일소하고 비리와 권모를 거듭해 온 현역 정치인의 퇴장 등을 단행, 정치주역의 세대교체를 실현하기 위해 제도적 장치를 마련해야 할 것이란 여론에 따라 이 부칙에는 구정치인들의 정치활동과 정계 복귀를 규제할 수도 있다는 입법의 근거가 마련될 것이 불가피하다. …(중략)… 과거의 정치풍토를 쇄신하는 동시에 정계재편의 획기적 계기로 보이는 제도적 장치가 설정될 경우, 또 공화, 신민, 통일당 등 파정 선동의 낡은 정치작태에 책임을 당연히 져야 하는 기존 정당들의 기능과 역할을 종식시키는 조치도 당연히 뒤따라야 할 것이다. 현행 정당법상 우리나라 정당은 그 대의기관(전당대회)의 결의와 헌법위원회의 결정으로 해산할 수 있으며 또 법정지구당수를 확보하지 못했을 경우 정당등록을 말소할 수 있기 때문에 정당의 기능 소멸 문제는 헌법부칙에 규정하거나 현행 헌법에 건의한 별도의 적법한 조치로 결정될 수도 있다(경향신문 1980년 9월 24일, 1면).

둘째, 1980년 10월 27일 공포·시행된 제9호 헌법에 따라 「정치풍토쇄신을 위한 특별조치법」(법률 제3261호)이 제정됨에 따라, 구(舊)정치인들의 정치 활동이 금지되었다. 이 법 제1조에 명시되어 있듯이, 「정치풍토쇄신을 위한 특별조

1 물론 유신헌법에 따라 대통령이 임명하는 유신정우회 의원 77명이 추가되었기 때문에, 국회에서의 여당 의석비율은 야당보다 높았다.

치법」은 "헌법 부칙 제6조 제4항의 규정에 의하여 정치적 또는 사회적 부패나 혼란에 현저한 책임이 있는 자에 대한 정치활동을 규제함으로써 정치풍토를 쇄신하고 도의정치를 구현하여 민주정치의 발전에 기여함을 목적"으로 제정되었다. 이의 집행기구인 정치쇄신위원회 위원장과 위원은 대통령이 임명하게 되어 있었다. 위원회의 역할은 국회의원, 정당원, 사회보안법에 따라 정치적 또는 사회적으로 부패나 혼란에 현저한 책임이 있다고 하는 자를 대상으로 정치활동 여부를 판정하는 것이었다. 이 법에 의하여 정치활동 금지로 판정된 자는 그날로부터 1988년 6월 30일까지 정치활동을 할 수 없었다. 달리 이야기하면, 구정치인들은 제5공화국 내내 정치활동을 할 수 없었던 것이다. 법이 제정된 지 7일이 지난 1980년 11월 12일, 「정치풍토쇄신을 위한 특별조치법」에 의한 첫 번째 정치활동 금지대상자가 판정되었다. 이에 대해 경향신문은 다음과 같은 논평을 게재했다.

> 구시대의 정치적·사회적 부패와 혼란에 상당한 책임이 있다고 인정되는 정치활동 금지대상자 8백 11명의 명단이 12일 하오 공고됨으로써 제5공화국의 새정치질서가 펼쳐질 정치무대의 일대 청소작업은 끝난 셈이다. …(중략)… 특히 10·26 이후 우리 헌정 사상 유례없는 혼란과 위기를 초래했던 근본원인이 바로 당시 사회지도적 위치에 있던 정치인들의 무책임한 언동과 방향 감각 상실, 그리고 정권욕에 있었다는 점이 이번 정치활동 금지대상자 심사에 커다란 비중을 차지하고 있는 것으로 보인다. 그것은 현재 입법의원 등으로 활약하고 있는 사람을 제외한 10대 국회의원 전원이 포함된 것은 바로 이러한 시대적 책임을 물은 것이라 하겠다. …(중략)… 10대 의원 거의 전원과 공화·신민·통일·통사당 등 정당 간부들의 대부분을 포함시키지 않을 수 없었던 배경에는 그들이 10·26 이후 국가위기 상황에 대한 책임이 너무나도 크기 때문이다. 이번 심사의 구체적인 기준은 정치풍토쇄신법에 따라 정치적·사회적 부패와 혼란에 현저한 책임이 있다고 인정되는 자에 대해, 권력형 부정축재자, 정치혼란 조성자, 상습적인 선거사범과 학원노조 등 각종 소요사태 주동자, 정치적 혼란에 현저한 책임이 있는 반국가 사범 등, 기타 사회적·윤리적으로 지탄을 받거나 민주정치 토착화에 장애가 되는 자 등 5가지로 압축된다. …(중략)… 10대 의원 2백 10명 중에는 유정회가 최영희 전의장, 태완선 전의장을 포함 74명으로 가장 많고, 공화당이 김종필, 이효상 씨 등 68명, 신민당이 김영삼, 이철승 씨 등 60명, 무소속 이후락, 김진만 씨 등 6명, 통일당 2명의 순으로 돼 있다. 정당간부는 통일당이 98명으

로 최고이며 신민 68명, 공화 63명, 통사 25명으로 나타났다. 기타 범주에 들어간 규제 대상자 가운데에는 김대중 등 전당원이 1백 14명으로 가장 많고 전의원이 53명, 서남동 씨 등 전직교수 22명, 전언론인 22명, 김치열 전법무장관 등 전직 각료급 15명, 기타 1백 21명 등으로 분포돼 있다. …(중략)… 말끔히 치워진 깨끗한 분위기 아래에서 신당의 창당작업이 박두했으며 입법회의에서 정당법·선거자금법 등이 통과되는대로 이달 말 또는 내달초 정치활동이 재개될 것이 틀림없다(경향신문 1980년 11월 12일, 2면).

셋째, 집권세력은 국회를 대신할 국가보위입법회의를 설치했다. 전두환 대통령은 1980년 9월 27일 헌법부칙 일부를 조정하여 새헌법 발효 후 국회의 기능을 대행할 수 있는 「국가보위입법회의」를 헌법 부칙에 삽입하도록 했다(동아일보 1980년 9월 27일, 1면). 이에 따라 국가보위입법회의는 1980년 11월 8일 본회를 열어 대통령선거법을 비롯하여 국회의원선거법, 정당법, 정치자금에 관한 법률, 국회법, 선거관리위원회법 등을 제정 또는 개정하기 위한 「선거법등정치관계법심의특별위원회」를 구성하기로 합의했다(중앙선거관리위원회 2009a, 121쪽). 대통령선거법과 국회의원선거법은 선거결과를 다루는 제3절에서 다루기로 하고, 여기서는 정당법과 정치자금에 관한 법률만을 논의하고자 한다.

국가보위입법회의

국가보위입법회의(國家保衛立法會議)는 12·12 군사 반란, 5.17 쿠데타 이후 대한민국의 정권을 장악한 전두환의 신군부가 1980년 10월 27일에 설치한 임시 입법 기구이다. 국가보위입법회의 설치의 법적 근거인 국가보위입법회의법은 1980년 10월 27일 남덕우 당시 국무총리가 대통령 전두환을 대리하여 주재한 국가보위비상대책위원회(국보위) 회의에서 통과되었다. 대통령 자문기구로서 입법권이 없던 국보위에서 의결된 이 법안은 무효라는 주장도 있다. 국가보위입법회의 입법의원 명단은 위키백과에서 찾아 볼 수 있다(http://ko.wikipedia.org/wiki/국가보위입법회의, 방문일: 2014년 8월 2일).

[그림 4-1] 국가보위입법회의

출처: 중앙선거관리위원회(2009a,106쪽).

집권 세력이 일련의 정치관계법 개정을 통하여 의도한 바는 다당화를 통한 안정적 집권이었다(중앙선거관리위원회 1992b, 8쪽 중앙선거관리위원회 2009a, 111쪽). 정당의 창당요건인 발기인수를 30인에서 20인으로 완화했고, 법정 지구당수를 국회의원 지역구 총수의 3분의 1 이상에서 4분의 1 이상으로 완화했다. 또한 지구당의 법정당원 당원수를 50인 이상에서 30인 이상으로 하고, 당원자격요건도 대학 교수 등도 창당발기인이나 당원이 될 수 있도록 완화했다. 이와 같은 정당 창당요건의 완화는 집권 세력뿐만 아니라 '다른' 세력들에게도 그대로 적용되었다.

집권 세력은 또한 정치자금법 상의 후원회 제도와 국고보조금 제도를 신설했다. 1980년 12월 31일 법률 제3302호로 전면 개정된 정치자금법에 의해 신설된 후원회 제도는 당시 불법적인 정치후원금을 양성화시킴으로써 정당의 창당과 운영을 원활할 목적으로 도입되었다(김영래 1994). 제3차 개정 정치자금법에 따르면, 후원회를 지정할 수 있는 지정권자는 창당준비위원회와 중앙당으로 한정되었으며,[2] 후원할 수 있는 회원 자격은 정당의 당원이 아닌 자와 기업체 등

2 이와 같은 제한은 1989년 제4차 개정에 따라 정당의 지구당, 국회의원 등을 포함하는 형태

과 같은 법인에 있었다. 후원회가 모금할 수 있는 모금한도액을 규정하지 않음으로써 법률적으로 무한대의 후원을 합법적으로 받을 수 있게 되었다. 또한 신설된 국고보조금 제도는 정당의 창당과 운영을 더욱 윤택하게 하였다. 예산 범위 내에서 지급되는 국고보조금은 국회의석수 기준 네 번째 정당까지 기본적으로 5%씩 지급된다. 잔여분 중 50%는 지급 당시 정당의 국회의석수 비율에 따라 지급되며, 나머지 잔여분 50%는 최근 실시한 국회의원 총선거의 득표수 비율에 따라 배분된다. 신설된 후원회 제도와 국고보조금 제도에 따라, 집권 세력뿐만 아니라 집권 세력에게 인정받은 다양한 세력들이 정당의 창당과 운영을 금전적인 측면에서 보장받을 수 있게 된 것이다.

이와 같은 일련의 정치관계법 개정은 다당화를 통한 안정적 집권에 목적이 있었다. 왜냐하면 정치관계법 개정을 통한 정당의 창당과 유지는 집권 세력에게 '인정받은' 세력들에게 한정되어 있었기 때문이다. 소위 구정치인으로 불렸던 민주 세력의 정치적 활동은 금지되어 있었다. 한편 '인정받은' 세력에 의한 창당도 하나의 거대 정당 창당이기 보다는 분산된 '정당들'의 창당이었다. 이와 같은 집권 세력의 의도는 제12대 대통령 선거를 앞둔 시점에서 20개 이상의 단체들이 창당준비위원회를 구성하고, 9개 정당이 중앙선거관리위원회에 등록하는 결과로 귀결되었다. 예를 들어, 구 신민당계 10대 국회의원들이 주축이 되어 1980년 11월 27일 가칭 「민주한국당」 창당을 선언했으며, 11월 28일 집권 세력이 주축이 되어 가칭 「민주정의당」 창당 선언을 하였고, 11월 29일 「민주사회당」이 창당을 공식 선언하였다. 또한 12월 27일 구 민주공화당과 유신정우회 의원 등 구 여권이 중심이 되어 가칭 「한국국민당」 창당발기인 대회를 갖고 김종필 위원장을 선출했으며, 「민권당」, 「사회당」, 「신정당」 등 다수의 정당이 중앙선거관리위원회에 결성신고를 마쳤다(중앙선거관리위원회 1992b, 8쪽). 이렇게 창당된 야당들은 소위 민주정의당의 1중대·2중대로 명명되며, 관제(管制) 야당으로 평가받고 있었다(홍득표 1993).

1980년 말, 전두환을 중심으로 한 집권 세력은 형식적인 측면에서나 실질적인 측면에서 선거를 통한 권위주의 체제의 합법화의 준비를 마쳤으며, 1981년

로 완화되어 정당의 자율성을 높이게 되었다.

[그림 4-2] 민주정의당 창당 및 대통령 후보 지명대회

출처: 중앙선거관리위원회(2009a,113쪽).

2월과 3월에 개최될 제12대 대통령 선거와 제11대 국회의원 선거를 기다리고 있었다.

제2절 다당화 전략과 민주 세력의 분열

1980년 말 민주 세력은 존재하지 않았다. 김영삼을 비롯한 제도권 민주 세력 그리고 김대중을 비롯한 재야 민주 세력은 「정치풍토쇄신을 위한 특별조치법」에 의하여 연금되어 있었으며, 이들 간의 단합은 1980년 초의 갈등으로 기대하기 어려웠다. 그나마 집권 세력에 의하여 인정된 관제 세력도 다당화 전략에 의하여 분열되어 있었다. 요컨대 전두환 중심의 집권 세력은 권력 공유에 의하여 단합되어 있는 반면, 민주 세력은 활동이 금지되어 있었고, 그나마 가능한 세력조차 분열되어 있었다.

김영삼의 1차 연금은 1980년 5월 20일부터 1982년 4월 30일이었다. 광주민주화항쟁 직후부터 시작된 연금기간을 김영삼은 “분노와 회한, 그리고 불면” 시

간으로 기억하고 있었다.

> 최규하는 중대한 역사의 고비에서 정치일정을 지연시킴으로써 국가적 불행을 초래했다. 4·19 직후 허정 과도정부 수반이 혼란 속에서도 선거를 통해 민주당에 정권을 이양했던 것과 대조되는 잘못된 처신이었다.
>
> 김대중에 대해서도 분노가 컸다. 그는 유일한 수권야당인 신민당을 분열시킴으로써 민주화의 전열을 약화시켰고, 결국 국민에게도 자신에게도 불행을 초래했다. 사실 1980년 당시에는 군부를 중심으로 김대중에 대한 비토세력이 강고하게 자리잡고 있었다. 나는 김대중에 대한 그들의 거부만을 볼 때, 만약 김대중이 대통령에 당선되더라도 군부쿠데타가 일어날 가능성이 크다고 보았다. 쿠데타를 막기 위해서는 무엇보다 나와 김대중의 단결이 중요하다고 생각했고, 김대중을 설득해 보기도 했다.
>
> 나 자신에 대해서도 자책과 상심이 교차했다. 10·26 이후 5인방이니 7인방이니 해서 신군부의 동향에 대한 많은 소문이 나돌았고, 나도 내심 쿠데타를 크게 우려하고 있었다. 그러나 이를 공개적으로 표현할 수는 없는 일이었다. 나는 쿠데타와 같은 불행한 사태를 막으려면 무엇보다 정치일정을 단축해야 한다고 판단했고, 그래서 이를 계속 밀어붙였다. 그러나 결과적으로 나는 야당의 총재로서 신군부의 쿠데타를 막지 못했다. '서울의 봄'은 이제 '엄동의 겨울'로 변했다(김영삼 2000, 204~205쪽).

그렇지만 연금에 처한 김영삼은 다양한 방식으로 집권 세력에 대항하기도 했다. 미국, 일본 대사 등을 통하여 집권 세력을 규탄했으며, 9월 신민당 총재를 사임하며 정계 은퇴선언 등을 표명했다. 제12대 대통령 선거를 앞둔 김영삼은 자신의 상황을 다음과 같이 묘사하고 있다.

> 1980년의 연금생활도 대여섯 달이 지나면서 차차 마음이 안정되어 갔다. 무엇보다 종교의 영향이 컸다. 당시 충현교회 장로였던 나는 교회에 못 가는 대신, 한 주일에 두 번 이상 가족예배를 보았다. 그 중 내가 자주 부르던 찬송가는 383장 '환난과 핍박 중에서도'였다. 2절의 가사는 다음과 같다.
>
> 옥중에 매인 성도나 양심은 자유 얻었네.
> 우리도 고난 받으면 죽어도 영광되도다.
> 성도의 신앙 따라서 죽도로 충성하겠네.
>
> 특히 나에게 위로와 힘을 준 것은 『구약성서』 「이사야서」 41장 10절과 11절이었

다. 이 구절은 그 이후로 내가 가장 애송하는 성구가 되었다.

> 두려와 말라. 내가 너와 함께 함이니라.
> 놀라지 말라. 나는 네 하나님이 됨이니라.
> 내가 너를 굳세게 하리라.
> 참으로 너를 도와 주리라.
> 참으로 나의 의로운 오른손으로 너를 붙들리라.
> 보라. 네게 노하던 자들이 수치와 욕을 당할 것이요,
> 너와 다투는 자들이 아무 것도 아닌 것같이 될 것이며, 멸망할 것이니라(김영삼 2000, 208~209쪽).

재야 세력의 대표인사였던 김대중은 김영삼 보다 심각한 상황에 처해 있었다. 1980년 5월 17일 김대중은 내란음모 사건으로 구금되어 있었고, 동년 9월 17일 사형선고를 받았다. 논쟁이 있지만, “나는 앞으로 되도록 언동을 신중히 하고 정치에 절대로 참여하지 않은 것을 약속한다. 그리고 우리 조국의 민주주의 발전과 국가의 안전 보장을 위해 적극적으로 협력할 각오다”라는 비공개 탄원서를 제출한 이후(김대중 2010, 431쪽), 김대중은 1981년 1월 23일 무기징역으로 감형되었다. 김대중은 당시의 상황을 다음과 묘사하고 있다.

> 무기 징역으로 감형되고 나서 1981년 1월 31일 청주교도소로 이감되었다. 사형수가 아닌 기결수로 머리를 깍였다. 눈물이 핑 돌았다. 억울하다는 생각 때문이 아니라 죽음을 면한 데 대한 기쁨 때문이었다. 죽음이 무서웠다. 판결을 기다리는 몇 달 사이에 내 몸무게는 10킬로그램이나 축이 났다. 육군교도소에서 사형수로 아내를 만났을 때는 서로 눈물 한 방울 비치지 않았는데 청주에서 아내를 만났을 때는 눈물을 참지 못했다. 살아 있음의 눈물이었다. 타협에 응하면 살려 준다고 할 때는 이를 거부하고, 다른 한편으로는 살고 싶어서 몸부림을 치고 있었던 것이다. 그러나 나는 이 모든 고난을 주님의 사랑의 표시로 감사하고, 주께서 겪으신 십자가의 고난과 치욕과 고독에 동참하게 해 주신 은혜에 감사를 드렸다(김대중 2010, 435쪽).

민주 세력의 대표적 인사들은 이와 같은 시련의 시간을 보낸 반면, 집권 세력에 의하여 ‘인정받은’ 세력들은 창당하여 대통령 선거에 임했다. 이들 중 하나로서 엇갈린 평가를 받고 있는 구 신민당 출신 제10대 국회의원들이 중심이 된

민주한국당이 있다. 이들은 선거에 참여하지 않는 방식으로 권위주의 체제에 대항하기 보다는, 비록 관제 정당으로 치부될지라도 정치활동을 하는 것이 낫다고 생각하고 있었다(홍득표 1993, 15쪽). 물론 민주한국당 창당의 전 과정, 예를 들어 총재 지명, 창당 발기인의 선정, 당명 작명 등에 중앙정보부가 개입했다.[3] 그렇지만 민주한국당의 창당 발기문에서도 나타나듯이, 민주한국당은 "우리는 진정한 민주주의를 열망하는 국민과 더불어 호흡을 같이하며 나아갈 유일한 야당임을 자부"하고 있었다.[4]

민주한국당의 창당대회 및 제12대 대통령후보지명대회는 1981년 1월 17일 개최되었다. 총재 및 대통령후보로 추대된 유치송은 다음과 같이 대통령 후보 지명을 수락했다.

> 본인은 대통령 당선에의 집념보다 민주제도 정착여부에 더욱 큰 관심을 두고 현 정국에 임하고 있음을 밝힙니다. 물론 현실의 정치체제나 제도가 모든 요구를 만족시키는 것이라고는 생각하지 않습니다. 그러나 우리는 현실이 우리들의 참여를 통하여 개선될 가능성을 믿기에 현실에 참여하는 것입니다. 본인은 이러한 역사적 자세로 대통령 후보지명을 수락하고 선거에 참어하려고 합니다. 더 이상 민주제도의 표류를 원치 않는다면, 강력한 영웅만이 위기를 관리할 수 있다고 믿지 않는다면, 개인보다도 정당과 정책을, 인물보다는 제도를, 그리고 참으로 강력한 지도력이란 다양한 활력의 화합에서 나온나는 깃을 믿는다면, 본인을 성원해 주시리라 믿습니다.
>
> 우리가 해결해야 할 또 하나의 과제는 의회주의와 정당의 기능회복을 통한 정치의 복권입니다. 정치가 모든 불만과 비판을 제도 속으로 수렴할 수 있도록 활성화되어야 근본적인 제도 안정이 가능하다고 본인은 믿습니다(동아일보 1981년 1월 17일, 3면).

그렇지만 민주한국당 역시 관제 정당의 면목(面目)을 벗어나진 못했다. 왜냐하면 권위주의 체제 하의 야당으로서 가져야 할 목표인 국가권력에 대한 도전의지가 없었기 때문이다. 유치송 총재 스스로도 "나는 대통령이 될 수 있는 충분한 능력이 없으며, 국가의 수반이 된다고 생각조차 해 본 적이 없다"고 말

3 신상우(1988, 『고독한 증언』 서울: 창민사)와 이상철(1986년 2월, "수신제가에서 맴돈 치국의 꿈." 『월간 조선』); 홍득표(1993, 158쪽)에서 재인용.

4 김철(1982년 10월, "제5공화국의 정당들." 『신동아』); 홍득표(1993, 158쪽)에서 재인용.

했으며,[5] 이러한 의사는 대통령 지명 수락연설에서도 그대로 나타나고 있었다. 따라서 집권 세력에 대항할 의지가 없는 인사를 총재로 선출한 민주한국당은 집권 세력에 도전 또는 대항할 야당이기보다는 협조적인 정당으로 보는 것이 적절하리라 본다. 이러한 이유로 민주정의당을 제1중대, 민주한국당을 제2중대, 그리고 한국국민당을 제3중대라 부르기도 했다(홍득표 1993, 169쪽).

한국국민당을 비롯한 다수의 관제 야당들이 비슷한 경로로 탄생했다. 예를 들어, 한국국민당은 김종철을 중심으로 구 민주공화당과 유신정우회 출신 제10대 국회의원들이 주축이 되어 창당됐으며, 박정희 정권 시절 집권 정당이었던 민주공화당의 계승을 표방하고 있었다. 1981년 1월 23일 창당대회에서 이만섭의 선출동의에 따라 김종철이 당 총재 및 대통령 후보로 추천되었다. 1월 23일 동일, 같은 신민당에 뿌리를 두면서 민주한국당과는 별도로 정통 보수야당을 자칭하는 국민당이 김의택을 중심으로 창당되었다. 그러나 이들의 창당은 김대중 사형판결이 무기징역으로 감형되는 날이기도 해서 큰 주목을 받지 못했다. 당시 주요 일간지였던 동아일보와 경향신문이 1단 정도의 크기로 이들의 창당을 알리고 있을 뿐이었다.

집권 세력이 의도한 바와 같이, 정당은 다당화 되었다. 제12대 대통령 선거일 이전까지 중앙선거관리위원회에 등록한 정당의 수는 9개이었으며, 등록하지 않은 정당까지 포함하면 18개의 정당이 존재했다(경향신문 1980년 12월 6일, 1면). 중앙선거관리위원회에 등록한 정당의 이름과 등록연월일, 그리고 대표자 이름은 <표 4-2>와 같다.

물론 관제 야당은 집권 세력을 견제하기 위한 자발적 창당이기 보다는 집권 세력이 자신의 권위주의 체제를 합법화하기 위하여 창당한 것으로 평가할 수 있다. 집권 세력으로서는 간접 민주주의의 형식적 요건인 다당제를 확립하고, 다수의 대통령 후보가 출마하는 것이 대외적으로는 체면을 살리고, 대내적으로는 집권 명분을 쌓기에 적절한 조치이었기 때문이다.

---

5 The Korea Heard(1980년 12월 3일자); 홍득표(1993, 169쪽)에서 재인용.

〈표 4-2〉 중앙선거관리위원회 등록 정당: 제12대 대통령 선거 이전

정당명	등록연월일	대표자	정당명	등록연월일	대표자
민주정의당	1981. 1. 17	전두환	원일민립당	1981. 1. 26	박재원
민주한국당	1981. 1. 21	유치송	신정당	1981. 1. 31	김갑수
민주사회당	1981. 1. 23	고정훈	안민당	1981. 1. 31	용태영
한국국민당	1981. 1. 24	김종철	사회당	1981. 2. 5	김 철
민권당	1981. 1. 24	김의택			

출처: 중앙선거관리위원회(1992b, 9쪽).

그러나 집권 세력은 야당을 견제하는데 게을리 하지 않았다. 첫째, 집권 세력은 제1야당인 민주한국당을 비롯하여, 다른 야당들도 창당했다. 둘째, 국회의원 선거에 있어서 1선거구 2인 중대선거구제를 유지하여 야당 간의 투쟁을 유도했다. 셋째, '공명선거'라는 이유로 관권에 의하여 선거를 '감시'함으로써 집권에 대한 합법화와 안정을 동시에 도모했다. 이와 같은 집권 세력의 노력은 1980년 12월 발간된 한 편의 신문기사로서 대변될 수 있으리라 본다.

> 다당 시대를 맞아 약18개정도의 정당이 난립됨에 따라 정계에서는 앞으로 내년 4~5월경에 있을 국회의원 총선거에서도 후보자가 난립, 선거과정이 혼탁해질 우려가 있다고 예견, 새로 개정될 국회의원선거법을 통해 이를 철저히 막을 제도적인 장치를 강구해야 한다는 의견이 강력히 대두되고 있어 주목되고 있다. 새 시대의 정치에서는 과거의 정치적 부패가 절대로 재연돼서는 안되며 이를 위해 국회의원선거법에 선거운동과정에서의 후보자격 상실조항을 보강하고 정당의 당원이 공천에 불만, 소속정당을 탈당하여 무소속으로 출마하는 것을 근원적으로 봉쇄하는 조항들을 강화할 필요성이 커졌고 그런 방향으로 입법이 검토돼야 한다는 여론이 고조되고 있다. 이와 관련, 정계에서는 현재 18개 정도로 난립된 정당은 대체로 ① 여권(민정당, 한국국민당, 한국자유민주당, 신정당 등 4개)과 ② 보수야권(민한당, 민권당 등) ③ 혁신야권(민사당, 사회당 등)으로 구분되어 내년 국회의원 선거가 실시될 때에는 7~8개 정당만이 법정지구당을 갖추어 후보자를 공천할 수 있게 될듯하다는 분석을 내리고 있다. 그러나 11대 국회의원 선거에 참여하는 정당이 7~8개로 압축된다고 가정하더라도 무소속 출마자를 감안한다면 제3, 4공화국 때 보다도 훨씬 많은 후보

> 자들이 한 선거구에 출마, 선거분위가 혼탁해지고 정치풍토쇄신 및 정치개혁노력이 무산될 우려가 없지 않냐는 의견이 지배적이다. 이 같은 상황 때문에 정계에서는 사상최고의 공명선거를 실시하기 위해서는 선거관련 기관의 철저한 감시도 중요하지만 국회의원선거법 등에 사전예방조항을 완벽할 정도로 보완하여 후보자격 요건, 후보자격 상실규정, 무소속출마요건, 당선자의 상실규정 등을 강화해야한다는 견해를 강력히 제기하고 있다. …(중략)… 따라서 [정계관계자들은] 새로 고쳐지는 국회의원선거법에서는 탈법후보자의 자격상실규정 외에도 무소속 출마자의 공탁금의 액수를 정당인사보다 훨씬 인상하고 또 추천인수도 현행보다 월등히 많게 해야 하며 특히 정당인사가 무소속으로 출마하려면 적어도 선거 실시 6개월 전에 정당에서 탈당토록 하여 이번 선거에서는 상습적으로 정계진출을 노리는 무소속인사가 사실상 출마할 수 없도록 해야 한다고 주장하고 있다(경향신문 1980년 12월 6일, 1면).

1981년 2월 25일 제12대 대통령 선거를 앞두고, 집권 세력은 단합되어 있었으나 민주 세력의 분열되어 그 흔적을 찾기 어려웠다. 나아가 집권 세력은 선거제도 등의 정치관계법을 개정하여, 잔존한 세력들을 분열시키고 있었다. 삼청교육대 등을 통한 공포 분위기 조성은 또한 시민사회의 조직화를 원천적으로 차단하고 있었다. 제12대 대통령 선거는 이러한 환경 하에서 치러졌다.

제 3 절 제12대 대통령 선거

유신헌법 체제에서는 대통령 선거에 대한 독립된 선거법이 존재하지 않았다. 유신헌법에 따르면 대통령 선거는 통일주체국민회의 대의원에 의한 간접선거이었기에, 기존의 대통령선거법은 폐지되었다. 대통령 선거에 관한 규정은 통일주체국민회의법 일부로서만 존재했다. 따라서 제5공화국은 제12대 대통령 선거를 앞두고 대통령 선거에 관한 선거법을 제정해야 했다.

1. 선거제도와 정당구도

1980년 11월 8일 국가보위입법회의는 본회의를 열고 「선거법 등 정치관계법심의특별위원회」를 구성하기로 의결했다. 대통령선거법 제정을 맡은 「선거법 등 정치관계법심의특별위원회」 제2소위원회의 첫 번째 관심사는 선거인에 의한 대통령 선거 투표와 개표를 지역구 단위에서 할 것인지, 아니면 예전과 같이 장충체육관에 모여서 할 것인지의 여부였다. 이에 대한 결론은 소위원회에 정부측 인사로 참여한 김종호 내무부 차관의 견해에 따라 지역구 단위 투개표로 정리되었다. 합의과정 대한 요약은 다음과 같다.

> 당초 소위원회의 시안은 통일주체국민회의대의원들이 장충체육관에 모여 제11대 대통령 선거를 했던 것처럼 한 장소에 모여 투표를 하는 것이었다. 그런데 1980년 12월 16일 관계부처의 의견을 듣는 과정에서 당시 김종호 내무부 차관이 일정한 장소에 전원 집합하는 것은 비능률적이라고 판단되므로 지역단위로 투·개표하는 방안을 고려해 볼 필요가 있다는 의견을 제시했다. 이에 대해 이범열 위원이 지역구 단위로 투표를 할 경우 한 지역구에서 투표할 선거인수가 70명 내지 80명 정도이기 때문에 투표의 비밀보장이 약화될 우려가 있다는 의견을 표명했다. 그러나 대통령 선거인이 미리 누구를 대통령으로 지지한다고 밝히고 출마하기 때문에 지역구 단위로 투표를 히더라도 큰 문제가 없다는 의견이 우세하여 결국 지역구 단위로 투·개표를 하도록 수정하였다(중앙선거관리위원회 2009a, 122쪽).

두 번째 관심사는 대통령 선거인 후보자 등록 때 요구되는 선거권자의 추천수였다. 이에 대해서는 민주한국당의 요구가 일부 반영되어 개정되었다(중앙선거관리위원회 2009, 122쪽). 개정의 주요 내용은 대통령 선거인 후보자 등록 때 요구되는 선거권자의 추천수를 '200인 이상 300인 이하'에서 '100인 이상 150인 이하'로, 그리고 인구 5천미만 선거구에서 '100인 이상 150인 이하'를 '50인 이상 70인 이하'로 하향 조정하는 것이었다. 이와 같은 내용이 반영되어 「대통령선거법」(법률 제3355호)이 1981년 1월 24일 공포·시행되었다. 통일주체국민회의 대의원 선거와 대통령 선거인 선거의 제도적 비교는 <표 4-3>과 같다.

〈표 4-3〉 통일주체회의 대의원 선거제도와 대통령 선거인 선거제도 비교

구분	통일주체국민회의 대의원 선거	대통령 선거인 선거
선거관리기관	선거관리위원회	좌동
피선거권연령	30세 이상	좌동
선거구 획정	구·시·읍·면을 단위로 획정하되, 인구수 10만 초과 시 추가 증설	구·시·읍·면을 단위로 획정하되, 인구수 5만 초과 시 추가 증설
선거구 총수	1,665개	1,905개
1개 선거구당 선출할 정수	1인을 기준으로 하되 인구수에 따라 최다 5인까지 선출	2인을 기준으로 하되 인구수에 따라 최다 5인까지 선출
선출할 총 정수	2,583명	5,278명
후보자 등록요건	선거권자 300인 이상(인구 5천 명 미만인 선거구는 100인 이상)의 추천	선거권자 100인 이상(인구 5천 명 미만인 선거구는 50인 이상 70인 이하)의 추천
선거운동 방법	선전벽보, 선거공보, 합동연설회 등의 3가지	좌동
투표	투표용지에 'ㅇ' 표를 하는 기표방식	좌동
개표	투표구 단위로 구분 개표	좌동
당선인 결정방법	유효투표의 다수를 얻은 후보자. 다만, 득표수가 같은 후보자가 2인 이상 있을 때에는 연장자 순	좌동
신분보유기간	임기(6년)	당선일로부터 그 대통령 선거인이 선거한 대통령의 임기 개시일까지

출처: 중앙선거관리위원회(2009a, 127쪽).

<표 4-3>에 제시된 바와 같이, 통일주체국민회의 대의원 선거제도와 대통령 선거인 선거제도는 선거인 총수가 약 2배 정도 증가된 것을 제외하면, 대동소이한 모습을 보이고 있다. 유신헌법 때와 같이, 제12대 대통령 선거에 있어

서도 유권자는 대통령을 직접 선출하지 못했다. 대통령을 선출할 선거인은 이름만 대의원에서 선거인으로 변경되었을 뿐, 유신헌법과 유사한 절차로 선출되었다. 또한 선거인에 의한 투개표가 5,278명이 모두 한 장소에 모여 치러지는 것이 아니라, 70~80명 지역구 단위에 모여 치러지기 때문에 이탈자를 파악하기 훨씬 유리해졌다. 즉 선거인에 대한 통제가 보다 유리해졌다는 것이다. 이렇듯 제12대 대통령 선거는 유신헌법 하에서 치러진 다른 대통령 선거와 크게 다를 바 없는 환경에서 치러졌다.

1980년 12월 26일 입법회의 본회의에서 제12대 대통령 선거에 대한 선거제도가 통과된 이후, 각 정당은 선거를 위한 방향으로 당 체제를 정비했다. 집권 정당이었던 민주정의당을 비롯하여 민주한국당과 민권당 등은 지구당 조직 정비와 선거인단 후보자 선정을 시작했다. 특히, 각 정당은 제12대 대통령 선거의 선거인단 선출이 한달 후에 있을 제11대 국회의원 선거를 위한 준비라는 점에 있어서도 주목하고 있었다.

> 민정당은 각 면 단위로 2명 정도의 선거인단이 선출될 것으로 계산, 당원 인지도 위원 중에서 1명 그리고 1명은 4대 기준에 따른 새로운 인물을 영입하도록 지구당에 하달했으며, 특히 이 선거인단 후보자들이 국회의원 선거에서 결정적인 득표원으로 활동할 수 있도록 지도하라고 조직책들에게 지시할 것이라고 한 고위 관계자가 전했다. 민한낭은 유치송 칭당 위원장의 지시에 따라 각 지역 조직책을 중심으로 선거인단 후보자를 자율적으로 선정, 일선조직을 활성화하는 대책을 강구 중에 있으며 그에 필요한 경비 등도 조직책 등이 주도적으로 조달하고 있는 것으로 전해 졌다. 민한당은 특히 대통령 선거인단 선거가 과거의 통대 선거와는 달리 정당 간의 대결이 될 것으로 판단, 선거인단 후보자의 영입과정에서 일선 조직의 체질 개선을 단행, 새로운 조직기반을 구축할 계획을 세우고 있어 앞으로 국회의원 선거와 관련하여 주목되고 있다. 민한당과 야당 법통 시비를 벌이겠다고 기세를 올리고 있는 민권당에서도 대통령 선거에 참여함으로써 지방조직을 강화할 수 있다고 보고 지구당별로 구 야당계 인사를 중심으로 포섭작업을 펴고 있다고 한 관계자가 이날 전했다(경향신문 1980년 12월 27일, 1면).

비록 제12대 대통령 선거제도가 내용상에 있어서 제11대 대통령 선거제도와 크게 다를 바 없지만, 몇 가지 소소한 차이가 있다. 첫째, 선거관리의 주체는 대통령이 의장으로 있는 통일주체국민회의가 아닌 선거관리위원회였다. 물론 선거관리위원회가 대통령의 절대적 영향력 하에 있었지만, 그 영향력의 정도는 통일주체국민회의와 다소의 차이가 있었다. 둘째, 대통령 선거인단의 규모는 통일주체국민회의 대의원의 약 2배에 달했다. 제11대 대통령 선거에서의 대의원 숫자는 2,583명인데 반하여, 대통령 선거인의 숫자는 5,278명이었다. 특히, 선거인 수를 배정하는데 있어 해당 지역구의 인구수가 고려됐다는 점에서, 앞서 <표 3-1>에서 언급한 여촌야도(與村野都) 성향의 배정이 다소나마 개선되었다고 볼 수 있다. 셋째, 실효성은 없었지만 제11대 대통령 선거에서 허용하지 않았던 무소속 출마를 허용했다는 점이다. 물론 당시 인지도가 높았던 김영삼, 김대중의 연금 및 체포로 인하여 무소속 출마 제도의 실효성은 없었지만, 이러한 제도는 다른 선거제도에 영향을 미치고 있었다. 예를 들어, 다수의 선거인과 대통령 후보자로서의 무소속 출마가 허용되었다는 점으로 인하여, 선거인들의

〈표 4-4〉 제11대 대통령 선거제도와 제12대 대통령 선거제도 비교

구분	제11대 대통령 선거	제12대 대통령 선거
선거방법	통일주체국민회의 대의원에 의한 간접 선거	대통령 선거인에 의한 간접 선거
선거관리기관	통일주체국민회의	선거관리위원회
선거인수(정수)	통일주체국민회의 대의원 2,583명	대통령 선거인 5,278명
후보자등록	통일주체국민회의 대의원이 대의원 200인 이상의 추천을 받아 등록신청(후보자 본인이 신청하는 것이 아님)	당원: 소속 정당이 등록신청 무소속: 대통령 선거인 300인 이상, 500인 이하의 추천을 받아서 본인이 신청
선거운동	일체의 선거운동 금지. 선거관리위원회에 의한 선거운동만 허용	선거공보, 신문광고, 방송연설 3가지
투표	모든 선거인이 한곳에 모여 투표	77개 지역구 단위로 투표
투표방식	선거인이 투표용지에 지지하는 후보자의 이름을 직접 기재하는 '자서식'	후보자의 이름 등이 게재도니 투표용지에 ○표를 하는 '기표식'

출처: 중앙선거관리위원회(2009a, 130쪽).

투개표를 한 장소에서 할지, 아니면 지역구별로 할지가 쟁점으로 떠오른 것이다. 이와 같은 논의를 전제로 제11대 대통령 선거와 제12대 대통령 선거의 제도적 비교는 <표 4-4>와 같다.

2. 선거결과

1981년 1월 15일 전두환 대통령은 민주정의당 창당 및 대통령 후보자 지명대회에서 총재겸 제12대 대통령 후보 추대를 정식으로 수락했다. 이날 수락연설에서 전두환은 "나는 지금까지 나 자신을 정치인이라고 여겨본 적이 한 번도 없었읍니다. 이제 이 자리에서 당 총재직과 대통령 후보를 수락함으로써 싫건 좋건 나는 정치인의 한 사람이 되었습니다"고 말했다(동아일보 1981년 1월 15일, 3면). 전두환 대통령이 민주정의당 대통령 후보 추대를 수락한지 하루 뒤인 1981년 1월 16일, 제12대 대통령 선거일이 결정되었다. 전두환 대통령이 직접 주재한 청와대 국무회의에서 1981년 2월 11일을 대통령 선거인 선거일로, 2월 24일을 제12대 대통령 선거일로 하기로 결정하였다(동아일보 1981년 1월 17일, 1면).

제12대 대통령 선거를 앞둔 1월 24일, 전두환 대통령은 비상계엄을 해제하고 다음과 같은 담화문을 발표했다.

> 나 자신이 한 정당의 대통령 후보로 지명돼 있지만 성부 및 일선 관공서의 인력과 비용과 권능이 나를 돕는데 이용되는 것을 절대로 용납하지 않을 것 …(중략)… 나의 당선을 위한 노력 보다 공명선거를 실시하려는 노력을 더 우선시킴으로써 역사에 기록될만한 모범선거의 선례를 남기도록 할 결심 …(중략)… 당초 예정보다 일정을 이렇게 앞당기게 된 것은 개혁의 토대 위에서 새로운 헌정 질서의 안정을 하루바삐 실현해야겠다는 국민 여러분의 한결같은 흥망에 따른 것으로서 우리 모두 경하해야 할 일이라고 생각한다(경향신문 1981년 1월 24일, 1면).

제12대 대통령 선거 등록기간은 1981년 1월 24일~31일이었다. 물론 제12대 대통령 선거에는 무소속 후보의 출마가 가능했고 이들의 등록기간은 2월 12일~18일이었지만, 무소속 후보가 없었기 때문에 후보자 등록은 1월 31일 이전에 완료되었다. 제12대 대통령 선거 후보자는 <표 4-5>와 같다.

〈표 4-5〉 제12대 대통령 선거 후보자 등록

기호	소속 정당	성명	생년월일(연령)	등록일
1	한국국민당	김종철	1920.11.07. (60세)	1981.01.26. 오전 10분경
2	민권당	김의택	1909.02.06. (72세)	1981.01.27.
3	민주한국당	유치송	1924.10.07. (56세)	1981.01.26. 오전 9시
4	민주정의당	전두환	1932.01.23. (49세)	1981.01.24.

출처: 중앙선거관리위원회(2009a) <표 4-10>과 153쪽의 내용 참조.

[그림 4-3] 제12대 대통령 선거 전두환 후보자 등록신청서

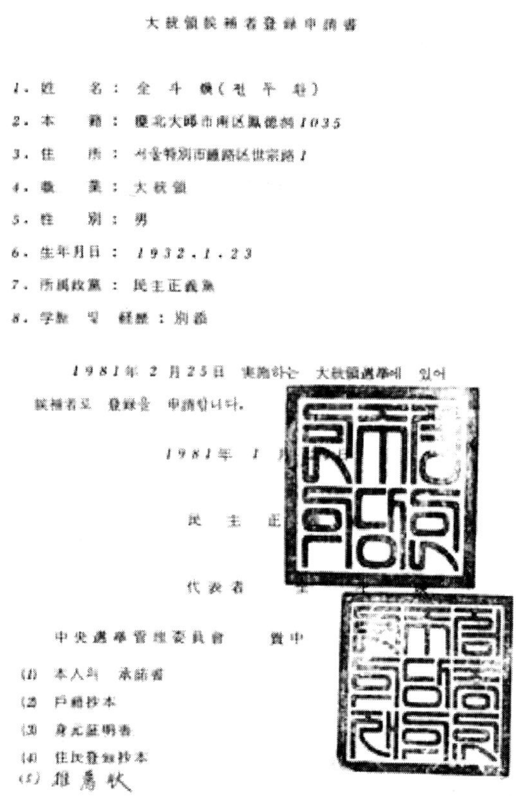

大統領候補者登錄申請書

1. 姓　名 : 全斗煥(전 두 환)
2. 本　籍 : 慶北大邱市南区鳳德洞 1035
3. 住　所 : 서울特別市鍾路区世宗路 1
4. 職　業 : 大統領
5. 性　別 : 男
6. 生年月日 : 1932.1.23
7. 所屬政黨 : 民主正義黨
8. 学歷 및 経歷 : 別添

1981年 2月25日 實施하는 大統領選擧에 있어 候補者로 登錄을 申請합니다.

1981年 1 月

民 主 正

代表者

中央選擧管理委員會　貴中

(1) 本人의 承諾書
(2) 戶籍抄本
(3) 身元証明書
(4) 住民登錄抄本
(5) 推薦状

출처: 중앙선거관리위원회(2009a, 155쪽).

제12대 대통령을 선출하기 위한 '대통령 선거인'에 대한 후보자 등록기간은 1981년 1월 24일~29일까지였다. 대통령 선거인 선거에 출마하고자 사람들은 이미 각 정당의 후보자가 누구인지를 알고 있었으며, 이에 대한 지지를 공개적으로 표명하고 있었다. 따라서 각 정당은 자신의 정당에 우호적인 사람이나 당원들을 대통령 선거인 선거의 후보자로 등록시키고자 했다. 정당별 대통령 선거인 선거의 후보자 등록률은 <표 4-6>에 제시되어 있다.

제12대 대통령을 선출하기 위한 대통령 선거인 선거에서 집권 정당인 민주정의당과 야당인 민주한국당 간에는 극명한 차이가 있었다. 민주정의당의 경우 유명 인사들이 선거인으로서 다수 출마했다. 예를 들어, 조중훈(한진그룹회장), 주창균(일신제강사장), 최원석(동아그룹회장), 윤쾌병(한국야쿠르트사장), 배종렬(한양주택사장), 신학진(선경합섬고문), 김형종(한신공영대표), 김일환(한진관광대표)씨 등이 후보자로 등록했으며, 정주영 전경련 회장과 김원기 무협회장, 구자경 럭키그룹회장도 후보등록을 할 예정이라고 1981년 1월 27일 매일경제신문은 보도하고 있었다. 심지어 일부 지역에서는 민주정의당 후보로 나서겠다는 사람이 너무 많아 당원끼리의 경쟁을 피하고, 민주정의당이 독점한다는 인식을 피하기 위해 선거인 정수의 70% 정도를 유지하라는 지시를 내리기도 했다(중앙선거관리위원회 2009a, 134쪽). 예를 들어, 1월 27일 민주정의당 부산시 지부 결성대회에 참석한 권정달 사무총장은 "복수 공천의 운을 띄워 보니까 현 위원장들과 마찰이 많이 생기고 다른 지구당 위원장들도 상당히 불안해 하더라. …(중략)… 선거인 선거에 있어서는 지구당 위원장들에게 대폭 권한을 주어 선거를 과열시킨다든지 무리가 생기지 않도록 하라고 지시했다"(동아일보 1981년 1월 27일, 2면).

〈표 4-6〉 제12대 대통령 선거인 선거 후보자 소속 정당별 현황

계	민주정의당	민주한국당	한국국민당	민권당	민주사회당	무소속
9,283	4,928	1,165	137	101	1	2,951
100.0%	53.1	12.5	1.5	1.1	–	31.8

출처: 중앙선거관리위원회(2009a) <표 4-5>.

주: 대통령 선거인 선거 후보자등록자의 총수는 9,479명이나, 선거운동 기간 중 사퇴·사망·무효에 따라 선거일 현재 최종 후보자는 9,283명임(중앙선거관리위원회 2009a, 131쪽).

반면 민주한국당의 경우 대통령 선거인 후보자를 찾는데 난항을 겪었다. 야당 후보로 나설 경우 권력의 비위를 거슬러 생계에 어려움을 줄 수 있다는 인식, 민주정의당을 이길 수 없다는 자포자기 인식 등이 널리 퍼져있었기 때문이었다. 또한 민주정의당이 해당 지역 파출소장과 통·반장 등을 통하여 민주한국당 지지 후보자의 등록을 포기하도록 압박을 가하고 있기 때문이었다(중앙선거관리위원회 2009a, 134쪽). <표 4-6> 선거인 후보자 정당별 현황에는 이와 같은 호황과 난항의 결과가 반영되어 있다.

1월 29일 대통령 선거인 후보자 등록 마감 결과, 민주정의당 소속으로 표기한 후보자의 비율이 과반을 넘은 53.1%인 반면, 민주한국당으로 표기한 후보자 비율은 12.5%였다. 정통 야당임을 주장했던 민권당으로 소속을 표기한 후보자 비율은 1.1%에 불과했다. 무소속으로 등록한 후보자의 상당 부분이 민주정의당 성향의 후보자이었기 때문에 제12대 대통령 선거는 시작하기도 전에 이미 예측 가능한 선거였다.

대통령 선거인 선거 후보자가 전개할 수 있는 선거운동 방식은 선전벽보, 선거공보, 합동연설회 세 가지였다. 선전벽보에는 후보자의 선거구·기호·사진·성명·주소·연령·학력·경력·소속 정당명 이외의 사항은 기재할 수 없었다. 선거공보에는 선전벽보와 달리 입후보한 취지를 게재할 수 있었지만, 입후보한 취지 대신 지역발전성 공약을 게재한 후보자가 다수 있었다(중앙선거관리위원회 2009a, 136~140쪽).

[그림 4-4] 제12대 대통령 선거인 선거: 서울특별시 종로구 선전벽보

출처: 중앙선거관리위원회(2009a, 137쪽) 일부 수정.

합동연설회는 후보자 등록이 마감된 시점에서 선거관리위원회가 일시와 장소를 정하여 선거별로 2회씩 개최할 수 있었다. 그렇지만 합동연설회라는 취지가 무색하게, 자신이 지지하는 후보자의 연설이 끝나면 무리지어 빠져나가는 경우가 종종 발생했다. 예를 들어, 1981년 2월 7일 경기도 수원시 신풍초등학교에서 열린 수원시제1선거구(후보자 총 6명)의 합동연설회에서 처음 참석한 청중의 수는 400여명이었지만, 마지막 후보자가 연설하려는 순간 20~30여명만 남아 있었다(중앙선거관리위원회 2009a, 141쪽).

제12대 대통령 선거는 대체적으로 조용한 선거로 평가되고 있었다. 지난 제11대 대통령 선거 때와 달리, 다수의 후보자들이 경쟁하는 선거였고, 선전벽보, 선거공보, 합동연설회 등의 선거운동 또한 허용되는 선거임에도 불구하고 조용한 선거로서 평가되고 있었다. 매일경제신문은 당시의 선거 분위기를 다음과 같이 보도하고 있다.

> 10일로 일단 막을 내린 각 정당 및 후보들의 선거운동은 유례없이 조용하고 차분한 것이었다. 간혹 위반사례가 드러나 몇몇 후보와 심지어 유권자까지 구속되는 일이 있긴 했으나 과거의 타락과 과열 분위기에 비하면 크게 문제 삼을만한 정도는 아니었다. 일부에서는 오히려 너무 열기가 없다고 지적할 정도로 평온한 선거분위기가 생긴 데는 여러 이유가 있었을 것이다.
>
> 우선 앞에서 이미 언급했듯이 이번 선거방식이 우리나라에서는 처음으로 실시하는 것인데다가 선거인 후보의 분포로 보아 민정당 대통령 후보 지지자가 압승할

[그림 4-5] 제12대 대통령 선거인 선거: 합동연설회장

출처: 중앙선거관리위원회(2009a, 143쪽).

> 것이 거의 확실시 되고 있는 점, 그리고 선거운동 기간 중 국민의 관심과 뉴스의 초점이 전두환 대통령의 방미와 한·미 정상회담이라는 보다 중요한 국가대사에 쏠리지 않을 수 없었던 점 등에 연유했다고 말할 수 있을 것이다.
>
> 조용하고 공명한 선거분위기는 그것이 국민의 기피내지는 정치에 대한 냉담현상에 기인한 것이 아닌 한 우리가 지향하려는 시대의 새 선거풍토가 바로 그런 것으로서 전혀 문제될 것이 없다.
>
> 사실 우리 국민은 선거란 으례 시끄럽고 열기가 넘치는 행사라는 인식에 젖어 있다. 과거의 선거가 그랬기 때문에 선거는 으례 그래야 하는 것처럼 여기는 경향이 있는 것이다. 따라서 이번 선거분위기를 지나칠 정도로 조용하다고 보는 이면에는 지난 날의 과열선거 분위기에 대한 잠재의식도 깔려 있을 거라고 풀이해야 할 것이다(매일경제신문 1981년 2월 10일, 2면).

선거전략 차원에 있어서도 집권 정당인 민주정의당과 관제 야당들 간에는 큰 차이를 보였다. 민주정의당은 전두환 후보를 후보자가 아닌 집권자로 기정사실화한 채, 평화적 정권교체와 미국 방문의 '성공'을 주요한 전략적 기조로 삼고 있었다. 예를 들어, 전두환 후보는 선거를 불과 20여일 앞둔 시점에서 열린 수행기자와의 간담회에서 미국의 전두환 '인정'을 강조하고 있었다.

> 미국의 새정부가 출범하자마자 나를 초청해주어 「레이건」대통령 및 미국 행정부의 주요 책임자들과 나와 우리 정부 각료들이 인간관계를 깊게 할 수 있는 좋은 기회가 되었으며 또 서로 이해하고 신뢰를 쌓을 수 있는 좋은 계기가 되었다. …(중략)… 나와의 대화에서 한국에 대한 방위조약을 철저하게 이행하겠다고 확약했는데 그것은 정치적 발언이 아니고 확실히 신뢰할 수 있는 것이었다. 주한미군 철수문제는 81년에 재검토하기로 되있었는데 「레이건」대통령과 각료들이 자기들의 좌표와 위치를 알기 때문에 한반도의 전략적인 중요성을 인식하고 이 문제를 재론하지 않기로 확답했으며 앞으로 한국의 안정을 위해서는 전폭적으로 지지하고 힘이 되어 주겠다고 했다(매일경제신문 1981년 2월 6일, 1면).

전두환 후보는 또한 기회가 있을 때마다 평화적 정권교체의 중요성을 언급하고 있었다. 예를 들어, 1981년 2월 10일 KBS TV를 통한 선거연설에서 평화적 정권교체와 이의 중요성을 강조하였다.

> 제12대 대통령 선거에 민정당의 후보로 출마한 전두환 대통령은 10일 밤 KBS TV를 통한 선거연설에서 "민주주의는 무엇보다 평화적 헌정적인 정부의 교체로부터 그 뿌리를 내릴 수 있으며 그것은 새시대에 반드시 실현되어야 한다는 것이 헌법의 규범이자 본인의 소신"이라고 밝히고 "평화적인 정부승계의 길이 트여질 때 과거와 같은 헌정의 악순환은 자연히 단절될 수 있을 것"이라고 말했다. …(중략)… 전 대통령은 그 동안의 경기침체는 다행히 수출의 호전 등으로 활기를 되찾고 있다고 밝히면서 "경제는 국민의 저력을 바탕으로 올 하반기부터는 성장세를 회복하여 또 한번 힘찬 도약을 이룩할 수 있을 것"으로 확신했다. 전 대통령은 30분간의 선거연설을 통해 한·미 정상회담을 통해 우리나라의 안보가 확고해진 점 등 방미성과에 대해 소상히 설명했다(매일경제신문 1981년 2월 11일, 1면).

반면 민주한국당, 한국국민당, 민권당 등은 집권 정당인 민주정의당과의 차별성을 부각하지 못했다. 민주한국당을 비롯한 야당들은 관제 야당의 성향으로 인하여 권위주의 체제를 지탱하는 민주정의당에 대하여 저항하지 못했던 것이다. 당시 핵심 쟁점 사항으로 삼을 수 있는 신군부의 12·12 군사반란, 5·17 비상계엄확대조치, 5·18 광주민주화항쟁, 정치인의 정치활동 금지 등을 관제 야당들은 부각시키지 못했다. 물론 집권 세력이 비상계엄과 삼청교육대 등을 통하여 공포 분위기를 조성한 탓도 있을 것이다. 경향신문은 당시 야당 후보들의 연설을 다음과 같이 묘사하고 있다.

> 5일 KBS 라디오와 TV를 통해 방송·방영된 민한당 유치송 대통령 후보의 연설은 은유와 비유를 많이 써서 최근의 정치상황을 간접적으로 표현한 것이 특징. 「무등산 계곡의 얼음」, 「북한산의 눈」등의 표현을 써가며 "유난히 춥고 긴 겨울이었다"고 술회한 유 후보는 그러나 "겨울은 가고 봄은 온다"는 말로 정치발전에 대한 희망적 견해를 피력. …(중략)… 스스로 국민들에게 알려질 기회를 충분히 누리지 못하고 있는 것으로 판단하고 있는 국민당은 「모처럼만에 누리는 공평한 홍보의 기회」를 최대한으로 활용하기 위해 어느 당보다도 거당적으로 준비를 완료. [김종철] 후보가 지난 2일 MBC TV 연설에서 「계엄의 장기화」, 「과격한 개혁조치」, 「관의 지나친 간섭」등에 관해 언급하자 방영되는 도중에도 서울 정동의 국민당 당사와 김 후보 및 당간부 자택 등에 일반시민과 당원의 전화가 빗발쳤다는 게 조용직 부대변인의 주

장. 전화내용은 "시원하게 잘했다"는 격려에서부터 "그런 이야기를 해도 괜찮느냐"는 염려 등 각양각색이었다는 것. …(중략)… 대통령 후보를 내는 과정에서도 진통을 겪은 민권당은 대통령 후보 및 지명 연설원의 연설문제에도 진통을 거듭(경향신문 1981년 2월 9일, 2면).

1981년 2월 11일, 대통령 선거인 선거에 대한 투표와 개표가 있었다. 오전 7시부터 시작된 대통령 선거인 선거에 대한 투표는 오후 6시에 종료됐으며, 이후 투표함은 개표소로 이동되어 개표가 시작되었다. 총 선거인 수 19,967,287명 중 15,593,877명이 투표하여, 78.1%의 투표참여율을 보였다. 대통령 선거인 선거에 대한 정당별 당선인 수 및 비율은 <표 4-7>과 같다.

<표 4-7>에 나타난 바와 같이, 당선인이 소속된 정당은 민주정의당이 압도적으로 높았다. 이는 특정 지역에 국한된 현상이기 보다는 모든 지역에서 나타나는 현상이었다. 관제 야당 중 제1야당으로 간주되던 민주한국당이 그나

〈표 4-7〉 제12대 대통령 선거인 선거 당선인 소속 정당별 현황

	민주정의당	민주한국당	한국국민당	민권당	무소속	합계
서울	551 (64.4)	137 (16.0)	4 (0.5)	7 (0.8)	157 (18.3)	856
부산	234 (72.2)	33 (10.2)	2 (0.6)	0 (0.0)	55 (17.0)	324
경기	545 (81.3)	44 (6.6)	3 (0.4)	3 (0.4)	75 (11.2)	670
강원	240 (80.3)	4 (1.3)	3 (1.0)	0 (0.0)	52 (17.4)	299
충북	207 (80.9)	13 (5.1)	3 (1.2)	0 (0.0)	33 (12.9)	256
충남	338 (72.7)	42 (9.0)	10 (2.2)	0 (0.0)	75 (16.1)	465
전북	291 (71.5)	26 (6.4)	0 (0.0)	6 (1.5)	84 (20.6)	407
전남	351 (57.9)	51 (8.4)	20 (3.3)	1 (0.2)	183 (30.2)	606
경북	449 (59.5)	26 (3.4)	0 (0.0)	0 (0.0)	280 (37.1)	755
경남	420 (71.6)	34 (5.8)	4 (0.7)	2 (0.3)	127 (21.6)	587
제주	41 (77.4)	1 (1.9)	0 (0.0)	0 (0.0)	11 (20.8)	53
합계	3,667 (69.5)	411 (7.8)	49 (0.9)	19 (0.4)	1,132 (21.4)	5,278

출처: 중앙선거관리위원회(2009a), <표 4.7>과 <표 4.8>.

마 선전한 지역은 서울과 부산이었다. 민주한국당은 이 두 지역에서 10% 이상의 선거인 당선을 이끌어 냈다. 그렇지만 민주한국당과 정통 야당을 다투었던 민권당은 많은 지역에서 당선인을 만들어 내지 못했다. 민주한국당과 민권당 모두 낮은 당선율을 보이고 있기 때문에 비교의 의미는 크지 않지만, 민권당이 박정희 시절 집권 정당이었던 민주공화당의 후신인 한국국민당에도 뒤처지는 결과가 나온 것은 이 당의 위상을 보여준다고 할 수 있다. 민주정의당의 뒤를 이어 가장 많은 당선인은 무소속으로 표기한 후보자들이었다. 앞서 언급한 바와 같이, 이들은 민주정의당의 이름으로 나올 수 없는 경우이었기 때문에 민주정의당과 같은 범주로 취급해도 크게 이견이 없을 것이다.

제12대 대통령 선거를 위한 '대통령 선거인 선거'에서는 여촌야도(與村野都) 성향이나 지역주의적 성향이 나타나지 않고 있었다.[6] 여당인 민주정의당이 서울, 부산 등의 도시(都)에 비해 경북, 경남 등 촌(村)에서 반드시 유리한 것도 아

[그림 4-6] 제12대 대통령 선거인 선거: 개표소

출처: 중앙선거관리위원회(2009a, 147쪽).

6 제11대 대통령 선거의 경우, 여촌야도 현상이 선거인 정수 배분에서 나타났다. 즉 여당에게 유리한 농촌에게는 선거인 정수가 높게 배분된 반면, 도시에는 낮게 배분되었다. 이렇게 배분된 선거인들은 대통령 선거 본선에 있어 압도적으로 높은 지지를 전두환 후보에게 보냈다.

니었으며, 전두환 후보의 고향인 경북에서도 비교적 높은 득표율을 기록하지 못하고 있었다. 당시 언론에서 우려했던 여촌야도나 지역주의가 나타나지 않았던 이유 중 하나는 모든 지역에서 민주정의당 후보를 지지하는 유권자가 압도적으로 많았다는 점이다. 부정선거에 대한 의혹을 접어 둔다면, 민주정의당은 대통령 선거인 선거에서 압도적인 우세를 보이고 있었다. 또 다른 이유로 제시할 수 있는 것은 서울, 부산과 같은 도시 지역 유권자들이나 농촌 지역 유권자들이나 민주한국당, 민권당 등과 같은 소위 '야당'들을 같게 바라보고 있다는 점이다. 즉 도시 지역 유권자나 농촌 지역 유권자가 보기에도 이들은 관제 야당이었던 것으로 생각할 수 있다.

또한 제12대 대통령 선거인 선거에서는 지역주의 성향이 나타날 수 있는 환경이 조성되어 있지 않았다. 첫째, 지역의 투표를 이끌 수 있는 후보들, 즉 김영삼과 김대중이 연금·체포되어 있어서 선거에 나올 수 없었다. 둘째, 야당의 선명성이 약한 상황에서 대통령 선거인 선거에 임한 대통령 후보자들이 자신들의 고향을 선거에 동원할 이유가 없었다. 이는 당시 후보들의 고향이 지역주의를 동원하기에 부적절한 측면도 같이 고려되어야 할 것이다. 예를 들어, 전두환 후보는 경북 대구시, 유치송 후보는 경기 평택군, 김종철 후보는 충남 천원군, 김의택 후보는 전남 함평군이었다.

제12대 대통령 선거는 후보자에 의한 선거운동이 허용된 선거일뿐 아니라 방송에 의한 선거활동이 최초로 시작된 선거였다. 이와 같은 방식의 선거운동은 선거공영제에 의해 정부가 담당했기 때문에 다수 후보자들이 활용했다. 예를 들어, 전두환 후보는 방송시설(라디오, TV)을 각각 1회 이용했으며, 김종철 후보는 각 3회, 유치송 후보는 각 2회, 그리고 김의택 후보는 각 3회 이용했다(중앙선거관리위원회 1992b, 11쪽). 또한 각 후보자에 대한 지지 연설에 있어서도 민주정의당은 2명이, 민주한국당은 1명이, 한국국민당은 2명이, 그리고 민권당에서 2명이 방송시설을 이용했다.

[그림 4-7] 제12대 대통령 선거 전두환 후보자 신문광고(1981년 2월 3일)

출처: 중앙선거관리위원회(2009a, 167쪽).

[그림 4-8] 제12대 대통령 선거 선거공보

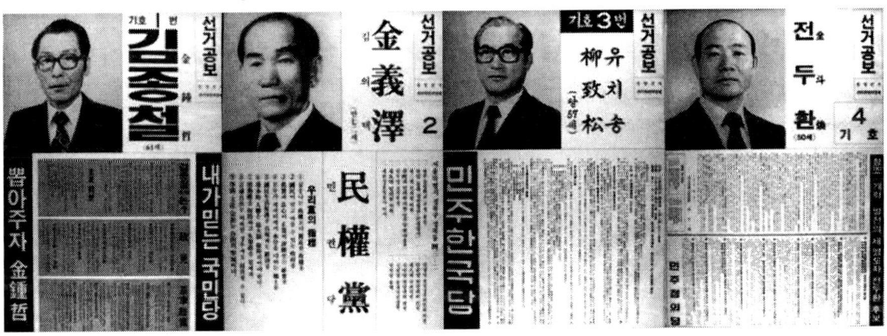

출처: 중앙선거관리위원회(2009a, 173쪽).

제12대 대통령 선거는 1981년 2월 25일 치러졌다. 1981년 2월 11일, 이미 제12대 대통령을 선출하기 위한 대통령 선거인단이 구성되었고, 다수의 선거인 당선자들이 민주정의당을 소속 정당으로 표시했기 때문에 선거 결과는 충분히 예상되었다. 제12대 대통령 선거는 25일 오전 8시부터 오후 2시까지 전국의 77개 투표구에서 실시되었다. 간접 선거에 참여한 선거인 총수는 5,277명(당선자 5천 2백 78명 중 1명은 당선취소)이었으며, 이중 과반수의 찬성을 얻은 후보자가 당선된다. 전체 및 지역별 후보자 득표수는 <표 4-8>과 같다.

〈표 4-8〉 제12대 대통령 선거 후보자별 선거인 득표상황

	선거인수	투표수	후보자별 득표수(유효투표수)					무효 투표수	기권자수
			계	김종철	김의택	유치송	전두환		
서울	856	855	855	11(1.3)	8(0.9)	133(15.6)	703(82.2)	0	1
부산	323	321	321	3(0.9)	0(0.0)	33(10.3)	285(88.8)	0	2
경기	670	670	670	4(0.6)	3(0.5)	43(6.4)	620(92.5)	0	0
강원	299	299	299	3(1.0)	0(0.0)	4(1.3)	292(97.7)	0	0
충북	256	256	256	4(1.6)	0(0.0)	14(5.5)	238(92.9)	0	0
충남	465	465	465	18(3.9)	0(0.0)	41(8.8)	406(87.3)	0	0
전북	407	405	404	3(0.8)	7(1.7)	25(6.2)	369(91.3)	1	2
전남	606	606	606	28(4.6)	6(1.0)	51(8.4)	521(86.0)	0	0
경북	755	754	754	2(0.3)	0(0.0)	29(3.8)	723(95.9)	0	1
경남	587	587	587	9(1.5)	2(0.4)	30(5.1)	546(93.0)	0	0
제주	53	53	53	0(0.0)	0(0.0)	1(1.9)	52(98.1)	0	0
합계	5,277	5,271	5,270	85(1.6)	26(0.5)	404(7.7)	4,755(90.2)	1	6

출처: 중앙선거관리위원회(2009a) <표 4.16>.
주: 선거인 중 4명은 구속되었음.

제12대 대통령 선거는 몇 시간 걸리지 않아 종료되었다. 대통령 선거 선거인들이 각 지역 선거구별로 투표에 참가했고, 선거구당 선거인의 숫자가 평균 69명이었기 때문에 대부분의 투표소에서는 오전 중에 투표가 끝났다(동아일보 1981년 2월 24일, 1면). 각 정당에서 선정한 투표참관인 491명(민주정의당 154명, 민주한국당 129명, 한국국민당 108명, 민권당 100명)이 이들의 투표를 지켜 보았고, 결과를 전달했다(중앙선거관리위원회 2009a, 179쪽).

대통령 선거법 부칙 제2조에 따라, 제12대 대통령의 임기는 당선된 날, 즉 1981년 2월 25일부터 시작되었다. 대통령 선거인 5,277명 중 5,271명이 참여하여 99.9%의 투표참여율을 보인, 제12대 대통령 선거의 당선자는 예상과 같이 전두환 후보(민주정의당)였다. 두 번째 순위자는 유치송 후보(민주한국당)로서 404명(7.7%)의 표를 받았다. 첫 번째 순위자인 전두환에 비하여 압도적으로 낮은

수치였지만, 야당의 존재는 미미하나마 있었다. 민주한국당과 정통 야당을 경쟁했던 민권당은 몰락한 민주공화당의 후신인 한국국민당의 득표율보다도 낮은 0.5%의 득표율에 그쳤다.

대통령 선거인 선거에서와 마찬가지로, 전두환 후보의 득표율은 지역주의적 경향을 나타내지 않았다. 전두환 후보의 고향인 경북에서의 득표율은 95.9%로서 전북, 전남에서의 득표율 보다는 높았지만 강원의 득표율 보다는 낮았다. 평균 득표율과 비교할 때도 큰 차이를 보이지 않았다. 아마도 이러한 현상은 지역의 대표로 간주되었던 김대중과 김영삼의 정치적 활동이 금지되어 있었고, 민주한국당이 이들을 대표하는 정당이 아니었다는 점에서 그 이유를 찾을 수 있을 것이다.

그러나 대통령 선거인 선거와는 달리, 제12대 대통령 선거 본선에서는 여촌야도(與村野都)의 가능성이 나타났다. <표 4-8>에 제시된 바와 같이, 민주정의당 당적을 표시했던 대통령 선거인들이 압도적으로 많았음에도 불구하고, 집권 정당 후보인 전두환 후보는 다른 지역에 비하여 서울시에서 가장 낮은 득표율을 보였으며(82.2%), 민주한국당의 후보인 유치송 후보는 서울시(15.6%)와 부산시(10.3%)에서 가장 높은 득표율을 보였다. 전두환 후보를 지지할 것으로 표명했던 선거인들이 압도적으로 높았음에도 불구하고, 여당의 지지율이 도(道)보다는 촌(村)에서 높았고, 야당의 지지율이 촌(村) 보다는 도(道)에서 높았다는 점은 여촌야도의 가능성이 권위주의 체제의 선거에서도 나타나는 주요한 특징 중 하나일 수 있다는 점을 보여주고 있다.

선거를 마친 제12대 대통령 취임식을 통해 집권 세력과 외부 세력에게 자신의 의지를 밝히고자 했다. 집권 세력에 대해서는 정권의 평화적 정권교체라는 공유(共有)를 제시하고, 외부 세력에 대해서는 안정을 요구하고 있었다. 1981년 3월 3일 치러진 취임식에서 발표된 전두환 대통령의 담화문 요지는 다음과 같다.

> 친애하는 국내외 동포여러분! … 본인은 이 자리에서 한 가지의 중요한 사실을 말해두고자 합니다. 그것은 우리의 지표가 아무리 훌륭하더라도 굳건한 국가안보가 토대로 되어있지 않는 한 무의하다는 것입니다. …(중략)… 우리는 80년대에 또 한 번의 일대도약을 위하여 풍요한 복지국가의 굳건한 바탕을 이룩하여야 합니다. 이러

> 한 면에서 80년대는 모든 분야에서 안정과 화합의 바탕 위에 일대 국민적 전진을 이룩하는 연대이며 자손대대 물려줄 풍요와 복지의 바탕을 우리 모두가 창조하는 연대가 되어야 할 것입니다. …(중략)… 우리의 염원인 평화적인 정권교체를 달성하기 위한 기초이기도 합니다. 한 개인이나 소수집단만으로 국가민족을 책임지게 할 수는 없읍니다. 지속적인 창조와 개혁, 그리고 발전을 기하기 위해서는 주기적으로 새로운 지도자가 등장해야 할 것입니다. …(중략)… 본인은 자신에게 엄격하고 타인에게 성실·정직한 한 인간으로서, 그리고 나라의 지속적인 전진을 바라는 대한민국의 한 국민으로서 우리의 숙제인 평리적(平利的) 정권교체의 전통을 꼭 확립하고야 말 것임을 분명하게 밝혀 두는 바입니다(매일경제신문 1981년 3월 3일, 1면).

제12대 대통령 선거는 6개월여 전에 치러진 제11대 대통령 선거와 같이 정권의 정당화와 안정화를 위한 기제로서 역할 하였다. <표 4-9>에 있는 것처럼, 제12대 대통령 선거는 집권 세력의 단결과 민주 세력의 분열 속에 치러진 '체제 정당화 기제'로서의 선거로 볼 수 있을 것이다.

제12대 대통령에 취임한 전두환 대통령이 앞으로 집권 세력을 공고히 하고 권위주의 체제를 유지할 수 있을 지 여부는 권력 공유의 약속을 지킬 수 있는지 여부에 달려 있었다. 대통령 선거일 다음 달로 예정되어 있던 제11대 국회의원 선거는 그 시험대가 되었다. 제11대 국회의원 선거에서 권력 공유의 약속이 이행되고, 그 결과가 만족스러울 경우 집권 세력은 공고화 될 수 있으며, 그렇지 못할 경우 내부에서부터 집권 세력의 분열이 시작될 것이기 때문이다. 다음 장에서는 제11대 국회의원 선거와 권위주의 체제의 공고화에 대하여 이야기하고자 한다.

〈표 4-9〉 제12대 대통령 선거: 체제 정당화의 기제

		집권 세력	
		단결	분열
민주 세력	단결	대치국면	민주화 기제
	분열	체제 정당화 기제 (제12대 대통령 선거)	쿠데타 또는 민주 세력에 의한 민중혁명

제 5 장 제11대 국회의원 선거와 권위주의 체제의 공고화

CHAPTER

05 제11대 국회의원 선거와 권위주의 체제의 공고화

1981년 안팎에는 많은 선거가 있었다. 1980년 8월 제11대 대통령 선거, 1981년 2월 제12대 대통령 선거, 그리고 1981년 3월 제11대 국회의원 선거가 있었다. 1981년 대통령 선거가 있은 직후 치러진 제11대 국회의원 선거는 제5공화국 권위주의 체제를 내부적으로 공고화시키기 위한 선거였다. 이를 위하여 집권 세력은 내부 단결을 도모하고 외부적으로 관제 야당 세력을 분열시키는 전략을 진행했다. 내부 단결의 핵심적 기제는 중선거구제와 전국구 국회의원 제도였으며, 외부 분열을 위한 핵심적 기제는 중선구거제와 정치관계법이었다. 제5장에서는 이와 같은 제도들의 형성과 그 효과를 기빈으로 제11대 국회의원 선거를 논의하고자 한다.

제1절 중선거구제와 전국구 국회의원제도

제11대 국회의원 선거는 국가보위입법회의가 제정한 「국회의원선거법」에 따라 치러졌다. 국회를 대한 국가보위입법회의는 1980년 11월 19일 「정당법」과 「선거관리위원회법」, 12월 16일 「정치자금에 관한 법률」, 12월 26일 「대통령선거법」, 1981년 1월 24일 「국회의원선거법」과 「국회법」을 각각 의결했다. 이렇게 막강한 권한을 지닌 국가보위입법회의는 당시 대통령이었던 전두환 대통령에 의하여 임명된 81명의 의원들로 구성되었다. 다시 말해, 대통령에 의하여 임명된 입법의원들이 대통령 선거뿐만 아니라 국회의원 선거에 관한 규칙을 제정했던 것이다. 입법회의 의원들은 정내혁 공화당 총재권한대행 등 13명의 10대 국회의원을 포함한 정계인사 20명, 김상협 고대 총장 등 학계인사 13명, 이호 적십자사 총재 등 문화·사회계 인사 9명, 이광로 전국보위내무위원장 국보위 대표 10명, 정희택 변호사 등 법조계인사 8명, 강신명 목사 등 종교계 인사 8명, 정수창 대한상의회장 등 경제계 인사 3명, 이진희 문화경향 사장 등 언론계 인사 3명, 김정례 여성유권자 연맹 회장 등 여성계 인사 4명, 이맹기 재향군인 회장 등 향군대표 2명 및 정한주 노총위원장 등이었다(경향신문 1980년 10월 28일, 1면).

제11대 국회의원 선거에 사용된 선거제도는 제4공화국, 즉 유신체제에서 사용했던 국회의원 선거제도와 큰 차이가 없었다. 가장 주목할 만한 점은 집권세력의 안정적 기반확보와 야당의 분열을 위한 중선거구제의 유지였다. 중선거구제는 여당 후보의 안정적 당선을 보장할 뿐 아니라, 야당에 대해서도 당선 가능성을 부추김으로써 야당 간의 연대를 통한 단일 후보 출마 보다 각 당의 후보 출마를 유도하는 제도였다. 1972년 당시 중선거구제 도입의 명분은 “과거와 같은 선거과열현상과 타락상을 일소하고 돈 안들고 깨끗한 공명선거를 보장할 수 있는 선거제도 확립”이었다(김현우 2001, 532~533쪽).

제11대 국회의원 선거에서 부활한 전국구 제도는 유신체제 하에서 실시된 통일주체국민회의에 의한 의원선출 제도와 상당히 유사하다. 제10대 국회의원 선거 때에는 대통령 추천에 따라 국회의원 정수의 3분의 1이 통일주체국민회의 의원으로 선출된 반면, 제11대 국회의원 선거 때에는 국회의원 정수의 3분의 1이 전국구 의원으로 선출된다. 물론 전자의 추천권은 대통령에게 있고, 후자의 추천권은 정당에게 있다. 그러나 중선거구제를 통하여 집권 정당인 민주정의당이 원내 제1당이 될 가능성이 높은 상황에서, 제1당에게 전국구 의석수 3분 2가 배당되고, 이러한 전국구 의석은 정당의 총재인 전두환 대통령의 의도에 따라 배분되었다. 따라서 전두환 대통령은 제4공화국 때와 같이 집권 세력에게 배정할 수 있는 일정한 지분을 확보하고 있었다.

> **전국구 의원제도**
>
> 시도 내 특정 지역을 대표자 선출의 단위로 하는 지역구와 대립되어, 전국을 대표자 선출의 단위로 하는 선거구제도이다. 일반적으로 전국구 제도는 득표율에 따라 의석을 배분하는 비례대표제도와 병합되어 사용되지만, 한국의 경우 원내 제1당에게 과도하게 의석을 배분하는 방식으로 사용되어 왔다. 1994년 개정된 공직선거법 이후, 전국구 의원 제도는 지역구에서 획득한 득표율에 따라 배분되는 방식으로 개정되었으며, 2004년 공직선거법 개정에 따라 지역구 후보자에 대한 투표와 전국구 의석에 대한 정당 투표가 분리되었다(저자 주).

집권 세력은 전국구 의원제도에 있어서도 야당 세력, 특히 제1야당의 힘을 약화시키기 위한 포석을 마련해 놓았다. 예를 들어, 전국구 의석을 배분하는 데 있어 지역구 의석 수 기준 제1당을 차지한 정당에 대해서는 전국구 의원 정수의 '3분의 2'를 배분하는데 반해, 2위 이하를 차지한 정당에 대해서는 지역구 의석 비율에 따라 전국구 의석을 배분하고 있었다. 따라서 제1위 정당과 제2위 정당이 단 하나의 의석수 차이만이 있을 지라도, 제1위 정당은 3분의 2에 해당하는 전국구 의석을 차지하는 반면, 제2위 정당은 지역구 의석비율에 따라 차등적으로 배분받게 된다. 이의 결과, 지역구에서 1위를 차지한 집권 정당은 안정적으로 지배할 수 있는 의석수를 확보할 수 있는 반면, 2위 정당인 야당의 의석비율을 낮춤으로써 저항의 정도를 약화시킬 수 있었다. 제10대 국회의원 선거제도와 비교한 제11대 국회의원 선거제도는 <표 5-1>과 같다.

요컨대 제11대 국회의원 선거제도는 유신체제에서 치러진 국회의원 선거제도를 답습하면서, 집권 정당에 대한 안정적 기반확보와 야당 세력에 대한 분열과 약화를 기도한 선거제도로 평가할 수 있다. 집권 세력의 목표는 원내 제1당 확보에 있었다. 제1당이 되면, 비록 의석수가 1석 차이 난다 할지라도 안정적으로 국회를 장악할 수 있는 전국구 선거제도가 뒷받침되고 있었다. 제11대 국회의원 선거에 대한 집권 세력의 전략은 국회의원 선거법이 본회의에서 의결된 며칠 후 민주정의당 권정달 사무총장을 통하여 전달되었다.

〈표 5-1〉 제10대 국회의원 선거제도와 제11대 국회의원 선거제도 비교

	제10대 국회의원 선거	제11대 국회의원 선거
선거구 종류	전국구에 관한 규정 없음	지역구와 전국구의 2종으로 구분
지역구수	77개(1지역구당 2인 선출)	92개(1지역구당 2인 선출)
의원정수	231명(지역구 154, 통일주체국민회의 선출 77)	276명(지역구 184, 전국구 92)
전국구 의원정수 및 의석배분방법	전국구 제도 없음(다만, 헌법 제40조의 규정에 따라 국회의원정수의 3분의 1인 77명을 통일주체국민회의에서 선출)	지역구의원정수의 2분의 1(92명) 전국구의석 배분방법 – 지역구에서 의석수가 제1위인 정당에 전국의원정수의 3분의 2배분 – 잔여의석은 5석 이상의 의석을 얻은 정당에게 그 의석비율에 따라 배분
선거권자 추천제도	무소속후보자에 대한 선거권자 추천제도 없음	무소속 후보자 등록 시 선거권자 500인 이상 700인 이하의 추천필요
기탁금액	정당추천후보자 300만원 무소속 후보자 500만원	정당추천후보자 700만원 무소속 후보자 1,500만원
정당의 선거운동	정당은 선거운동을 할 수 있는 자에 포함되지 않음	선거운동을 할 수 있는 자에 정당을 포함함
	전국구후보자의 선거사무소와 선거사무장 등에 관한 규정없음	전국구후보자의 선거사무소에 선거사무장 1인과 선거사무원 20인을 둘 수 있음
선전벽보 첩부수량	구·시·군의 구분 없이 인구 100인에 1매	구·시는 인구 300인에 1매, 군은 인구 100인에 1매
투표참관인 추천인수	당해 선거구에 후보자를 추천한 제1당과 제2당에서는 각 2인, 기타 정당과 무소속후보자는 각 1인 추천	당해 지역구에 후보자를 추천한 정당은 2인, 무소속 후보자는 1인 추천

출처: 중앙선거관리위원회(2009a) <표 5.1>.

"조직을 확대 정비하여 정치안정세력을 확보하는 한편, 탈법 타락 선거가 다시는 이 땅에 재생하지 못하도록 선거풍토를 정화시켜 공명정대한 선거가 되도록 하는데 최선을 다하겠다." 선거대책본부장을 맡아 대통령 및 국회의원 선거를 지휘하게 된 민정당의 선거 사령탑인 권정달 사무총장은 양대 선거에 임하는 당의 기본 입장에 대해 이같이 정치안정과 공명선거를 강조한다. "빨리 정치안정이 이룩되어야 경제도 발전할 수 있고 안보도 튼튼해 집니다. 민정당의 승리를 통해 안정기반이 구축될 수 있게 총력을 기울이겠습니다." …(중략)… 국회의원 선거 역시 안정 세력 확보가 선거전략의 핵심임을 밝히고 민정당 소속이라도 타락 탈법 선거운동으로 선거 분위기를 흐르게 할 때에는 절대로 용납하지 않겠다는 단호한 결의를 표명한다(경향신문 1981년 1월 26일, 3면).

정치적 안정에 대한 강조는 제12대 대통령 선거가 끝난 직후 권정달 사무총장에 의하여 다시 한 번 강조되었다.

"제5공화국이 국민의 여망에 부응할 수 있도록 정치적 안정을 정착시키려면 국회의원선거가 성공적으로 치러져야 합니다." 12대 대통령 선거를 당 총재인 전두환 대통령의 압승으로 이끈 민정당의 선거대책본부장인 권정달 사무총장은 한 달 앞으로 닥친 11대 국회의원선거야말로 깨끗한 선거풍토와 정치적 안정을 위해 매우 중요한 선거임을 강조했다. …(중략)… 권총장은 특히 "92개 선거구 중 우리당의 취약지구가 몇 개이었디"면서 "주요당직자들의 현지출장을 통한 당원격려는 물론 형편이 허용하는 범위내에서 물심양면의 집중지원을 아끼지 않겠다"고 다짐했다. …(중략)… 권총장은 "우리 당은 비교적 참신한 인사를 지구당위원장으로 선임했기 때문에 경험부족과 경제력이 약한 사람이 많다"고 전제, "오히려 타당에서 재력을 동원, 벌써부터 선거분위기를 혼탁시키고 있다"며 강력한 규제를 주장한다. "일부 지역에서는 돈을 주고 입당서를 받는 것은 물론 흑색선전, 단체관광여행 등 타락선거의 적신호가 나타나고 있어요. 선거법위반사례는 민정당이거나 타당이거나를 막론하고 사직당국에서 철저하고 엄격하게 다스려야 한다는 것이 우리의 기본입장입니다." …(중략)… 권총장은 정치적 안정이야말로 민정당의 가장 커다란 선거 캐치프레이즈라면서 "제5공화국의 목표로 지향하고 있는 진정한 민주복지국가건설과 평화적 정권교체도 안정 없이는 이루어지기 힘든 것"이라고 설명했다(경향신문 1981년 2월 27일, 3면).

한편 집권 세력은 야당 세력을 분열시키고자 했다. 집권 세력이 원내 제1당이 되기 위해서는 다수의 야당 후보들과 무소속 후보들이 선거에 진입할 필요가 있었다. 즉 다수의 후보들이 난립할 경우, 전국적으로 후보자를 내세운 집권 정당이 유리했기 때문이다. 이러한 이유로 국가보위입법회의는 정당의 창당을 쉽게 할 수 있도록 정당법을 개정했고, 정당의 운영을 원활하게 하기 위하여 국고보조금제도와 후원금 제도를 도입했다. 제4장에서 언급한 바와 같이, 개정된 정당법은 정당 창기인의 발기인 수, 지구당 수, 그리고 당원의 자격 등을 완화했다. 이 결과 제11대 국회의원 선거 이전까지 결성신고를 마치고 창당준비위원회를 구성한 단체는 23개였으며, 법정 지구당 수 등 법정요건을 갖추어 중앙선거관리위원회에 등록한 정당의 수는 12개에 이르렀다.

또한 정치자금제도에 있어서도 정당 운영의 편의성은 높이되, 야당의 세력이 강하게 될 경우 통제할 수 있는 장치를 마련했다. 예를 들어, 각 정당은 후원회를 시도에 배치할 수 있으며, 후원회를 통하여 모금된 후원금의 액수 및 모금방법은 대통령령으로 정하도록 했다. 그렇지만 후원회 모금활동은 선거일 공고일부터 선거일 당일까지 '금지'되어 있었기 때문에, 선거일이 공고되면, 후원회는 후원금을 모금할 수 없었다. 선거일 공고일 지정에 대한 권한이 대통령 주재하의 국무회의 결정 사항이라는 점을 고려하면, 집권 세력은 정치에 소요되는 비용을 조정할 수 있는 권한을 갖고 있었다.

국고보조금에 있어서도 유사한 조치가 취해졌다. 예를 들어, 국고보조금은 정당 운영에 한하여 사용할 수 있었으며, 보조금 액수는 국회의원 의석수 기준 제4정당까지 5%씩 균등 분할함으로써 정당운영을 위한 최소한의 비용을 지급하고 있었다. 그렇지만 국고보조금은 "예산의 범위안에서" 보조금을 지급할 수 있음으로 예산권을 가지고 있는 집권 정당의 의도에 따라 야당의 정당운영이 좌우될 수 있도록 했다. 1980년 12월 31일 제정 「정치자금에 관한 법률」(법률 제3302호) 중 관련 조항을 나열하면 다음과 같다.

> 제5조(후원회) ① 정당의 중앙당은 하나의 후원회를 지정하여 둘 수 있다. … (중략) …
> ⑤ 후원회는 대통령령이 정하는 바에 따라 서울특별시·부산시·도에 각 1개의 지부를 둘 수 있다.

제6조(후원회의 기능) ① 후원회는 회원으로부터 후원금을 받거나 중앙선거관리위원회의 허가를 얻어 회원 이외의 자로부터 금품을 모집하여 이를 당해 정당에 기부할 수 있다.

② 제1항의 후원금의 내용과 범위, 금품모집 및 기부의 시기·방법 그 금액의 범위 기타 필요한 사항은 대통령령으로 정한다.

제7조(후원회의 모금활동의 제한) 후원회는 대통령선거에 있어서는 대통령선거인 선거일 공고일로부터 대통령선거일까지, 국회의원 선거에 있어서는 그 선거일 공고일로부터 선거일까지 금품을 모집할 수 없다.

…(중략)…

제17조(보조금) 국가는 정당에 대하여 예산의 범위 안에서 보조금을 지급할 수 있다.

제18조(보조금의 배분비율) ① 보조금은 지급당시 국회의석이 다수인 순으로 4 정당까지 100분의 5씩 배분 지급하되, 이 경우 의석수가 같은 정당이 2 이상이 있을 때에는 최근에 실시한 국회의원총선거에서 득표한 득표수가 다수인 정당의 순으로 제4순위까지 배분지급하고, 그 잔여분 중 100분의 50을 지급 당시 국회의석을 가진 정당에 그 의석수의 비율에 따라 배분지급하며, 그 잔여분은 최근에 실시한 국회의원총선거에서 득표한 정당의 득표수 비율에 따라 배분지급한다.

제19조(보조금의 용도제한 등) ① 보조금은 정당의 운영에 소요되는 경비 이외에는 사용할 수 없다.

집권 정당의 안정적 의석 확보와 야당의 분열을 위한 선거제도는 1981년 1월 24일 법적 개정작업을 완료했다. 집권 세력은 국회의원 선거를 미룰 이유가 없었으며, 오히려 대외적 정당성을 확보하기 위하여 국회의원 선거를 서둘러야 될 상황이 되었다. 이에 정부는 다음과 같은 취지의 논조를 신문을 통하여 전파하기 시작했다.

정부는 제11대 국회의원 선거를 조기 실시한다는 방침 아래 그 선거일을 3월 27일 경으로 잡고 있는 것으로 30일 알려졌다. 정부는 또 오는 2월 25일 실시되는 대통령 선거가 끝나는 대로 3월 초 제12대 대통령 취임식을 갖는 등 새정부의 출범을 예정보다 앞당길 방침도 세워 놓고 있는 것으로 알려졌다. 정부는 이 같은 정치일정은 전두환 대통령의 정치일정 단축방침과 지난 1월 12일 81년 국정연설에서 "국회의원 선거는 당초 예정했던 4, 5월 보다 한 두달 앞당겨 실시하겠다"고 밝힌데 따른 것으로 보인다. 또 이같이 정치일정이 앞당겨지는 것은 경제 등 여러 국내외 문제를 감안, 국내정치의 안정이 하루 빨리 이루어져야 한다는 판단에도 크게 기인하고 있는 것으로 풀이 된다. 한편 입법회의도 정치일정 단축에 따라 3월말까지 입법회의의 기능을 대개 마무리 지을 계획인 것으로 전해졌다(동아일보 1981년 1월 30일, 1면).

제11대 국회의원 선거일은 제12대 대통령 선거인 선거가 치러진 지 열흘도 채 지나지 않은 1981년 3월 5일 공고되었다(경향신문 1981년 3월 4일, 1면). 제11대 국회의원 선거일은 1981년 3월 25일로 결정되었다.

제2절 쟁점 없는 선거

제11대 국회의원 선거는 선거쟁점이 없는 선거였다. 정당들 간의 정책적 선명성이 두드러지지 않았고, 각 정당이 내세우는 바를 효율적으로 알릴 수 있는 수단 또한 제한됐다. 대통령 직후의 선거이기 때문에 유권자들의 관심 또한 비교적 낮았다. 선거를 한 달 여 앞둔 2월 17일, 한 일간지는 제11대 국회의원 선거를 다음과 같이 묘사하고 있다.

오는 3월 25일로 예정된 제11대 국회의원 선거 전초전이 전국 92개 선거구에서 일기 시작하고 있다. …(중략)… 그러나 이슈 없는 중앙정계의 면모를 그대로 드러내듯 전초전에 대한 유권자 반응은 차분히 가라앉아 있다. 각 후보들이 조직의 불을 댕기는 국회의원선거 및 공고가 있어야 본격적인 선거분위기가 이뤄질 전망. 그나마 과거와 같이 중앙무대에서 일으키는 정치바람은 좀처럼 기대하기 어려운 실정으로 조직보다는 「바람」이 주도해온 역대선거의 양상을 벗어나 정당세와 조직, 개인지명도의 대결이라는 새로운 선거풍토가 조성될 것으로 전문가들은 진단하고 있다. 구여당권세력의 흡수와 신인진출에 따른 새로운 조직을 첨가시켜 조직우위를 다지고 있는 민정당은 새정치에 걸맞게 신·구를 배합시킨 포진(경향신문 1981년 2월 17, 3면).

물론 제11대 국회의원 선거에 있어서도 각 정당은 공약을 제시하고, 이를 홍보하기 위해 조직을 동원했다. 그러나 집권 정당인 민주정의당을 제외하면, 각 정당은 무엇을 추구하는 지가 명확하지 않았다. 중앙선거관리위원회는 제11대 국회의원 선거의 쟁점으로 공명선거 논쟁, 전두환 대통령의 지방순시와 관권선거 시비, 여당의 안정론과 야당의 견제론, 야당의 선명성 경쟁 등을 제시했으나(중앙선거관리위원회 2009a, 247~257쪽), 이 중 선거쟁점으로 간주할 수 있는 항목은 여당의 안정론과 야당의 견제론에 불과하다.

그러나 안정론과 견제론이라는 선거쟁점도 각 당의 선거공약에 담겨 있다고 보기에는 어렵다. 예를 들어, 민주정의당의 선거공약을 보면, 튼튼한 안보와 참신한 정치, 선진경제로의 도약, 장래가 보장되는 농업, 알찬 복지와 쾌적한 환경, 내실 있는 교육과 격조 높은 문화가 주를 이루었다. 민주한국당의 경우, 다당제를 지양하고 소수정당제로의 전환, 지방자치제 실시, 서민을 위한 국민생활 보호대책 등을 제시하고 있다. 이러한 공약들을 비교해 볼 때, 민주정의당과 민주한국당은 대비되는 공약을 제시하기 보다는 상호 보완적인 공약을 제시하고 있었다. 따라서 공약 차원에서 볼 때 안정론과 견제론이라는 정당 간 차별성이 유권자에게 부각되지는 않았을 것이다. 이와 같은 점은 당시 선거운동을 담당했던 사람들의 진술에 있어서도 엿보인다.

> 배성동<민정당 정책조정실장>, 이의영<민한당 선거대책본부정책위부위장>, 박준규<국민당 정책위부의장>. 배성동=선거를 앞두고 우리 민성낭은 어떤 것을 공약으로 내놓을 것인가를 두고 무척 고심을 했읍니다. 현재 집권당이 되어있고 또 국회에서도 다수의석을 차지해야겠다는 것이 우리당의 목표이기 때문입니다. 책임정치를 다하려 한다면 과거처럼 빈 공약이나 빈말은 할 수 없는 것 아니겠습니까. 그래서 우리는 각계각층의 국민들로부터 들어오는 민원과 전국 각 지방의 숙원사업을 취합하고 당내외 전문가들의 자문을 얻어 정책을 입안했습니다. 이 정책과 공약은 정부 각 부처와 국무총리실 청와대와도 협의를 거쳐 실천가능성여부를 타진했읍니다. …(중략)…
>
> 이의영=구신민당의 마포당사에는 자료가 많은데 국고에 귀속되는 바람에 책 한권 꺼내지 못했읍니다. 정책연구실이라는 곳에 한글사전 한권밖에 없을 정도의 실정이지만 이런 가운데서도 국민이 신임할 수 있는, 실현성 있는 정책 특히 서민계층을 위한 정책을 만드느라 애를 썼습니다.

박준규=우리 국민당으로서는 현재 정권도전이나 집권당이 되겠다는 욕망이나 야심은 있을 수 없어요. 다만 반성 속에 지난날의 부채를 갚는다는 생각으로 60, 70년대 고도성장을 이룩하는 과정에서 발생한 역기능, 다시 말해 민주화가 병행되지 못한 부분을 80년대에는 어떻게 균형있고 조화 있게 발전시켜 나가느냐 하는데 가장 역점을 두어 정책과 공약을 만들었읍니다(동아일보 1981년 3월 14일, 3면).

제11대 국회의원 선거는 정당 및 후보자의 선거공약을 효과적으로 알릴 수 있는 수단 또한 제한되어 있었다. 선거운동의 방식은 선전벽보와 선거공보, 현수막, 합동연설회, 후보자 성명 게시의 방법으로만 할 수 있었다. 선전벽보에는 후보자의 사진, 학력, 경력, 정당명, 선전구호 등 비교적 간략한 정보만이 제공될 수 있었다. 다만 선거공보의 경우, 비교적 상세한 정책 등이 제공될 수 있었다. 특히, 제11대 국회의원 선거의 경우 후보자들이 지지 호소문을 선거공보에 담아 전달할 수 있기 때문에 정책, 안정, 또는 견제 등 다양한 내용을 담을 수 있었다. 그러나 선거공보는 선거를 5일 앞둔 3월 21일 경에 발송되었다. 따라서 유권자가 선거에 특별히 관심을 기울이지 않는다면, 후보자나 정당의 호소가 들릴 가능성은 높지 않았다.

제11대 국회의원 선거일은 선거를 불과 20여일도 남지 않은 1981년 3월 4일 공식적으로 발표됐다. 물론 제11대 국회의원 선거 일정은 2월부터 '보도'되었고 정당들은 이에 대비하고 있었으나, 공식적인 선거일은 3월 4일 공고되었다.

[그림 5-1] 제11대 국회의원 선거 선전벽보

출처: 중앙선거관리위원회(2009a, 242쪽).

또한 3월 2일부터 4일까지 동아일보, 매일경제신문 등의 주요 지면은 국회의원 선거가 아닌 전두환 대통령 취임에 대한 축하 광고가 차지하고 있었다. 제11대 국회의원 선거가 공고된 다음 날에는 선거에 대한 중요성이나 홍보 보다는 내무부장관, 법무장관 등에 의하여 "선거분위기를 흐르게 하는 일체의 행위에 대하여는 철저히 색출·엄단"한다는 내용의 담화문이 발표되었다.

따라서 제11대 국회의원 선거는 유권자의 무관심 속에 쟁점 없는 선거로 치러지게 되었다. 이는 집권 세력이 희구(希求)했던 환경으로서, 견제와 저항을 요구하는 민주 세력의 부재 속에 집권 세력의 공고화를 위하여 선거를 활용하고자 했던 것으로 판단된다. 이와 같은 판단은 제12대 대통령 선거인 선거가 치러진 직후 전해진 정부 소식통의 전언에 의하여 가늠할 수 있다(매일경제신문 1981년 2월 17일, 1면).

[그림 5-2] 제11대 국회의원 선거 선전공보

출처: 중앙선거관리위원회(2009a, 242쪽).

> 제11대 국회의원 총선거가 오는 3월 25일 실시될 것으로 알려졌다. 정부는 국회의원총선거를 가능한 한 빠른 시일 내에 실시, 제5공화국 출범의 마지막 정치일정을 완결 짓는 것이 정치안정에도 도움이 된다는 판단 하에 이같이 결정, 조만간 국무회의 의결을 거쳐 오는 3월 5일부터 7일 사이에 선거일을 공고할 예정인 것으로 알려졌다. 정부의 한 소식통은 17일 "대통령선거를 2월 중에 완료하고 국회의원 선거도 예정보다 한 두달 앞당겨 실시하겠다는 전두환 대통령의 공약에 따라 제11대 국회의원 선거를 오는 3월 25일 실시키로 했다"고 전했다.

제3절 제11대 국회의원 선거

제11대 국회의원 선거일은 선거를 한 달 여 앞둔 시점에서조차 확정되지 않았다. 선거일은 2월 27일이 돼서야 의결되었으며, 이 또한 집권 정당의 총재인 대통령이 주재하는 국무회의에서 확정했다. 이렇듯 제11대 국회의원 선거는 집권 정당의 의도와 계획에 따라 주도되었다.

제11대 국회의원 선거를 한 달여 앞둔 시점에서 각 정당은 지역구 및 전국구 후보자 명단을 준비해야 했다. 집권 정당의 경우, 2월 말에 이미 92개 선거구의 지구당 위원장들에게 공천장을 나누어 줌으로써 선거운동 준비를 마쳤다. 전국구 후보 또한 상당 부분 인선이 완료됐으며, 당 총재인 전두환 대통령의 '재가'를 기다리고 있었다(경향신문 1981년 2월 23일, 1면). 전국구 의원 후보로 추천된 인사들 중 상당 부분은 이미 정치적 활동을 하고 있던 인사로서 민주정의당, 입법회의, 정부관료 출신 등이었다. 민주정의당 인사로서 이재형 대표위원, 윤석순 사무차장, 박경석 대변인, 배성동 정책조정실장 등이 포함되어 있었고, 입법회의 출신으로서 정희택, 김행자 씨 등이 있었으며, 정부 관료로서 김기철 체신부 장관, 이용훈 법제처장이 포함되어 있었다(매일경제신문 1981년 3월 7일, 1면).

야당들은 이 보다 늦은 3월 10일 정도에 전국구 후보 인선을 발표했다. 그렇지만 전국구 의석이 원내 제1당에게는 3분의 2에 해당하는 61석이 배분되는 반면, 나머지 정당에게는 전국구 의석 나머지 31석 중 정당의 의석수 비율에 따라 배분되기 때문에 큰 의미를 지니고 있지 않았다. 따라서 민주한국당의 경우 전국구 후보자 45명 대부분이 창당을 주도했던 당내 인사들로 채워졌으며, 다른 정당의 경우에도 이와 유사했다(동아일보 1981년 3월 10일, 1면).

박정희 정권 시절, 주요 야당이었던 신민당 총재 그러나 연금에 갇혀 있던 김영삼은 제11대 국회의원 선거에 대한 야당의 움직임을 다음과 같이 회고 있었다.

> 3월 25일, 제11대 국회의원 선거가 있었다. 전두환은 그들의 각본대로 정계를 '헤쳐 모여' 식으로 개편, 민한당이라는 '관제 야당'을 제1야당으로, 국민당이라는 또 하나의 관제야당을 제2야당으로 만들었다. 이들 야당은 여당인 민정당의 1중대·2중대였다. 나는 상당수의 측근들이 민한당으로 발걸음을 옮기는 것을 지켜보면서 더 없이 우울한 겨울을 보냈다.

92개 지역구 각각에서 2명의 대표자와 92명의 전국구 의원을 선출하는 제11대 국회의원 선거는 1981년 3월 25일에 치러졌다. 투표참여율은 77.7%로서 한 달 전에 치러진 제12대 대통령 선거인 선거 투표참여율 78.1%와 비슷한 수치였으며, 제10대 국회의원 선거 때의 77.1%와도 유사한 수치였다.[1] 한 일간지에 따르면, 제11대 국회의원 선거 투표일의 모습은 "열기 띤 후보·담담한 유권자"로 묘사되고 있었다(동아일보 1981년 3월 25일, 7면).

> 후보자와 운동원들은 전국적으로 내리는 빗속에서도 최후의 한 표를 노려 투표장 앞까지 진을 치고 자기를 내세우는 등 열기를 띠었으나 유권자들은 선거운동 기간이 짧고 새 얼굴이 많아 서울 등 대도시에서는 투표장에 들어가기 전 다시 한 번 벽보를 쳐다보기도 했다. 큰 사고는 없었지만 일부 지역에서는 투표통지표가 안 나오고 통반장들이 특정 후보 지지에 나서는 등 「구습」이 나타나기도 했으나 오래간만에 각 후보자의 참관이 투표소를 지켜보아 진지한 분위기였다. …(중략)… 한편 이날 오후 서울 등 전국 주요 도시의 영화관에는 임시 공휴일을 맞은 시민들이 몰려 크게 붐비기도 했다. 투표장에 나온 몇몇 유권자들은 뜨거웠던 선거열풍도 아랑곳

---

1 중앙선거관리위원회 편 『대한민국선거사 제4권』 280쪽에 따르면, 제11대 국회의원 선거의 투표참여율은 78.4%로 기록되어 있다. 그러나 선거인수 21,094,468명을 총투표자수 16,397,845명으로 나누면 투표참여율은 77.7%가 된다.

[그림 5-3] 제11대 국회의원 선거: 수원 합동연설회(1981년 3월 19일)

출처: e영상역사관(http://www.ehistory.go.kr).

> 없이 투표소 부근의 벽보를 다시 한 번 훑어보고 그 자리에서 후보자를 선택하는 모습을 보이기도 했다. 봄비 탓인지 이른 아침에는 투표소에 유권자의 발길이 뜸해 마포구 서교 등 제3투표소에 투표개시 시간인 아침 7시 이전에 줄을 선 사람들은 모두 사오십대의 유권자 10여 명으로 한산한 모습(김영삼 2000, 213쪽).

제11대 국회의원 선거는 비록 조용한 선거였지만, 시(市)와 도(道) 간의 투표참여율 차이는 존재했다. <표 5-2>에 제시된 바와 같이, 서울시와 부산시의 투표참여율은 각각 71.1%와 68.8%로서 평균에 밑도는 수치였다. 그렇지만 경기도를 제외한 대부분의 도(道)들은 평균 보다 높은 80%대의 투표참여율을 기록하고 있었다. 선거일 내내 비와 눈이 내린 것을 고려해도 투표소와의 거리가 비교적 먼 도(道)의 투표참여율이 시(市) 보다 높았다.

〈표 5-2〉 제11대 국회의원 선거 투표참여율

시도명	선거인수	부재자선거인수	부재자투표수	총투표자수	투표율(%)
서울	5,048,348	144,331	138,809	3,589,167	71.1
부산	1,803,273	45,027	43,000	1,240,504	68.8
경기	2,795,272	83,428	79,696	2,127,704	76.1
강원	947,977	42,045	38,973	834,253	88.0
충북	788,748	33,503	31,648	683,514	86.7
충남	1,613,381	65,014	60,315	1,296,344	80.3
전북	1,237,238	43,853	41,963	1,001,060	80.9
전남	1,996,274	70,651	67,127	1,617,725	81.0
경북	2,772,236	107,458	102,078	2,258,089	81.5
경남	1,857,765	72,903	67,970	1,550,012	83.4
제주	233,956	6,293	5,648	199,473	85.3
합계	21,094,468	714,506	677,227	16,397,845	77.7

출처: 중앙선거관리위원회 선거통계시스템(http://info.nec.go.kr/).

제11대 국회의원 선거에서는 여촌야도(與村野都) 현상이 나타나지 않았다. 제12대 대통령 선거 본선에서 보였던 가능성이 제11대 국회의원 선거에서는 나타나지 않았다. <표 5-3>에 제시된 바와 같이, 민주정의당의 득표율은 서울시와 부산시 각각에 있어서 34.3%와 30.1%이었다. 이 수치들은 민주정의당이 농촌[村]에서 얻은 득표율과 비교할 때 특히 낮은 편은 아니라고 볼 수 있다. 예를 들어, 민주정의당의 서울시 득표율은 충북, 전남, 경남의 득표율 보다 오히려 높았다. 또한 민주정의당의 서울시 득표율은 민주정의당은 얻은 평균 득표율 35.6%와 비교할 때, 그리 낮지 않았다.

〈표 5-3〉 제11대 국회의원 선거 시도별 당선 및 득표율

	민주정의당	민주한국당	한국국민당
서울시	14(34.3)	11(25.3)	1(12.8)
부산시	6(30.1)	5(25.2)	0(14.9)
경기	12(38.1)	10(23.2)	1(13.8)
강원	6(45.4)	4(23.2)	2(27.1)
충북	4(31.4)	1(23.3)	3(25.5)
충남	8(35.1)	5(28.1)	2(28.9)
전북	7(37.5)	6(24.0)	–
전남	10(31.2)	9(23.5)	1(23.6)
경북	13(38.1)	5(26.7)	5(21.9)
경남	10(33.7)	1(19.7)	3(25.0)
제주	–	–	–
합계	90(35.6)	57(21.6)	18(13.3)

출처: 중앙선거관리위원회 선거통계시스템(http://info.nec.go.kr/),
중앙선거관리위원회(2009a, 284–286쪽).

또한 야당의 득표율이 도시(都)에서 특히 높은 것도 아니었다. 민주한국당과 한국국민당이 얻은 득표율을 합산해 볼 때, 서울시와 부산시 등 도시[都]에서의 야당 합산 득표율은 농촌[村]과 비교할 때 높지 않았다(경기도는 예외). 또한 제1야당을 주창했던 민주한국당이 서울시와 부산시에서 얻은 득표율은 충남과 경북에서 얻은 득표율 보다 낮았다. 요컨대 제12대 대통령 선거인 선거와 유사하게, 제11대 국회의원 선거에서도 여촌야도(與村野都) 현상이라 일컫는, 여당은 농촌에서 야당은 도시에서 득표율이 높다는 현상이 나타나지 않았다.

제11대 국회의원 선거에서 여촌야도(與村野都) 현상이 나타나지 않았던 이유는 제12대 대통령 선거인 선거에서와 유사하리라 생각된다. 첫째, 부정선거의 의혹을 논외로 하면, 여당인 민주정의당의 득표율이 전반적으로 높게 나타났다. 민주정의당은 11개 시도 모두에서 다른 정당의 득표율을 앞서고 있었다. 따라서 야당의 득표율이 변화할 수 있는 폭이 좁았다. 둘째, 도시지역 유권자들이

[그림 5-4] 제11대 국회의원 선거 투표: 경상북도 고령군

출처: 중앙선거관리위원회(2009a, 281쪽).

바라보는 민주한국당, 한국국민당 등과 같은 야당은 농촌지역 유권자들이 보는 바와 다르지 않았던 것으로 생각할 수 있나.

또한 제12대 대통령 선거와 같이 제11대 국회의원 선거에서도 지역주의 현상은 뚜렷하지 않았다. 민주정의당의 득표율이 경북에서 특별히 높은 편도 아니었으며, 민주한국당의 득표율이 전북, 전남 또는 경남에서 특별히 높은 것도 아니었다. 만약 민주정의당(전두환)의 지역적 기반이 경북이고, 민주한국당(김대중 또는 김영삼)의 지역적 기반이 전북·전남 또는 경남이었다면, 이들 지역에서 각 당의 득표율이 높았어야 할 것이다. 그렇지만 제11대 국회의원 선거에서 해당 지역의 정당 득표율이 높게 나타나지 않았다. 제12대 대통령 선거인 선거결과에서 분석한 바와 같이, 그 이유는 김영삼과 김대중이 연금 및 체포되어 있었던 상황에서 각 당의 지도부가 지역주의를 동원할 이유를 갖지 못했다는 점에 기인할 것으로 추정할 수 있다.

[그림 5-5] 제11대 국회의원 선거 개표소: 경기도 안성

출처: 중앙선거관리위원회(2009a, 283쪽).

제11대 국회의원 선거결과는 <표 5-4>에 요약되어 있다. 민주정의당은 35.6%의 득표율로 54.7%의 의석을 차지했다. 민주정의당은 지역구에서 90석을 차지했지만, 원내 제1당으로서 전국구 의석수 3분의 2인 61석을 획득함으로써 총 151석의 의석수를 차지하게 되었다. 민주한국당의 경우도, 그리 나쁘진 않았다. 1개의 지역구에서 2명의 대표자를 선출하는 중선거구제 덕분에 92개 지역구 중 57개의 선거에서 당선자를 배출했으며, 의석수 비율에 따라 전국구 의석을 배분하는 제도에 따라 제1당에게 돌아가는 3분의 2를 제외한 나머지 전국구 의석 31석 중 24석을 획득하게 되었다. 따라서 민주한국당은 지역구 의석 57석과 전국구 의석 24석으로서 총 81석(29.3%)을 가진 원내 제2정당이 되었다. 한국국민당은 지역구에서 18명의 당선자를 배출했으며, 의석수 비율에 따라 전국구 의석수 7석이 배정되었다.

주요 정당들의 제11대 국회의원 선거 논평은 다음과 같다.

박경석 민정 대변인=민정당의 승리는 새 시대 새 역사 창조의 주도세력으로서 그 동안 해온 일과 우리가 제시한 선거공약 및 정책 등을 국민이 전폭적으로 지지해 준 결과라고 본다. 민정당은 승리를 거뒀으며 민한은 전남에서, 국민은 충북에서 약

〈표 5-4〉 제11대 국회의원 선거 정당별 의석수 및 득표

	정당별 의석수				득표수	득표율 (%)
	지역구	전국구	계	의석수 비율(%)		
민주정의당	90	61	151	54.7	5,776,624	35.6
민주한국당	57	24	81	29.3	3,495,829	21.6
한국국민당	18	7	25	9.1	2,147,293	13.3
민권당	2	–	2	0.7	1,088,847	6.7
신정당	2	–	2	0.7	676,921	4.2
민주사회당	2	–	2	0.7	524,361	3.2
민주농민당	1	–	1	0.4	227,715	1.4
안민당	1	–	1	0.4	144,000	0.9
사회당	–	–	–	–	122,778	0.8
한국기민당	–	–	–	–	103,893	0.6
통일민족당	–	–	–	–	87,977	0.5
원일민립당	–	–	–	–	76,863	0.5
무소속	11	–	11	4.0	1,734,224	10.7
합계	184	92	276	100.0	16,207,325	100.0

출처: 중앙선거관리위원회(1986, 15쪽; 2009a, <표 5.6>).

간의 강세를 보였다. …(중략)…

김형래 민한 부대변인=온갖 어려움 속에서도 국민이 자기 권리를 지켜 대체로 민심이 반영된 것을 다행으로 생각한다. 정부여당은 이번의 승리가 국민의 신임이라고 자만하기에 앞서 보다 더 겸허한 자세로 국정에 책임을 느껴야 할 것이다. 우리 당은 비록 숫적으로는 열세이지만 제1야당의 역할과 책무를 통감하고 국회를 정치의 중심지로 삼아 국민적 염원을 실현하는데 최선을 다할 것이다(동아일보 1981년 3월 26일, 1면).

집권 정당의 의도는 제11대 국회의원 선거에 적절히 반영되었다. 중선거구제와 전국구 국회의원제도는 집권 정당에게 정권 장악을 위한 안정적 기반을

선물했을 뿐만 아니라 야당의 분열을 가져왔다. 집권 정당인 민주정의당은 92개 지역구 중 전남과 제주 선거구를 제외한 모든 지역에서 당선자를 배출했다. 또한 전국구 국회의원 배분방식에 따라 35.6%의 득표율로 국회 의석의 과반을 차지하는 결과를 이끌어 냈다. 이렇게 제11대 국회의원 선거는 집권 세력에 대한 권력 공유의 약속을 지킨 선거였다. 반면 1개의 지역구에서 2명의 대표자를 선출하는 중선거구제는 야당 간의 연정을 방해하고 야당 간의 경쟁을 유발하게 했다.

이렇게 제11대 국회의원 선거는 권위주의 체제에 대한 정당화와 안정화에 기여한 선거였다. 집권 세력의 단결과 민주 세력의 의도된 분열 속에서 치러진 제11대 국회의원 선거는 다시 한 번 '체제 정당화 기제'로 활용된 선거였다.

반면 야당인 민주한국당과 한국국민당은 각각 57개 지역구와 18개 지역구에서 당선자를 배출했다. 즉 집권 세력은 선거제도와 정치관계법을 통하여 안정적 집권을 위한 의석 확보와 야당 분열을 조장할 수 있었다. 이를 다른 관점에서 보면, 만약 야당 간의 '조정의 문제'가 해결이 돼서 연정이 성공했다면, 가령 민주한국당과 한국국민당 간의 연정이 성공했다면, 제11대 국회의원 선거는 의외의 결과를 가져올 수도 있었을 것이다.

야당 간 조정의 문제에 대한 가정은 <표 5-3>의 정당별 득표율을 고려할 때, 더욱 신빙성을 얻는다. 제주를 제외한 10개 시도 중 8개 시도에서 민주한국당과 한국국민당이 얻은 득표율이 민주정의당이 얻은 득표율 보다 높았다. 예를 들어, 서울시에서 민주정의당이 얻은 득표율은 평균 34.3%이지만, 민주한국당(25.3%)과 한국국민당(12.8%)이 얻은 평균 득표율의 합은 38.1%로서 민주정

〈표 5-5〉 제11대 국회의원 선거: 체제 정당화의 기제

		집권 세력	
		단결	분열
민주 세력	단결	대치국면	민주화 기제
	분열	체제 정당화 기제 (제11대 국회의원 선거)	쿠데타 또는 민주 세력에 의한 민중혁명

의당의 수치 보다 3.8% 높았다. 물론 이들 평균 득표율의 단순 합은 지역구마다의 득표율을 고려하지 않았기 때문에 의미가 크지 않다고 주장할 수 있다. 그러나 각 시도의 평균 득표율이 각 시도의 대체적인 정당지지를 반영하고, 이러한 정당지지가 10개 시도 중 8곳에서 나타난다는 점은 '만약 조정의 문제가 해결됐다면'이라는 상상을 하게 만든다.

야당 간 조정의 문제에 대한 우려는 집권 정당에게도 전달된 듯하다. 앞서 언급한 바와 같이, 선거 직후 박경석 민주정의당 대변인은 제11대 국회의원 선거를 국민의 "전폭적 지지"로 표현했다. 그러나 선거가 끝난 지 3일 후 전두환 대통령은 다음과 같은 메시지를 야당에게 전하였다.

> 전두환대통령은 18일 "정치적 탄압과 권력의 남용으로부터 해방되려면 대통령을 비롯, 모든 국민이 법을 지키는 자세가 필요하다"고 지적, "이번 선거에서 법을 어기고 국회의원에 당선되는 사례가 있을 경우 국회가 구성된 이후에라도 법에 따라 이를 다스리겠다"고 말했다. 전대통령은 이날 오전 광주 시청에서 있은 제12대 대통령취임 축하리셉션에 참석, 1백 20여명의 유지 기관장들에게 이같이 밝히고 권모술수 등의 불법사례를 수집하도록 관계기관에 이미 지시했다고 말했다. 전대통령은 "국회의원 선거가 과열되면서 아직도 권모술수에 능한 후보가 그렇지 못한 사람보다 많이 앞서가는 경향이 있다"고 지적하고 "법을 위반한 사람을 지금 당장 다스리면 탄압이라 해서 오히려 동정표를 주게 되기 때문에 지금 당장보다 선거가 끝난 뒤에 법에 의해 다스릴 방침"이라고 말했다(동아일보 1981년 3월 28일, 1면).

이렇듯 집권 세력은 제11대 국회의원 선거의 결과를 우려하고 있었다. 비록 이번의 국회의원 선거가 대통령 선거 직후 치러진 선거이며, 권력의 공유를 통한 권위주의 체제 안정을 위한 과정으로 이행되었지만, 집권 세력은 제11대 국회의원 선거가 안고 있는 위험성을 인지하고 있었다. 따라서 집권 세력은 집권 세력 내부를 응집시킬 이유가 지속되었으며, 민주 세력에는 지속적으로 분열 및 탄압을 가할 이유가 존재했다고 볼 수 있다. 이를 반영하듯, 1981년 4월 18일 개원 국회회기 마지막 날, 의원들은 첫 번째 회기를 다음과 같이 묘사하고 있었다.

8일 간의 회기를 마치고 18일 막을 내린 제11대 개원국회는 원구성이 주요 목표였지만 전두환 대통령의 개원식 참석, 3당 총무 간의 원활한 사전협조 등으로 개원분위기는 매우 좋았다. …(중략)… 회기 8일 중 하루치의 의사일정으로 납득할만한 하루를 보낸 날은 오전에 원구성, 오후에 개원식을 치른 11일 하루가 꼽히고 있다. 또 하나 새 국회법에 따른 오후 회의에 대한 거부반응도 없지 않았다. 민정의 한 의원은 "오전10시에 회의를 시작할 경우 사적인 약속은 오후로 미루면 되는데 오후 2시 회의여서 오전부터 돌아다닐 수도 없고 결국 오전 오후 아무 것도 못하는데다 졸음오기 꼭 좋은 시간"이라고 불평. …(중략)… 전두환대통령의 개원식 참석은 치사 내용의 상당 부분이 「경고」와 「주의」였지만 여야의원들 모두에게는 대통령이 국회에 보인 관심으로 인상지어진 빅 이벤트였다. …(중략)… 제11대 국회 개원에 크게 기대를 걸었던 민한당의 초선의원들은 8일 동안의 첫 의정생활에 실망을 감추지 못하는 표정. 김태식 의원(전주 완주)은 "일부 겸직의원 때문에 회의를 오후에 하다 보니 마치 국회의원이 부업과 같은 착각이 든다"고 첫 국회 소감을 피력. 또 김병오 의원(서울 구로)은 "이번 회기 동안 일반인들의 방청을 금지 시켰기에 망정이지 일반인들 방청이 허용됐더라면 선거구민들에게 실망을 안겨주었음에 틀림없을 정도로 한 일이 없다"면서 "앞으로도 국회가 이런 식으로 운영된다면 어려운 관문을 뚫고 국회에 들어온 보람이 상실될 것 같다"며 우려를 표명. 그리고 허경구 의원(강원 속초)은 "의사일정이 너무 완만하게 짜여져 비생산적인 느낌"이라며 "앞으로는 의사일정을 타이트하게 짜서 일하는 국회가 되기를 바란다"고 말했고 김문석 의원(전국구)은 "시대적 배경 때문인지는 몰라도 국회 분위기가 무겁고 패기가 없어 보였다"며 의회정치가 활성화되어야겠다는 견해를 나타냈다(동아일보 1981년 4월 18일, 3면).

제 6 장 제12대 국회의원 선거와 권위주의 체제 붕괴의 서곡

CHAPTER 06 제12대 국회의원 선거와 권위주의 체제 붕괴의 서곡

80년대는 격변의 시간들이었다. 박정희 정권의 붕괴에 따른 '서울의 봄'은 '동토(凍土)의 시간'으로 급변하였고, 1980년 제11대 대통령 선거, 1981년 제12대 대통령 선거, 제11대 국회의원 선거 등 여러 번의 선거가 1년도 안 되는 기간 동안 치러졌다. 이러한 선거를 통하여 전두환 중심의 신군부 세력은 새로운 집권 세력으로 부상하게 되었다. 그렇지만 이들의 '안정적' 시간은 그리 오래 지속되지 않았다. 집권 세력의 체제 유지 명분이었던 경제적 안정은 갈수록 흔들리고 있었으며, 이철희·장영자 부부 어음사기 사건, 정래혁 민주정의당 대표위원 부정축재 사건 등 집권 세력의 도덕성을 심각하게 훼손하는 사건들은 계속 발생하였다. 이와 맞물려 진행된 일련의 유화조치는 민주 세력의 정치 세력화를 가속화했으며, 민주화추진협의회 창설과 신한민주당 창당로 이어지게 되었다. 1985년 제12대 국회의원 선거는 이러한 분위기 하에서 치러지게 되었다.

제1절 권력형 비리사건과 집권 세력의 동요

제11대 및 12대 대통령 선거, 그리고 제11대 국회의원 선거를 통하여 집권 세력은 권위주의 체제 유지를 위한 환경을 조성했다. 집권 세력은 대통령을 비롯한 행정부를 장악했고, 집권 정당인 민주정의당은 국회 다수당이 되었다. 그러나 집권 세력의 동요는 내부로부터 시작됐다. 그 시기는 第11대 국회의원 선거가 치러진 지 얼마 안 돼 터져 나온 "저질탄 사건"과 이를 처리하는 과정에서 시작했다.[1] 이 사건에서 주목해야 할 점은 저질탄 사건을 처리하는 과정에서 나타난 민주정의당, 검찰, 행정부 등의 급격한 입장변화와 막후인물로 지적된 이규광이다.[2]

저질탄 사건의 개요와 집권 세력의 초기 입장은 다음과 같다. 서울지방검찰청(임상현 부장검사, 최경원, 안대희 검사)은 1981년 9월부터 삼표, 삼천리, 대성, 삼성연탄 등 9개 업체를 저질탄 업체로 간주하고 조사에 착수했다(동아일보 1981년 10월 8일, 1면). 검찰은 또한 이들 업체들이 동력자원부, 철도청, 석탄공사, 서울시청의 관계 공무원들에게 뇌물을 제공했을 가능성을 인지하고, 이들에 대한 조사도 병행하고 있었다. 10월 12일 검찰 조사결과에 따르면, 동력자원부 석탄국장 등의 행정부 공무원들뿐만 아니라 서울시청 연료과장, 석탄공사 영업과장 등 다양한 관료들이 저질탄 사건과 관련된 것으로 밝혀졌다(동아일보 1981년 10월 12일, 1면).

당시 연탄은 서민의 주요 연료원으로써 국민의 삶에 직접적으로 영향을 미치는 것이었다. 따라서 전두환 대통령은 삼표연탄 공장 등에 직접 들러 이에 대한 철저한 조사와 더불어 연탄 열량을 기준치 이상으로 제조할 것을 당부했다(동아일보 1981년 10월 9일, 1면). 민주정의당 또한 저질탄 사건을 구습의 폐단으로 간주하면서, 행정책임자와 감독자들에 대한 엄중한 문책을 요구했다. 예를 들어, 민주정의당은 1981년 10월 14일 "이번 부조리와 관련된 모든 행정책임자 및 감독자들은 온 국민이 정말 납득할 수 있도록 엄중문책 돼야 한다"는 성명을 발표하기도 했다(동아일보 1981년 10월 14일, 1면).

그러나 이와 같은 집권 세력의 태도는 급격히 변화되었다. 10월 15일 민주정의당의 권정달 사무총장은 행정책임자 및 감독자의 범위를 실무자 선으로 한

1 저질탄 사건은 가정용 연탄을 공급하는 업체들이 담합하여, 연탄 열량을 속인 저질탄을 만들어 판매한 사건으로서 1981년 10월 8일 검찰 보도에 의하여 드러났다.

2 이규광은 전두환 대통령의 처삼촌으로서 당시 대한광업진흥공사 이사장이었으며, 후일 전두환 정권의 최대 부패사건으로 간주되는 이철희·장영자 사건과도 관련 되어 있다.

정하면서, 집권 세력을 보호하는 듯한 인상을 주었다. 권정달 사무총장은 "연탄 제조의 감독책임은 동자부장관이 아닌 지방장관의 책임이며 민정당이 14일에 발표한 성명 중 「행정책임자 및 감독자」라는 표현은 동자부장관을 지칭한 것이 아니다"고 말하고, 동력자원부 장관의 설명을 인용하면서 "그렇다고 서울시장이 문책 대상이라는 얘기는 절대 아니며 문책대상은 행정기관의 계장, 과장, 국장 등 그 책임을 져야 하는 감독자 누구라도 될 수 있을 것"이라고 하며, 저질탄 사건의 확대를 억제하고자 했다. 나아가 10월 19일 국회상공위에서 동력자원부 박봉환 장관은 저질탄 사건의 근본원인을 '비리'에 두기 보다는 석탄 수요와 공급의 '구조'를 강조하는 발언을 했다. 그는 "석탄 증산율이 연간 1~5%인데 반해 소비증가율은 지난해의 경우 10%에 달하는 등 수요가 급증하는 반면 채탄 연건의 악화와 기계화 미비로 광부 1인당 하루 생산량이 서구(8t)에 크게 못 미치는 2t에 불과하고 열량도 2천 칼로리 이상 뒤지는 등 원탄 질 저하가 저질 연탄 사건의 근본 원인"이라고 말했다(동아일보 1981년 10월 19일, 1면). 이날 이후 이 사건은 언론에 갑자기 사라졌으며, 12월 16일 "검찰총장 돌연 경질"이 진행되었다(동아일보 1981년 12월 16일, 1면).

집권 세력의 이와 같은 급격한 입장변화는 20여 년이 지난 후 "범죄정보 총괄하는 최정예 수사통의 산실: 서울지검 특수1부장"이라는 제목으로 보도된 내용을 통하여 짐작할 수 있다(월간중앙 2002년 10월호).

> 전두환 당시 대통령도 검찰을 격려하고 사건현장인 삼천리 연탄공장을 직접 둘러보는 장면을 연출하기까지 했다. 그러나 대한광업진흥공사 이사장이던 이규광씨가 대통령을 만나면서 180도 달라졌다. 전 대통령의 처삼촌으로 석탄업자들과 밀접한 관계에 있던 이씨는 대통령을 만나 "(뇌물 수뢰혐의로 구속된) 윤 국장만큼 청렴한 공무원이 없다"고 말 것으로 알려졌다. 당시 동자부장관이었던 박봉환 씨도 "우리나라는 탄질 자체가 낮은데 이를 전혀 모르는 검찰이 무식하게 수사했다"고 공세를 취했다. 전 대통령의 태도도 급변했다. 느닷없이 "검사들에게 경제공부를 시키라"고 지시하는가 하면 급기야 12월에는 검찰수뇌부에 대한 문책성 인사를 단행했다.

그렇지만 저질탄 사건의 이와 같은 처리과정은 집권 세력 내부의 동요를 야기했던 것으로 보인다. 즉 저질탄 사건을 처리하는 데 있어서 당정(黨政) 중당(黨)이 주도해야 하는지, 아니면 정(政)이 주도해야 하는지에 대한 논쟁이 있었다. 제11대 국회의원 선거 때까지는 당정(黨政)이 전두환을 중심으로 일관된 목소리를 냈지만, 최소한 저질탄 사건을 처리하는 데 있어서는 당정(黨政) 간에 다른 목소리가 나왔던 것이다. 예를 들어, 남덕우 국무총리는 장관들과 당 간부들이 참석한 당정 정책 조정회의에서 "행정부와 민정당 간의 묘한 관계"라는 표현을 사용하며, 이들 간의 논쟁을 제시한 장면이 보도된 바 있다.

> 저질탄 사건의 책임추궁과 추경예산안의 예결위처리에서 드러난 행정부와 민정당 간의 묘한 관계는 제5공화국의 새 정치방식으로 추구해 오고 있는 효율적인 당정협조가 아직 제자리를 잡지 못하고 있다는 느낌을 갖게 했어요. 마치 비행기가 안정항로를 찾기 전 이륙할 때 흔들리는 것 같은 과정이라고나 할까요. 화음을 찾기까지는 극복해야 될 문제점이 많다고 봅니다. …(중략)… 형식뿐만 아니라 정신적 측면에서도 재정립되어야 할 부분이 많다고 봐요. 한때 당에서는 당우위의 사고방식에 젖어 「정부를 당이 끌고 나아가야 한다」는 생각이 성급하게 앞선 면이 있어 마찰을 빚었지요. 그런 자세는 행정부도 마찬가지죠. 행정부측 일각에서는 「당은 정부를 지원해야할 울타리」라는 구태의연한 생각을 버리지 않고 있어요. 당정협조에 관한 사고와 의식의 대치현상이라고 할까요. 최근에 일어난 일련의 사고(?)도 이 같은 형식과 내용 양쪽 모두에 문제가 있었던 데에 원인을 두고 있다고 분석됩니다(경향신문 1981년 11월 7일, 3면).

집권 세력 내부의 치명적 갈등은 1982년 터진 "이철희·장영자 어음 사기 사건"에 의하여 야기했다. 제5공화국의 가장 큰 부패사건으로 간주되는 이철희·장영자 어음 사기 사건은 경제계와 정치계에 큰 파장을 가져왔다. 또한 이 사건의 핵심 인물인 이철희는 유신정우회 국회의원과 중앙정보부 차장을 역임한 사람이었고, 장영자의 배후엔 형부이자 전두환 대통령의 처삼촌인 이규광이 있었다. 따라서 전두환 정권의 핵심 인물들에 의해 자행된 '장영자 사건'은 국민들에게 큰 실망감을 안겨주었고, 전두환 정권의 도덕성까지 의심하게 만들었다(중앙선거관리위원회 2009a 304쪽).

이철희·장영자 어음 사기 사건

이철희·장영자 어음 사기 사건은 1982년 5월 4일, 당시 사채시장의 큰손으로 불리던 장영자와 남편 이철희가 어음사기 혐의로 검찰에 구속되면서 일어난 대규모 어음 사기사건이다. 장영자는 국회의원과 국가안전기획부 차장을 지낸 이철희 씨를 내세워 미모와 화려한 언변으로 고위층과 긴밀한 관계를 과시한 후 자금난을 겪고 있는 기업들에 자금지원 대가로 2배에서 최고 9배 짜리 어음을 받아 이를 사채시장에 유통시키고 돈을 착복했다. 어음과 담보조로 받은 견질어음을 몽땅 시중에서 할인한 후 다시 굴리는 수법으로 6,400억 원의 어음을 시중에 유통시켜 1,400여 억 원을 사기로 취했다.

이 사건으로 인해 소위 '장영자 후폭풍'이라는 정계·경제계는 물론 사회 각 분야에 엄청난 파문이 몰아쳤는데, 특히 경제계에 엄청난 파문이 일었다. 장씨는 '경제는 유통이다'라는 유명한 말로 항변했지만 어음이 한 바퀴 돌았을 때 어음을 발행한 기업들이 부도를 내고 무너지기 시작했다. 이 사건으로 한국에서 처음으로 금융실명제 논의가 본격화되기 시작하였다. 검찰 수사 결과 이·장 부부 뒤에는 장씨의 형부이자 전두환 전 대통령의 처삼촌인 이규광씨가 버티고 있었고, 이 사건으로 두 사람은 물론 은행장 2명과 공영토건, 일신제강 등 내로라하는 기업인 등 모두 32명이 구속됐다. 장영자·이철희 부부는 모두 15년의 징역형을 선고받고 복역 중 이철희가 먼저 가석방된 뒤, 장영자는 복역 10년 만에 역시 가석방으로 풀려났다. 그러나 장영자는 1994년 다시 100억 원대의 어음 사기사건으로 구속되어 복역하였고, 2001년 5월에도 220억 원대의 구권화폐 사기 행각을 벌인 혐의로 구속됨으로써 세 번째로 복역하게 되었다.

이철희·장영자 어음 사기 사건 초기에는 이들에 의한 어음 사기 사건이 정권과 관계없는 '사기 사건'으로 보도되었다. 예를 들어, 1982년 5월 12일 검찰은 "[이철희·장영자]는 마치 자신이 수백억원의 재력이 있을 뿐만 아니라 이규광씨가 배후에서 협조해주는 것처럼 위장하거나 남편 이씨가 중앙정보부 차장과 유정회 국회의원을 지낸 과거 경력 등을 은연중에 과시, 「2년 거치, 3년 분할 상환, 연리 20%」%라는 현실성 없는 유리한 조건을 내세워 기업들을 기만해 왔다" 라고 중간발표했다(동아일보 1982년 5월 12일, 1면).

그러나 전두환의 처삼촌인 이규광 비호설은 점차 확대 되어 갔다. 이와 같은 의혹은 소위 야권 세력을 비롯하여 여권 내에서도 제기되고 있었다. 예를 들어, 재무위원회에서 질의한 여권 일부 의원들은 "시중에는 이 사건이 집권당의 비호 아래 저질러졌다는 말이 있는데 이를 해명하라"고 재무부 장관을 상대로 질의하고 있었다(동아일보 1982년 5월 14일, 1면). 물론 야권 의원들은 "이번 사건의 배후에 대해 물으면서 정치권력과의 결탁에 의해 이루어진 것 아니냐고 집중추궁하면서 …(중략)… 장여인이 이규광씨의 비호를 받은 듯이 위장했다는 검찰발표와 관련「위장」부문에 대해 확실히 해명하라면서 이씨의 비호여부에 대해 구체적으로 물었다"(동아일보 1982년 5월 14일, 1면).

마침내 검찰은 18일 장영자의 형부이자 전두환의 처삼촌인 이규광을 어음사기 및 은행 관계 등의 사유로 체포하게 된다. 그러나 검찰은 "이규광씨 이외에 더 이상 배후관계로 형사책임을 물을 사람은 없는 것으로 안다"고 함으로써 이철희·장영자 어음 사기사건이 더 이상 확대되는 것을 차단하고자 했다(동아일보 1982년 5월 18일, 1면). 따라서 5월 20일 검찰은 이철희·장영자 어음 사기 사건에 대한 종합수사 결과를 청와대에 보고하고, 언론에 공식발표함으로써 사건을 종결지었다. 전두환 대통령은 검찰의 수사가 종결된 다음 날, 5월 21일 11개 부처장관을 경질하고 권정달 사무총장을 해임하는 등 민주정의당의 당직을 대폭 개편하였다(동아일보 1982년 5월 21일, 1면). 이렇게 전두환 주변 인물에 의한 비리는 행정부와 민주정의당 인사들에 경질(更迭)로서 마무리되었다.

그렇지만 1984년 또 한 번의 권력형 비리가 발생했다. 1982년 체포된 장영자, 이철희, 이규광이 전두환 대통령 일가의 세력이라면, 1984년 체포된 정래혁은 집권 세력의 핵심 인사였다. 정래혁은 부정축재 사건이 촉발된 당시 민주정의당 대표위원이었으며, 제11대 국회의 국회의장을 맡고 있었다. 정래혁은 육군사관학교 7기 졸업생으로 전두환 보다 4기 선배였으며, 전두환 신군부가 지배한 국가보위비상대책위원회 산하의 입법회의 부의장을 역임했다. 이와 같은 인사의 부정축재 사건은 집권 세력을 내부로부터 흔들어 놓았으며, 국민들로 하여금 집권 세력에 대한 도덕성을 다시 한 번 의심케 만드는 사건이었다.

정래혁 부정축재 사건은 육군사관학교 출신으로 같은 지역구를 놓고 경쟁하던 문형태의 투서에 의해서 시작됐다. 1984년 6월 13일 익명의 투서가 민주정의당과 언론기관에 전달되었다. 투서에는 정래혁 대표위원의 부정축재 재산, 이에 대한 세부 내역과 사진까지 동봉되어 있었다(중앙선거관리위원회 2009a, 312쪽). 민주정의당에 전달된 1백 4페이지 분량의 이 투서에는 “정의원과 그 가족(부인 및 3남)이 서울 강남지역과 광주 등지에 거액의 건물과 주택 등 부동산을 소유하고 있다고 주장하면서 이를 뒷받침하는 부동산의 등기부등본과 사진 등 증빙서류”가 담겨 있었다(경향신문 1984년 6월 26일, 1면). 이로 인해, 정래혁은 일체의 공직에서 사퇴하고 자신의 재산을 사회에 환원하겠다는 성명을 발표했다.

그러나 정래혁 부정축재 사건으로 말미암아 민주정의당을 비롯한 집권 세력은 다시 한 번 타격을 받게 되었다. 정래혁의 대표위원 사퇴가 자발적인 것이 아닌 전두환의 결정에 의한 것으로 지적될 만큼(이윤섭 2013), 당시 집권 세력의 위기감은 고조되어 있었다. 민주정의당은 이를 만회하기 위하여, 공직자 재산에 대한 조사를 강화하고, 공천심사에 있어서 ‘축재과정’에 대한 심사도 진행하는 등 다양한 노력을 기울였다.

일련의 부패 사건들, 이를 처리하는 과정에서 보여진 당정(黨政)의 미묘한 갈등, 그리고 이를 바라보는 국민의 불만은 공고화된 집권 세력을 내부로부터 흔들기 시작했다. 또한 전두환 정권은 안보와 경제발전을 기치로 내세웠지만, 경제발전은 더디기만 했다. 저질탄 사건은 국민의 기본 연료원에 대한 권력형 비리였으며, 이철희·장영자 사건은 권력형 비리의 중심에 전두환을 둘러싼 인물들이 관련되어 있었다. 정래혁 사건은 이와 같은 의심을 다시 한 번 확인시켜 주는 사건이었다. 나아가 이러한 사건들을 처리함에 있어 보였던 집권 세력의 행태는 내부로부터의 불만을 야기했다. 국민의 반감과 더불어 집권 세력 내부에서 일어났던 이와 같은 동요는 전두환으로 하여금 또 다른 양보를 강요하게 되었다. 제2장에서는 집권 세력으로부터 발생한 사건들이 민주 세력에게 어떠한 영향을 주었는지를 서술해보고자 한다.

제2절 유화조치와 민주 세력의 단결

전두환 정권은 1983년 2월부터 1985년 3월까지 4단계에 걸쳐 정치활동 규제자들의 정치활동을 허용하는 소위 '해금조치'를 취한다. 이들은 1980년 11월 「정치풍토쇄신을 위한 특별조치법」에 의하여 정치활동이 구속된 자들로서, 전두환 대통령의 임기인 1988년 6월 30일까지 정치활동을 할 수 없었다. 따라서 이들의 정치활동을 허용하는 '해금조치'는 자신의 체제에 위협이 될 수 있는 인물들의 정치활동을 허용한다는 의미가 된다.

그렇다면 집권 세력은 체제 위협 인사들의 정치활동을 왜 허용했을까 1983년부터 진행된 유화조치에 대한 배경에는 다양한 설명들이 제시되고 있다(서중석 2008, 208~210쪽 여현덕 1996, 305~306쪽 임혁백 1997, 269~271쪽 조진만 2011; 한국정치연구회 1989, 84쪽). 조진만에 따르면(2011, 165쪽), 유화조치는 전두환 권력의 존재기반을 시민사회의 동의에서 구해야 할 필요성이 생겼기 때문에 발생한 조치이다. 즉 1983년 들어 대학가를 중심으로 전두환 정권에 대한 시위와 저항이 격렬해 지고 있었는데, 이러한 시위와 저항을 가리 앉히고 집권을 안정화하기 위해서는 시민사회의 동의가 필요했다는 것이다. 또한 가택연금 중이었던 김영삼이 1983년 5월 취한 단식은 일반 시민사회의 동조를 일으키고 있었다는 것이다. 따라서 집권 세력은 이들 시민사회의 동조 또는 적어도 저항을 최소화할 필요가 있었다는 것이다.

둘째, 1985년 제12대 국회의원 선거를 앞두고 지배체제 재생산을 위한 토대 구축의 필요성이 제기되었다는 것이다. 활동이 규제된 인사들에는 제도권 야당의 대표인 김영삼, 재야세력의 대표인 김대중을 비롯하여 박정희 정권의 대표적 인사인 김종필 등이 있었다. 만약 이들 각자가 야당을 새로이 창당하거나 기존의 야당들을 이용할 경우, 야당의 분열을 기대할 수 있었다. 그리고 제11대 국회의원 선거 당시 도입된 선거제도가 동일하게 적용될 경우, 제12대 국회의원 선거도 제11대 국회의원 선거와 동일한 결과를 가져올 수 있다는 계산이 깔려 있다는 것이다.[3] 따라서 집권 세력으로서는 이들의 해금을 통하여 정당성을 확보한 지배체제를 재생산할 수 있었다는 설명이다.

이러한 설명을 정리해 보면, 집권 세력은 집권 세력에 대한 학생 및 국민의 불만을 해소하면서, 선거제도를 통한 야권 분열의 전략으로서 유화조치를 취했다고 볼 수 있다. 즉 일련의 부패사건으로 정권에 대한 불만이 고조되는 상황에서 학생과 국민들이 신망하는 인사들을 해금함으로써 정권의 개혁 의지를 주장하면서 동시에 집권 세력에게 유리한 다당제를 고착화시킬 수 있는 조치로서 구(舊) 정치인들에 대한 해금조치를 실시했다고 볼 수 있다. 이러한 맥락에서 볼 때 집권 세력이 정치적 비중이 낮은 인사부터 단계적으로 해금을 실시한 점은 충분히 이해될 수 있다(중앙선거관리위원회 2009a, 306쪽). 4단계에 걸쳐 해금된 정치활동 피규제자 명단은 <표 6-1>과 같다.

〈표 6-1〉 정치활동 피규제자 해금

	1차 해금	2차 해금	3차 해금	4차 해금
해금일자	1983. 2. 25	1984. 2. 25	1984. 11. 30	1985. 3. 6
해금인원	250명	202명	84명	14명
주요 해금인사	이효상, 윤제술, 황낙주, 박경원, 박용만, 김영배, 김용환, 양택식, 김종락, 한병기, 장을병, 이문구, 서동구 등	백남억, 길재호, 박종규, 백두진, 고흥문, 이중재, 김수한, 이택돈, 정대철, 최형우, 이 철, 한화갑, 문희상, 김치열, 구자춘, 한완상, 홍남순, 한승헌, 김지하 등	정일권, 박준규, 김진만, 길전식, 김용태, 이철승, 신도환, 김재광, 조윤형, 이기택, 박한상, 송원영, 김녹영, 노승환, 예춘호, 이민우, 박영록, 조연하, 김옥선, 김동영, 박종율, 손주항, 권노갑, 김옥두, 이희호, 계훈제, 문익환, 이문영, 설 훈 등	김대중, 김영삼, 김종필, 이후락, 오치성, 김창근, 김상현, 홍영기, 김덕룡, 이철희 등

출처: 중앙선거관리위원회(2009a), <표 6.1>.
주: 정치활동 피규제자는 총 567명이었음. 550명이 해금되었고 17명이 해당 기간 동안 사망했음.

3 조진만의 논문에는 또 다른 세 가지 이유가 제시되고 있다(조진만 2011, 165쪽). 첫째, 집권 세력이 점차 급격화·좌경화 되어가는 학생운동에 대한 일종의 사전조치가 필요했다는 점이다. 둘째, 한반도의 장기적 안정화를 위하여 강압적 통치의 고삐를 늦출 것을 요구했던 미국의 저강도 전략에 영향을 받았다는 것이다. 셋째, 1988년 서울 올림픽 유치를 성공함에 따라 이에 대한 대비책의 일환으로 실시했다는 것이다.

그렇지만 집권 세력의 '계산된' 유화조치는 의도한 결과를 가져 오지 못했고, 오히려 민주 세력의 단결이라는 예상치 못했던 결과를 야기했다. 엄동(嚴冬)의 시간을 보낸 민주 세력은 그동안 해결하지 못했던 단결의 문제, 특히 김대중과 김영삼 간의 갈등이 해소될 기미가 보임으로써 민주 세력에 상존했던 '조정의 문제'가 해결될 전망이 보였다. 그 시발(始發)은 1983년 5월 김영삼의 단식이었다(중앙선거관리위원회 2009a). 김영삼은 평화적 정권교체에 대한 깊은 불신과 전두환 권위주의 체제에 대한 마지막 저항으로서 단식을 선택했다.

> 평화적 정권교체는 처음부터 이루어질 수 없도록 되어 있는 것입니다. 우리는 현 체제 아래서는 결코 평화적 정권교체가 이루어질 수 없다는 사실과 아울러 평화적 정권교체라는 말이 허구적이라는 것을 분명히 깨닫지 않으면 안 됩니다. 단임 정신과 평화적 정권교체라는 말을 듣고 많은 사람들은 그 말에 일말의 신뢰를 걸었을지도 모릅니다. 또는 현 정권의 작태를 보면서 단임 정신 운운하는 가운데 사실상 우리 사회가 가지고 있는 그나마의 민주적 여력과 토양마저 깡그리 파괴해 버리고 말 것이 아닌가에 대하여 우려를 했을 것입니다. 그러나 평화적 정권교체나 단임 정신 따위의 말은 처음부터 그 모두가 허위요 기만이었던 것입니다(김영삼 2010, 452~453쪽).

김영삼은 단식을 시작하기 16일 전 1983년 5월 2일 성명서 발표를 통해 민주화를 위한 요구사항 다섯 가지를 제시했다. 그렇지만 당시 김영삼은 가택연금 중이었고 언론은 통제되어 있었기 때문에, 5월 2일 발표한 성명서의 내용은 일반 국민에게 제대로 전달되지 못했다. 후일 밝혀진 김영삼의 "5개 민주화 요구사항"은 다음과 같다(중앙선거관리위원회 2009a, 310쪽 김대중 2010, 462쪽).

1. 민주정치를 위해 투쟁하다가 구속된 인사의 전원석방
2. 정치활동 피규제자 전면해금
3. 해직교수와 근로자 및 제적학생의 복직·복교·복권
4. 언론자유의 보장
5. 대통령직선제로의 개헌

김대중은 김영삼의 단식에 대하여 다음과 같이 회고하고 있었다.

김영삼 씨의 단식에는 중요한 정치적 함의가 담겨 있다고 생각했다. 그것은 전두환 정권 하에서 야당 정치인의 첫 항거였다. 단식 투쟁은 재야 민주 세력을 결집시키는 전기가 될 수 있었다. 그러나 김 총재의 단식 투쟁은 언론에 대한 통제와 검열로 국내 신문이나 방송에는 일체 보도되지 않았다. 단식 8일째인 5월 25일 정부 당국이 서울대병원에 강제 입원을 시켰고, 이 소식이 AP, 로이터, 교도 통신 등 외신을 타고 전 세계에 알려졌다(김대중 2010, 462쪽).

김영삼 단식은 김영삼과 김대중 간의 연대로 이어졌다. '서울의 봄'이 동토(凍土)로 변해 버린 원인 중 하나였던 이들 간의 갈등이 김영삼의 단식으로 인하여 녹기 시작했다. 김영삼은 자신을 찾은 재미교포를 통해 김대중에게 8월 15일 공동성명을 하자는 제안을 보냈으며(김영삼 2000, 282쪽), 김대중은 김영삼의 단식에 대해 "단식은 극한 투쟁이며 최후의 수단이었다. 나는 감동했고, 동지적 연대감을 느꼈다"라고 이야기했다(김대중 2010, 462쪽).

김영삼과 김대중 간의 연대는 민주 세력의 새로운 동력을 만들어 냈다. 민주화를 달성하기 위해서는 민주 세력의 연대가 필요했으며, 선거를 포함한 정치 일선에 함께 나설 필요가 있었기 때문이다. 1983년 7월 경 김영삼은 단식을

[그림 6-1] 김영삼 단식 투쟁

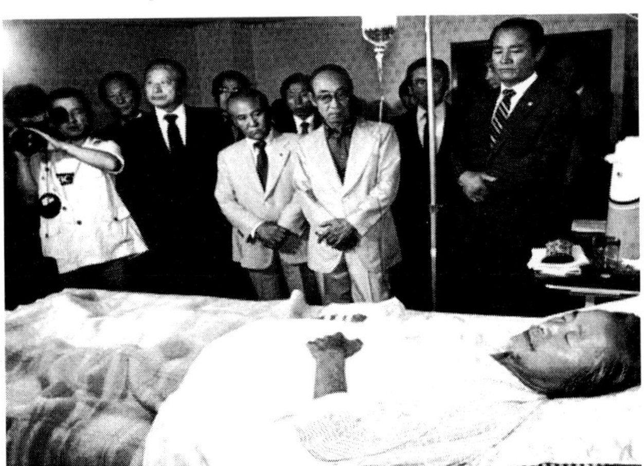

출처: 중앙선거관리위원회(2009a, 310쪽).

종료한 후, 세력의 조직화를 서둘렀다. 특히 김대중 지지 세력과의 연대에 초점을 두었다.

> 단식 후유증을 어느 정도 극복한 나는 민주화운동을 한 단계 끌어올리고 본격화하기 위해서는 야권의 단합이 급선무라고 판단했다. 1983년 7월, 나는 김대중의 측근인 김상현을 만나 민주화 운동을 함께 벌이자고 제의했다. 범야권 연합의 민주화투쟁 기구를 만들자는 나의 제의를 받은 동교동계는 내부에서 격렬한 논쟁을 벌였다. 박영록·김종완·박종태 등은 나와의 연대를 반대했고, 김상현·조연하·김녹영·박종률 등은 공동전선 구축을 주장했다. "민주화를 촉진시키기 위한 것이므로 공동참여해야 한다." 결국 김상현, 조연하, 김녹영, 박종률, 예춘호 등이 나와의 연대 조직 구성에 참여했다. 1983년 5월 나의 단식투쟁으로 조성된 야권의 결집에서 민추협을 발족시키기까지 1년이라는 긴 세월이 흐른 것은 이런 우여곡절 때문이었다(김영삼 2000, 286~287쪽).

김영삼의 단식을 시발로 형성된 민주 세력 간의 단합 분위기는 1984년 5월 18일 "민주화추진협의회" 결성으로 이어졌다. 민주화추진협의회는 「정치풍토쇄신을 위한 특별조치법」에 의해 정치활동이 금지된 야당 인사와 재야 인사들이 주축이 되어 민주화 투쟁을 위해 결성한 단체였다. 민주화추진협의회 공동의장은 김영삼과 미국 체류 중인 김대중을 대신해 김상현이 대행을 맡았다. 김대중과 김영삼은 민주화추진협의회의 탄생에 대하여 다음과 같이 회고하고 있다.

> 한국에서는 1984년 5월 18일 '민주화추진협의회(민추협)'가 발족을 선언했다. 그리고 6월 14일 결성 대회를 가졌다. 동교동계와 상도동계가 임원을 철저하게 반분했다. 김영삼씨가 공동의장에, 나[김대중]를 대신하여 김상현씨가 공동의장 대행에 취임했다. 그리고 망명 중인 나는 고문직을 맡았다. 민추협의 탄생은 독재의 땅에 새로운 바람을 일으켰다(김대중 2010, 480쪽).
>
> 민주산악회는 성장하여 1984년 5월 18일 범민주세력의 구심체인 '민주화추진협의회'를 탄생시키는 모태가 되었고, 이후 '신한민주당' 창당의 주역이 되어 2·12 총선 승리의 산파역이 되었다. 이후 민주산악회는 날로 발전해 1985년 말까지 경북·대구지부(포항지부 포함), 부산지부, 충북지부(청주·충주지부), 강원지부(춘천·속초·태백지부), 전남지부(광주·여수·장성지부)가 결성됐다. 그리하여 1987년 12월에 이

르러서는 전국적으로 120여 개의 지부를 결성하게 됐고, 회원수도 2만 여 명으로 늘어났다(김영삼 2000, 218쪽).

민주화추진협의회

민주화추진협의회는 1984년에 창설되어 1987년에 해체되었다가 2002년에 다시 만들어진 대한민국의 정치단체이다. 1970년대 신민당의 양대 소장파로서 유신 체제에 맞서 싸우다가 제5공화국에 의해 정치활동 규제 처분을 받은 김영삼과 김대중을 따르던 정치인들이 김영삼의 단식투쟁을 계기로 1985년의 12대 총선에서의 재기를 위해 1984년 5월 18일에 결성했다. 김대중·김영삼 공동대표 체제였으나, 두 김씨가 가택연금을 당한 관계로 동교동계의 김상현이 대표직무대행을 맡았다. 이들은 1985년의 12대 총선을 앞두고 정치활동 규제에서 해금된 김재광, 이민우, 이기택 등의 구 신민당 중진들과 함께 신한민주당을 창당했고, 신한민주당은 총선에서 총 67석을 따내 민주한국당을 제치고 제1야당으로 부상한다. 하지만 1987년의 13대 대통령 선거를 앞두고 통일민주당 내 후보단일화 실패로 동교동계가 평화민주당을 창당하면서 상도동계와 동교동계는 앙숙으로 돌변했고, 민추협은 역사의 뒤안길로 사라지는 듯했다. 그러나 2002년 16대 대통령 선거를 앞두고 김영삼, 김대중 전 대통령을 고문으로 한 법인체를 만들어 부활했다.

태생적으로 민주화추진협의회는 전두환 정권에 대한 민주화 투쟁을 목적으로 결성된 단체였다. 따라서 이들은 시국사건에 대한 무료 변론을 지원하기도 했지만, 상당수 인사들은 정치에 뜻을 둔 인사들이었기에 다음 년인 1985년으로 예정되어 있는 제12대 국회의원 선거에 대비해 신당 창당을 서둘렀다.

민주화추진협의회의 신당 창당은 1984년 11월 30일 3차 해금으로 풀려난 인사들로 인하여 탄력을 받게 되었다. 이른바 '총선 해금'이라 불리는 3차 해금은 「정치풍토쇄신을 위한 특별조치법」에 의하여 정치활동이 규제된 99명 중 84명을 대상으로 이루어졌으며(동아일보 1984년 11월 30일, 1면), 84명 중 76명이 민주화추진협회의회 소속 정치인이었다(김영삼 2000, 294쪽).

집권 세력이 선거일을 불과 70여일 앞둔 시점에 취한 3차 해금은 집권 세력의 부담을 해소하면서도 야당 분열을 의도했던 것으로 보인다(중앙선거관리위원회 2009a, 309쪽). 즉 일련의 권력형 비리사건으로 인하여 정권에 대한 부담이

가중된 집권 세력은 정치참여의 기회를 확대시켜 정치 정상화라는 명분을 확보할 필요가 있었다. 그렇지만 이들을 대표자인 김영삼, 김대중, 김종필과 분리시켜 해금함으로써 기존 정당에 편입하거나 새로운 정당을 창당하게 하여, 이들 대표자들의 정치적 영향력을 분열 또는 약화시키고자 했다. 이와 같은 가능성은 대표급 인사들에 대한 해금이 제12대 국회의원 선거가 끝난 직후인 1985년 3월 6일 이루었다는 점으로 인해 신빙성을 더하고 있다.

3차 해금자들은, 특히 김대중 또는 김영삼 계열에 속해 있지 않은 인사들도 민주 세력 간의 단합 그리고 단일 정당의 필요성을 역설하였다.

> 이철승(전 신민당 대표 최고위원)=…(중략)… 신당이 만들어지면 후진들을 위해 병풍노릇이나 할 생각이다. 연부력강(年富力强)한 후진들을 위해 일을 만들어줄 용의가 있다. 지금와서 누구를 탓하겠는가. 같은 날 제사밥을 먹게 된 것을 생각하면 과거 야당 지도자 모두는 할복자살해야 할 사람들이다. 민주정치 회복에 있어, 또 교두보를 만들자는데 김영삼씨나 김대중씨가 반대할리 없다고 믿는다.
>
> 신도환(전 신민당 최고위원)=…(중략)… 정치를 안할 수도, 그렇다고 하겠다고 성급하게 얘기할 마음이 아니다. 그러나 과거에 야당을 같이 하던 사람들이 한군데로 뭉쳐야겠다는 생각이다. 그래야 힘이 생기지 않겠는다.
>
> 이민우(전 국회부의장[민주화추진협의회 소속])=한사람이라도 남는 해금은 의미가 없다. 정치참여는 정치인으로서 당연한 일이다. 민한당에 들어갈 생각은 없고 재야 단일 신당결성을 위해 백의종군하는 심정으로 최선을 다하겠다. 민주회복을 하기 위해서는 과거야 어떻든 뜻을 같이하는 사람들 모두가 뭉쳐야 한다. 야당 통합이 과거에도 힘들었지만 결국 성사된 예가 있지 않느냐. 민한당과의 통합문제도 필연적으로 거론되기는 하겠지만 민한당의 태도에 달려 있다고 본다. 특히 총선 전에 연합전선을 구축하는 문제도 거론은 되겠지만 실현될 것으로 기대하지 않는다(동아일보 1984년 11월 30일, 5면).

그러나 민주화추진협의회 내부에서는 신당 창당에는 합의하지만 제12대 국회의원 선거 참여에는 반대하는 부류가 있었다. 김영삼의 회고에 바탕을 둘 때, 민주화추진협의회 내부에서 진행된 선거 거부파와 참여파 간의 논쟁은 다음과 같다.

> 민추협의 신당참여 문제는 선거참여와도 밀접하게 결합되어 있었다. 선거 거부파와 참여파의 양론은 팽팽했다. 거부파는 총선참여 자체가 전두환 정권을 인정해 주는 것이며, 당시의 선거제도나 촉박한 일정으로 볼 때 선거에 참여해도 참패가 분명해 결과적으로 전두환 정권의 들러리를 서 주는 꼴이 될 것이라고 우려했다. 참여파에서는 "총선에 불참하더라도 현재의 언론구조 아래에서는 효과적인 거부운동이 불가능하다", "총선거부란 선언적 의미밖에 못 갖는 것이며 총선을 통한 민주화투쟁이 훨씬 적극적인 대응방법"이라고 주장했다. …(중략)… 한참을 고심한 끝에 나는 결정을 내렸다. 비록 나 자신은 정치규제로 출마하지 못하더라도, 명실상부한 야당을 창당해 선거에 참여하는 것이 국민에게 전두환 정권을 공개적으로 심판할 수 있는 기회를 주는 것이라고 생각했다. 비록 시일이 촉박했지만 전두환 정권에 억눌려 온 우리 국민들은 전두환에 대한 분노를 표출시킬 기회만 마련된다면 엄청난 힘을 보여줄 것이라 확신했다. 나는 마음을 굳히고 신당 창당을 위한 준비를 했다(김영삼 2000, 294~295쪽).

1984년 12월 11일, 김영삼과 김대중 고문 그리고 김상현 공동의장 대행의 이름으로 민주화추진협의회의 신당 창당 및 제12대 국회의원 선거 참여가 공식적으로 발표됐다. 이날 김영삼 공동의장과 김상현 공동의장 대행은 "우리는 민주화 운동의 국민운동기구로서 민추협 조직을 계속 유지확대 강화하면서 다른 한편으로 범국민적 민주화 추진의 일환으로 선거투쟁을 전개키로 했다"고 밝히면서 "우리의 선거투쟁은 민정당에 대한 반대투쟁을 그 핵심으로 하는 것"이라고 선언했다(동아일보 1984년 12월 11일, 1면).

1985년 1월 18일, 민주 세력의 단일 정당인 신한민주당이 공식으로 창당했다. 신한민주당이라는 당명은 제5공화국 들어 과거 정당에서 사용한 정당명은 사용하지 못하는 법률에 의하여 신민당이라는 당명을 사용할 수 없었기 때문에 약자로 신민당을 사용할 수 있는 신한민주당을 채택했다(김영삼 2000, 297쪽). 신한민주당은 이날 이만우를 총재로 추대하였으며, 민주화추진협의회 추천 2명(김녹영, 조연하)과 구신민당 중진연합 추천 3명(이기택, 김수한, 노승환)이 부총재로 추대되었다(김영삼 2000, 301쪽 중앙선거관리위원회 2009a, 317쪽). 이날의 창당에 대해 김영삼은 다음과 같이 회고하고 있다.

1985년 1월 18일, 앰배서더호텔에서 신한민주당이 창당되었다. 해금조치가 내려진 지 불과 49일 만의 일이었다. 이민우씨가 만장일치로 총재에 추대되었다. 부총재는 민추협에서 2명, 구 신민당 중진연합에서 3명을 내놓았다. 계보정치의 와중에서 참으로 오랜만에 보는 야권의 단합된 모습이었다. 새 신민당은 창당선언문에서 "우리는 민중의 힘이 곧 국가의 힘이요, 민중이 국가의 주인임을 보여 줄 것"이라고 밝히고 대통령중심제의 정부구조와 직선제를 정강정책으로 채택했다(김영삼 2000, 301쪽).

그렇지만 민주 세력 내부에는 여전히 갈등의 불씨가 살아 있었다. 신한민주당은 민주 세력의 연대로써 단일 정당으로 탄생했지만, 내부에는 다양한 계파가 존재했다. 창당 과정에서 보이는 바와 같이 신한민주당은 크게 민주화추진협의회 소속 인사들과 구(舊) 신민당 최고위원 인사들로 구분된다. 민주화추진협의회 인사들은 김영삼 중심의 상도동계와 김대중 중심의 동교동계로 나누어지며, 구 신민당 최고위원들은 각자의 계파를 지니고 있었다. 신한민주당은 이들 계파들이 공동으로 만든 것이었다. 이와 같이 여러 계파로 나누어져 있기 때문에, 창당과정부터 후보자 공천에 이르기까지 첨예한 대립이 존재할 수밖에

[그림 6-2] 신한민주당 창당대회

출처: 중앙선거관리위원회(2009a, 316쪽).

없었다(중앙선거관리위원회 2009a, 316쪽). 따라서 신한민주당으로 상징되는 민주 세력 간의 연대는 언제나 붕괴될 수 있었으며, 집권 세력 또한 이 점을 잘 알고 있었다. 그러나 김영삼을 포함한 민주 세력들은 '엄동의 시간'에서는 연대만이 살 길이라는 점을 충분히 공감하고 있었으며, 분열은 다시 한 번 집권 세력에게 승리를 가져다준다는 점을 잘 알고 있었다. 김영삼의 회고는 이러한 점을 잘 반영하고 있다.

> 신당창당에 모여든 세력은 크게 민추협 세력과 비 민추협 세력으로 나누어졌다. 민추협은 나와 김대중계로 나누어졌고, 비 민주협은 이철승계·신도환계·김재광계 등으로 나누어졌다. 이렇게 내부는 복잡한 갈래와 계보관계로 얽혀 있었지만, 모두의 마음 속에는 "또다시 분파작용을 재연해서는 안 된다"는 생각이 깊이 자리하고 있었다(김영삼 2000, 297쪽).

1985년 2월 12일, 제12대 국회의원 선거의 전야는 이렇게 밝아왔다. 민주 세력들 간의 단결, 집권 세력 내부의 갈등, 이렇게 제12대 국회의원 선거는 불과 4년 전에 치른 제11대 국회의원 선거와는 정반대의 양상으로 시작되었다.

제3절 제12대 국회의원 선거

제12대 국회의원 선거는 민주 세력의 약진이 기대되는 선거였다. 선거를 불과 며칠 앞두고 창당된 신한민주당은 선명 야당의 기치를 높이며, 집권 세력에 압박을 가하기 시작했다. 반면 집권 세력은 일련의 권력형 비리사건으로 인하여 위상이 약해져 있었으며, 상당수의 민주한국당 의원들이 신한민주당으로 소속을 옮김에 따라 야권 분열이라는 전략에 있어서도 차질을 빚게 되었다. 집권 세력이 기댈 수 있는 바는 전국구 의원제도를 비롯하여 집권 세력에게 유리하게 작용했던 선거제도 유지에 있었다.

1. 유사한 선거제도, 다른 정당 구도

전두환 정권은 체제 안정을 위하여 집권 세력 내부를 결속하고, 민주 세력을 분열시킬 필요가 있었다. 4년 전 치러진 제11대 국회의원 선거는 집권 세력의 단결과 민주 세력의 부재라는 전제 하에, 중선거구제와 전국구 의석배분방식을 통하여 이를 달성할 수 있었다. 그렇지만 1985년 제12대 국회의원 선거에서는 신한민주당이라는 정당이 탄생함으로써 중선거구제와 전국구 의석배분 방식을 유지하는 것이 바람직한지에 대한 확신을 갖지 못하게 되었다. 왜냐하면 제11대 국회의원 선거 당시의 관제 야당이었던 민주한국당과 달리, 민주 세력을 대표하는 신한민주당은 영남과 호남 등을 비롯한 전국적 인지도를 갖고 있었기 때문이다. 따라서 1구 2인의 중선거구제를 실시할 경우, 민주정의당을 비롯하여 신한민주당도 다수의 지역구 의원을 배출할 수 있었기 때문이다. 이럴 경우, 전국구 의석배분방식은 민주정의당에게 반드시 유리한 제도가 아닐 수 있었다.

선거제도에 대한 회의적 태도는 비단 민주정의당에만 있던 것은 아니었다. 민주 세력의 등장에 따라 정통 야당으로서의 입지가 줄어든 민주한국당 역시 선거제도에 이의(異議)를 제기하고 있었다. 민주한국당이 제기한 첫 번째 문제는 선거제도 상에 인구에 대한 고려가 없다는 점이다. 즉 인구 20만 명의 지역구에서나, 인구 90만 명의 지역구에서나 동일한 2명의 대표자를 선출하는 것은 표의 등가성을 훼손하는 제도라는 것이다. 따라서 인구가 많은 지역구의 경우, 분구(分區) 또는 증구(增口)를 해야 한다는 것이다. 그렇지만 이와 같은 주장에는 도시(都)에서의 분구 또는 증구가 민주 세력의 정치참여로 인해 입지가 좁아 진 자신들에게 유리할 것이라는 계산이 깔려 있었다(중앙선거관리위원회 2009a, 320쪽). 둘째, 민주한국당은 전국구 의석배분 방식을 개정하길 원했다. 원내 제1당에게 전국구 의석 3분의 2를 배분하는 것은 유신체제의 잔재로 불합리하며 정당의 의석비율에 따라 배분하는 것이 합리적이라는 것이다. 물론 이와 같은 주장의 배경에는 전국구 의석배분 방식이 정당 의석수 비율로 배분될 경우, 제11대 국회의원 선거 당시 지역구 의석 31%를 획득하고도 전국구 의석의 26% 밖에 배분받지 못한 상황이 개선될 것이라는 계산이 깔려 있었다.

원내 3당이었던 한국국민당 역시 중선거구제와 전국구 의석배분 방식에 대한 개정을 주장했다. 선거구제는 3당에게 유리한 '1구 多인제' 방식을 주장했으며, 전국구 의석은 정당 득표율에 따른 배분방식을 주장했다. 한국국민당의 제안은 민주한국당이 제기한 개정안과 또 다른 개정안이었다. 한 일간지의 보도는 이와 같은 내용을 잘 정리하고 있다.

> 올 정기국회의 쟁점 정치의안으로 국회법 개정, 지방자치제 실시, 언론기본법 개정 논의 외에 국회의원 선거법 개정문제가 새로이 대두, 관심을 모으고 있다. 국회의원 선거법 개정 검토 움직임은 민한당과 국민당 등 야권에서 현재 활발히 추진, 이번 정기국회에 개정안을 제출할 것으로 보여 선거법 개정문제는 정기국회의 커다란 쟁점의 하나가 될 공산이 크다. 이러한 야권의 움직임은 1년여밖에 남지 않은 12대 총선거를 의식한 정치이슈라는 점에서 국회의원 선거법 논의는 내년까지 계속될 전망이다. …(중략)… 현재까지 추출된 주요 개정항목은 현재 제1당이 3분의 2를 차지하도록 된 전국구의원 의석배분의 재조정, 선거인명부의 교부허용, 정당 추천 선거관리위원의 선임, 투개표 참관인의 수시교체, 선거유세 횟수의 확대 등이다. 이와 관련 임종기 총무는 당정책 기구와의 협의 등을 통해 당론으로 정해지는 대로 선거제도 개선 검토를 위한 당내기구를 신설하게 될 것이라고 밝혔다. 국민당의 경우는 제3당이라는 정치적 위치를 의식, 현 당세를 확충하는 데에 역점을 둔 선거제도 개정안을 마련 중이다. 국민당은 현재 당정책위에서 구체적인 개정방안을 검토 중인데 입후보를 대상으로 한 투표가 아니라 정당별 투표방법에 의한 시도단위의 대선구제(시도단위선거구에서 득표율에 정당별로 의석을 배분)의 채택을 논의하고 있는 것으로 알려졌다. 한편 정부 여당은 12대 총선과 관련, 형행 전국 92개로 된 선거구의 증설문제를 검토하고 있는 것으로 전해지고 있는데 인구증가와 행정구역 개편에 따라 8개 안팎의 선거구가 새로 증설될 가능성이 큰 것으로 알려졌다(동아일보 1983년 9월 15일, 1면).

민주정의당, 민주한국당, 한국국민당 3개 정당은 마침내 이와 같은 입장 차이를 줄이기 위하여 국회의원 선거법 협상기구를 구성하기로 합의했다(동아일보 1984년 5월 23일, 1면). 각 당의 중진급 대표 위원 1명으로 구성된 국회의원 선거법 협상기구는 6월 임시국회 개회 전까지 선거법 개정안의 골격을 마련해서 국회 내무위원회에 제출하기로 했다. 각 당의 총재들은 이와 같이 합의하고, 국회의원 선거법 개정을 6월 임시국회에서 타결 짓는다는 원칙에 합의했다.

그렇지만 선거법 개정에 대한 각 정당의 입장 차이가 커서 합의에 이르는데 한계가 있었다. 예를 들어, 민주정의당은 현행 유지를 주장했으며, 민주한국당은 민주정의당이나 한국국민당이 동의하지 않는 분구·증구를 제시하고 있었고 전국구 의석배분 방식에 있어서도 다른 생각을 가지고 있었다. 한국국민당 역시 자신에게만 유리한 방식을 제시하고 있어, 이들 정당 간의 합의가 형성되기는 시작에서부터 어려움이 있었다.

그러나 국회의원 선거제도에 대한 논쟁은 1984년 초반 새로운 국면을 맞이하게 되었다. 1984년 2월 결성된 민주화추진협의회와 이를 토대로 1985년 1월 창당된 신한민주당은 새로운 방향을 제시했기 때문이다. 즉 이들은 제12대 국회의원 선거의 화두로서 대통령 직선제를 제시했다.

1984년 2월 28일 진의종 국무총리의 국회 국정보고를 통해, 집권 세력은 이에 대한 견제를 노골화 했다.

> 최근 정가 일각에서 선거제도와 관련하여 헌법개정을 주장하는 논의가 있읍니다만 본인은 국가의 기본법인 헌법의 개정이야말로 신중을 기해야할 문제라고 생각합니다. 의원 여러분께서 아시다시피 현행 헌법은 지난 날의 헌정사에 대한 깊은 반성과 많은 연구 검토를 거친 끝에 불과 3년 전에 확정된 것입니다. 더욱이 대통령 각하께서 평화적인 정권교체에 관한 신념을 기회 있을 때마다 천명하신 바가 있고 최근 국정연설에서 정치폭력을 배제한 평화적 정권교체를 다시 한 번 강조하셨습니다. 따라서 본인은 이 시점이 개헌문제를 거론할 때가 아니고 현행헌법을 굳건히 호지(護持)하여 오는 88년에 평화적으로 정부가 이양되는 새로운 전통을 확립하는 일이 우리의 가장 중요한 과제라고 확신합니다. 이것이야 말로 과거 헌법개정의 반복으로 정치적 낭비와 혼란의 악순환을 지양하고 이 땅 위에 민주주의를 토착화시키는 길이라고 믿습니다(동아일보 1984년 2월 28일, 1면).

다음 날인 1984년 2월 29일, 국회 본회에서 각 정당의 대표들은 대통령 직선제로 헌법 개정에 대한 입장을 밝혔다. 연설문 요지는 다음과 같다.

> 민주정의당 정래혁 대표위원=올 한해만 착실하게 안정을 유지하면서 힘을 한데 모아 나아간다면 우리의 1인당 국민소득은 2천달러를 넘어서게 된다. 우리는 향후 4~5년 내에 국민총생산 1천억달러를 돌파하여 그야말로 선진국 대열에 진입하는

단계에 도달할 수 있을 것이다. 우리의 국운은 지금 상승세에 있으며 우리는 이러한 호기를 적극 활용해야 겠다. …(중략)… 국회의원 선거법 개정 주장이 일부에서 제기되고 있는 줄 안다. 본 의원은 현행 선거법에 별다른 모순이나 하자를 발견하지 못하고 있다. 그러나 정치 선진화와 공명선거를 실시하는데 도움이 되는 의견을 제시해 온다면 우리는 성의 있는 자세로 이를 논의해 볼 용의가 있다. 개헌논의도 일부에서 제기되고 있는 줄 안다. 그러나 대통령 직선제를 주장하는 개헌논의는 36년에 걸친 우리의 헌정사를 되돌아 보면서 신중히 거론하지 않으면 안될 것이다. 총 8차에 걸친 개헌이 대부분 1인 장기집권의 수단으로 집권 여당에 의해 추진됐고 그때마다 우리의 정치는 불행을 겪었다. 제5공화국 탄생 시점에서의 가장 큰 정치적 과제는 1인의 장기집권 방지와 평화적 정권교체의 실현이었다. 단 한 번의 평화적 정권교체도 이룩해보지 못한 현시점에서 또 다시 개헌논의를 펴는 것은 자칫 불행한 결과를 초래할지도 모를 일이다.

민주한국당 유치송 총재=평화적 정권교체야말로 우리 국민에게 나라의 영도자를 자유롭고 공정하게 그리고 두려움 없이 선택케 하도록 우리헌법이 보장한 명백한 선언이요, 대통령 스스로 국내외에 밝힌 엄숙한 공약이며 민주주의를 갈망하는 온 국민의 열렬한 염원이다. 아무리 헌법이 보장하고 집권자가 공약하더라도 이를 그대로 믿지 않고 의구심을 가지는 국민들이 많다는 것은 그 의구심을 해소시킬만한 구체적 제도나 조치들이 미진했기 때문이다. 현행 대통령 선거제도가 참된 평화적 정권교체를 이룩할 수 없고 온 국민이 대통령을 직접 뽑기 원한다면 정부는 주저 없이 헌법을 개정해서라도 제도를 고쳐야할 것이다. 이렇게 함으로써 전두환 대통령이 수차에 걸쳐 천명해 온 단임정신과 평화적 정권교체에 대한 강한 의지를 국민들이 믿게 될 것이다, 자유로운 경쟁체제가 보장되지 않고는 88년을 향한 평화적 정권교체라는 역사적 과제는 공염불에 불과하다는 것을 준엄하게 경고해둔다.

한국국민당 이만섭 부총재=나라가 잘 되기 위해서는 국민들이 내일에 대한 꿈과 희망을 가져야 한다. …(중략)… 원칙을 지키는 도덕적 민주정치가 이룩되기 위해서는 첫째 문민정치가 확립돼야 한다. 다시는 이땅에 무력에 의한 정치적 악순환이 없어야 한다. …(중략)… 둘째 진정한 평화적 정권교체가 이루어져야 한다. 평화적 정권교체는 문민정치의 확립 위에서만 그 진실성이 보장된다. 어떤 명분이나 이유로든 힘에 의해 헌정질서가 중단되는 사태가 와서는 안된다. 정당한 방법으로 평화적 정권교체가 이루어지기 위해서는 대통령 직선제를 실시함으로써 국민을 납득시킬 수 있어야 한다. 현 정부가 국민에게 믿음을 주지 못하는 가장 큰 이유 중의 하나가 대통령 선거제도에 있다(동아일보 1984년 2월 29일, 3면).

이렇듯 제12大 국회의원 선거를 앞두고, 선거의 화두는 국회의원 선거제도 개정에서 신한민주당이 제기한 대통령 선출방식에 대한 헌법 개정으로 옮겨지고 있었다. 이와 같은 소용돌이 속에서 민주정의당은 현행 헌법을 유지하는 방향으로 가닥을 잡고, 국회의원 선거제도는 확실성의 정도가 높은 제11大 국회의원 선거 당시의 선거제도를 유지하는 것으로 결정했다. 따라서 민주정의당은 현행 선거제도를 유지하기 위한 전략적 대안으로 '인구에 따른 1구 1~3인제'을 제시했다.

'인구에 따른 1구 1~3인제'는 민주한국당의 인구 고려에 대한 요구를 수용하면서, 한국국민당의 지지를 이끌어 낼 수 있는 제도였다. 즉 '인구에 따른 1구 1~3인제'는 인구가 적은 여당 성향의 농촌 지역에서는 1인의 대표자를 선출하고, 인구가 많은 야당 성향의 도시지역에서는 3인의 대표자를 선출하자는 안이다. 이 안에 따르면, 1인 지역구에서는 민주정의당 후보가 선출될 가능성이 높으며, 3인 지역구에서는 민주정의당 후보를 비롯한 한국국민당 후보도 선출될 가능성이 높다. 따라서 지역구 의석이 상대적으로 감소할 민주한국당은 '인구에 따른 1구 1~3인제'에 대해 반대했고, 한국국민당은 이에 동조하는 입장을 취하게 된다.

민주정의당의 '인구에 따른 1구 1~3인제'는 민주한국당이 제기한 증구·분구뿐만 아니라 전국구 의석배분 방식에 대한 포기를 이끌어 내기 위하여 제안되었다. 민주정의당은 '인구에 따른 1구 1~3인제'를 수용하는 대신, 민주한국당 역시 전국구 의석배분 방식 개선안을 포기하도록 종용했다.

지난(持難)한 논의의 결과, 제12大 국회의원 선거 선거제도는 제11大 국회의원 선거제도에 사용한 중선거구제와 전국구 의석배분 방식 유지로 귀결되었다. 물론 민주정의당이 민주한국당, 한국국민당, 그리고 신한민주당 세 개의 정당이 '1구 2인 중선거구제'에서 지역구 의석을 나누어 가질 경우, 원내 1당을 차지할 가능성이 클 것이라는 계산이 전제되었을 것이라는 점은 충분히 추론될 수 있다.

결과적으로 1983년과 1984년 2년 여에 걸쳐 부각된 국회의원 선거제도 개정논의는 미미한 부분에서만 개정되었다. 물론 선거관리의 공정성을 기하기 위하여 도입된 선거관리위원 정당추천제도 부활은 높이 살만한 개정이었지만, 선거결과에 영향을 미칠만한 선거제도의 변화는 없었다. 제12대 국회의원 선거를 앞두고 개정된 국회의원 선거법 주요 개정내용은 <표 6-2>와 같다.

제12대 국회의원 선거법 개정의 주요 사항은 선거운동 기회의 확대와 투개표에서의 공정성 확보를 위한 노력이었다. <표 6-2>에 제시된 바와 같이, 제12대 국회의원 선거는 제11대 국회의원 선거 보다 선전벽보, 합동연설회, 현수막, 선거운동 차량 등에 있어서 선거운동의 기회를 확대하고 있었다. 예를 들어, 군(郡) 지역에 첩부하는 선전벽보를 인구 100인 당 1매 비율에서 2매 비율로 확대함으로써 농촌 유권자들의 접근성을 높였다. 또한 당시 가장 주요한 선거운동 방법이었던 합동연설회는 개최횟수 측면에서 그리고 개최할 수 있는 단위의 측면에서 변화가 있었다. 합동연설회 개최횟수는 2회에서 3회로 확대되었으며, 합동연설회를 개최할 수 있는 군을 읍·면수 12개 이상에서 10개 이상으로 개정하면서, 도시 지역과 농촌 지역 모두에서 합동연설회의 기회를 넓혔다. 또한 제11대 국회의원 선거와 달리 제12대 국회의원 선거에서는 인구 30만 이상의 구·시 선거인 인구가 30만을 초과할 때마다 1회씩 합동연설회를 추가로 개최할 수 있었다. 같은 맥락에서 현수막 게시 매수를 구가 설치되어 있지 않은 지역구 당 2매에서 3매로, 그리고 인구 25만 이상의 시와 인구 3만 이상의 읍·면은 1매를 추가로 게시할 수 있는 조항이 신설됐다.

제12대 국회의원 선거법의 또 다른 개정 사항은 투개표에서의 공정성 확보였다. 앞서 언급한 바와 같이, 민주정의당, 민주한국당, 한국국민당 등은 선거관리의 공정성을 기하기 위하여 선거관리위원 정당추천제도를 부활했다. 제12대 국회의원 선거법은 투표와 개표에 있어서 공정성을 기하기 위하여, 투표참관인과 개표참관인의 총수를 8인에서 12인으로 증대하였다. 또한 투표함 이동 시 동반할 수 있는 투표참관인의 수를 1인에서 후보자가 지정한 투표참관인 1인으로 확대했다. 관제 야당의 관점에서는 선거관리위원 정당추천제도와 투개표 참관인에 대한 제도 보완이 공정성 확보를 위한 장치로서 인식했다(중앙선거관리위원회 2009a, 328쪽).

〈표 6-2〉 제11대 국회의원 선거제도와 제12대 국회의원 선거제도 비교

구분	제11대 국회의원 선거	제12대 국회의원 선거
선거인명부 열람기간	2일	3일
전국구후보자의 해임기한	임기만료 선거에서 공무원 등 입후보자 제한직에 있는 자가 전국구후보자가 되기 위해서는 임기만료일 전 180일까지 해임되어야 함	임기만료 선거에서 공무원 등 입후보제한직에 있는 자가 전국구후보자가 되기 위해서는 선거일 공고일과 동시에 해임되어야 함
전국구 후보자 기탁금	기탁금 없음	700만 원
군(郡) 지역에 첩부하는 선전벽보 매수	인구 100인에 1매 비율로 첩부	인구 100인에 2매 비율로 첩부
합동연설회 개최횟수	구·시는 2회, 군은 3회	구·시·군별로 3회
	인구 30만 이상의 구·시와 읍·면수 12개 이상의 군은 1회 추가	인구 30만 이상의 구·시와 읍·면수 10개 이상의 군은 1회 추가
	(규정 없음)	단일 선거구인 인구 30만 이상의 구·시는 30만을 초과할 때마다 1회씩 추가
합동연설회 고지벽보	연설회 1회 100매 첩부	연설회 1회 200매 첩부
현수막 게시매수	구가 설치되어 있는 시의 지역구는 지역구당 10매 이내, 기타 지역구는 시당 2매 이내, 읍·면당 1매	구가 설치되어 있는 시의 지역구는 지역구당 10매 이내, 기타 지역구는 시당 3매 이내, 읍·면당 1매
	(규정 없음)	인구 25만 이상의 시와 인구 3만 이상의 읍·면은 1매 추가
후보자의 선거운동용 자동차와 선박의 대수	2대, 2척	3대, 3척

투표참관인 총수	8인	12인
투표참관인 교체	(교체 규정 없음)	투표구선거관리위원회에 신고 후 수시 교체 가능
투표함 회송 시 동반하는 투표참관인수	투표참관인 1인	후보자가 지정하는 투표참관인 1인씩 동반. 다만, 동반하는 투표참관인 10인을 초과하지 못함
개표참관인 총수	8인(4인씩 교대참관)	12인(6인씩 교대참관)
개표참관인 교체	(교체 규정 없음)	개표관리위원회에 신고 후 수시 교체 가능

출처: 중앙선거관리위원회(2009a, <표 6-2>).

2. 선거결과

제11대 국회의원 선거와 비교하여, 형식적 측면에서 제12대 국회의원 선거는 큰 변화가 없었다. 제12대 국회의원 선거에서의 변화는 선거에 참여하는 내용, 즉 행위자에서 찾아 볼 수 있다. 가장 큰 변화는 선명성을 갖춘 야당의 출현이다. 제도권 야당인 신민당 계보와 재야 세력이 연합하여, 전두환 정권에 대해 정면으로 도전하는 신한민주당의 출현이 그것이다.

각 정당들은 제12대 국회의원 선거를 앞두고 지역구 및 전국구에 출마한 후보자를 공천하는 작업을 마무리했다. 특히, 당선 가능성이 높은 전국구 의석 순위는 선거뿐만 아니라 정당운영에 필요한 특별당비의 출처로서 기능하고 있었다. 한 일간지는 당시의 상황을 다음과 같이 묘사하고 있다.

> 12대 총선을 앞두고 민정·민한·국민·신한민주당(가칭)이 사실상 지역구 공천작업을 매듭지은데 이어, 전국구 공천작업에 들어 갔거나 후보 물색에 나서고 있다. 민정당은 지난달 26일 경 전국구 의원(제1당 61명)의 3배수인 1백80여명의 명단을 전국구 후보대상자로 당 총재인 전두환 대통령에게 제출, 그 심의를 기다리고 있다.

> …(중략)… 민한당은 12대 총선 입후보자 등록 마감일 직전에 가서 전국구 입후보자 선정을 마친다는 방침 아래 총재단이 전국구 후보선정 작업에 착수, 상당한 진척을 보이고 있는 것으로 알려지고 있다. …(중략)… 민한당은 최소한 전국구 18번까지를 당선확실 순위로 보고 이 순위까지는 2억~3억 원 정도의 당비를 헌납 받아 12대 총선에 필요한 30억~40억 원 정도의 선거 대책비를 충당해서 1개 지역구에 2천만~3천만 원씩을 지원할 계획이다. …(중략)… 국민당은 현 전국구 의원 및 중앙위원, 사무처 요원 등 당료 구 여권출신인사, 기업인 등을 대상으로 전국구 의원 인선작업을 진행 중이나 11대에서 7명의 전국구 당선자를 낸 실정에 비추어 대상자들이 높은 순위를 희망하고 있어 난산 중이다. …(중략)… 신한민주당은 지역구에서 30석 내외의 당선을 자신하며 15석 정도의 전국구 의석을 확보한다는 방침 아래 민주화 투쟁경력이 있는 인사와 당 창당에 기여도가 큰 인사를 선정할 것으로 알려지고 있다. …(중략)… 최소한 12번까지를 당선확실 순위로 보고 상도동계, 동교동계, 최고위원계 등이 계파별로 균점할 것으로 보인다(동아일보 1985년 1월 5일, 1면).

각 정당의 국회의원 공천 상황은 <표 6-3>과 같다. 비교를 위하여, 제11대 국회의원 선거를 같이 제시했다. 민주정의당은 모든 지역구에 후보자를 공천했으며, 전국구에서도 원내 1당이 될 경우 받을 수 있는 61석을 20석 넘는 81명을 전국구 후보로 공천했다. 신한민주당의 경우에 있어서도 모든 지역구에서 후보를 공천하는데 어려움이 없었으며,[4] 전국구에 있어서도 원내 제2당이 확보할 수 있는 30석까지를 공천했다. 후보자 공천에 있어서 민주한국당과 한국국민당은 제11대 국회의원 선거와 큰 차이를 보이지 않고 있다. 민주한국당의 경우, 제11대 91명 그리고 제12대 92명의 지역구 후보를 공천했으며, 전국구에 있어서도 현실적으로 가능한 순위까지는 후보를 공천하는데 어려움이 없었다. 한국국민당의 경우도 마찬가지여서, 제11대 75명 그리고 제12대 71명의 지역구 후보를 공천했으며, 전국구에 있어서도 당선 가능한 순위까지 후보를 모집하는데 어려움이 없었다.

---

4 신한민주당은 모든 지역구에 후보자를 공천했지만, 경북 제5선거구(구미·군위·칠곡·선산) 김현규 의원이 공천을 받은 후 정치적 사유를 들어 무소속으로 출마했다(중앙선거관리위원회 2009a, 336쪽).

〈표 6-3〉 제11대와 제12대 국회의원 선거 후보자 등록 비교

	제11대 국회의원 선거			제12대 국회의원 선거		
	지역구	전국구	합계	지역구	전국구	합계
민주정의당	92	75	167	92	81	173
민주한국당	91	45	136	92	31	123
한국국민당	75	29	104	71	25	96
민권당	82	21	103	12	1	13
신정당	54	15	69	–	–	0
민주사회당	50	13	63	–	–	0
신정사회당	–	–	–	18	2	20
민주농민당	15	4	19	–	–	–
안민당	12	3	15	–	–	–
사회당	20	6	26	–	–	–
한국기민당	15	6	21	–	–	–
통일민족당	10	5	15	–	–	–
원일민립당	13	6	19	–	–	–
신한민주당	–	–	–	93	30	123
자유민족당	–	–	–	4	–	4
근로농민당	–	–	–	16	1	17
신민주당	–	–	–	13	–	13
무소속	106	–	106	29	–	29
합계	635	228	863	440	171	611

출처: 중앙선거관리위원회(2009a), <표 5-6>과 <표 6-5>.
주1: 신정사회당은 신정당과 민주사회당이 합당하여 창당된 정당임.
주2: 음영으로 처리된 정당은 제12대 국회의원 선거 때 새로이 진입한 정당임.

제12대 국회의원 선거 후보 공천에 있어서 특이한 점은 신한민주당의 복수 공천과 무소속 후보의 대폭 감소이다. 신한민주당은 92개의 지역구에 93명의 후보를 공천했다. 이중 경북 제5선거구(구미·군위·칠곡·선산)에서 공천을 받은 김현규 의원이 무소속으로 출마한 점을 고려하면, 2개 지역에서 복수 공천이 있

었다. 2개 지역은 전남 제6선거구의 경우이고, 다른 한 지역은 경남 제1선거구이다. 전자의 경우 동교동계와 구(舊) 신민당 최고위원계 간의 합의가 되지 않아 복수 공천을 했으며, 후자의 경우 동교동계와 상도동계 간의 합의가 되지 않아 복수 공천을 했다(중앙선거관리위원회 2009a, 336~337쪽). 이와 같은 현상은 신한민주당 내부에서의 단결이 완전치 않으며, 갈등의 씨앗이 존재한다는 것을 의미한다.

두 번째로 특이한 점은 무소속 후보자의 대폭 감소이다. 제11대 국회의원 선거의 경우 106명에 달한 무소속 후보자가 제12대 국회의원 선거에는 72.6%로 감소된 29명이었다. 이는 역대 국회의원 선거 중에 가장 적은 무소속 후보자 수이다. 이와 같은 이유는 정치활동 피규제자의 해금에 따라 중진급 인사들이 대거 출마함에 따라(중앙선거관리위원회 2009a, 340쪽), 경쟁력이 미약한 무소속 후보의 포기에 기인한 것으로 볼 수 있다.

제12대 국회의원 선거는 민주정의당, 신한민주당, 민주한국당 그리고 한국국민당 간의 경쟁이었다. 민주정의당은 다수의 야당들이 선거에 진입함에 따라 중선거구제의 잇점과 이에 따른 전국구 의석 배분방식의 잇점을 기대하고 있었다. 민주정의당은 현 정권의 업적을 강조하고 이를 안정적으로 유지하기 위한 '안정론'을 전략적 기조로 선정하였다. 1985년 1월 23일 민주정의당 총재인 전두환 대통령이 전국 당원들에게 보낸 친서에서 이러한 기조가 잘 나타나 있다.

> 민정당 총재인 전두환대통령은 23일 전국의 1백50만 당원들에게 친서를 보내고 "우리당의 당면과제는 그동안 이룩한 업적을 더욱 빛나게 하고 다가오는 제12대 국회의원선거에서 국민의 압도적인 지지를 모으는 일"이라고 강조했다(매일경제신문 1985년 1월 23일, 1면).

신한민주당의 선거전략은 민주화투쟁을 기치로 한 '신당 바람'으로 요약할 수 있다. 전두환 정권에 대항하여 민주화를 달성할 수 있는 신당 창당의 바람을 일으키겠다는 것이었다. 이를 위하여 전두환 정권 하에서 금기시 되어 왔던 군사통치, 군사독재, 5·18 민주화운동에 대한 진상규명 등을 선거운동의 용어로 사용했으며, 선전구호로 "민중과 함께 민주화시대를 열자", "군사통치 끝장내고 문민정치 이룩하자" 등을 사용했다(중앙선거관리위원회 2009a, 352쪽). 신한민주당

[그림 6-3] 제12대 국회의원 선거 선전벽보

출처: 중앙선거관리위원회(2009a, 356쪽).

은 또한 이민우 신한민주당 총재를 전략적으로 종로·중구 지역구에 공천했다. 종로·중구 지역구는 서울의 중심지일뿐 아니라 한국 정치의 상징적 지역구였기 때문이다. 신한민주당은 이 지역구에서부터 공천바람을 일으켜 전국에 신당바람을 일으키겠다는 전략이었다. 김영삼은 당시의 상황을 다음과 같이 회고하고 있다.

> "아무래도 인석[이민우의 아호]이 종로·중구에 나가야 겠어요"
>
> "그렇잖아도 얘기 들었습니다. 하지만 그게 말이나 됩니까. 나는 국회의원에 그렇게 연연해하지 않습니다. 전국구 1번도 않겠으니 제발 나를 나무 위에 올려 놓고 흔들지 마세요."
>
> "절대로 그렇지 않아요. 국회의원이 문제가 아닙니다. 민주화를 위한 도전입니다. 비록 그곳에 연고가 없더라도 신당의 총재로서 출마하면 분위기 달라질 겁니다. 선거에서 기폭제 역할도 할 수 있어요. 인석은 평소 민주화를 위해서 희생하겠다고 말하지 않았습니까. 그런데 패배가 두려워 종로·중구를 피한다면 지금까지 해 온 말은 어떻게 됩니까. 절대 이길 수 있습니다. 확신을 가지세요"(김영삼 2000, 300쪽).

신한민주당의 '신당 바람'은 1985년 2월 8일 김대중의 귀국으로 인하여 탄력을 받게 됐다. 김대중은 당시 신병치료차 미국에 체류 중이었나, 선거를 나흘 앞두고 귀국했다. 물론 귀국에 대한 공식적인 환영행사는 정부에 의하여 차단되었고, 언론에서의 노출도 없었다. 또한 김대중은 귀국한 직후 가택연금 되었으며, 「정치풍토쇄신에 관한 특별조치법」에 의하여 정치활동도 금지되었다. 그러나 김대중의 귀국 그 자체는 신한민주당의 득표에 큰 영향을 미쳤던 것으로 보인다. 예를 들어, 신한민주당의 일부 후보는 선전벽보와 선거공보에 김대중의 이름을 게재 했으며, 김대중과의 친분관계를 합동연설회에서 사용했다. 김대중은 당시의 상황을 다음과 같이 회고하고 있다.

> 선거 나흘 전이었지만 나의 귀국은 바람이었다. 총선은 예측 불허의 격전 속으로 빠져 들어갔다. 귀국 이후 나에 대한 가택 연금은 신당 후보들에게는 현장 유세 이상의 위력이 있었다. 강제로 망명의 길을 떠났지만 이 땅의 민주화를 위해 목숨을 걸고 다시 귀국했다는 나에 대한 이야기는 유권자들에게 많은 울림을 주었다. '폭풍의 귀국'은 선거 정국의 폭풍이었다. 신당 후보의 연단에서는 예외 없이 내 이야기가 나왔다. 충청도에서도, 경상도에서도 내 이름을 외쳤다. 어떤 후보는 나를 단독으로 만나 시국을 논의했다고 과장해서 말하기도 했다(김대중 2010, 492쪽).

[그림 6-4] 김대중 귀국 김포공항 환영인파

출처: 중앙선거관리위원회(2009a, 380쪽).

또한 신한민주당은 민주한국당과의 차별성을 강조했다. 당시의 선거구제도인 1구 2인제 중선거제는 한 지역구에서 두 명의 대표자를 선택하는 제도였다. 이 상황에서 신한민주당이 채택한 전략은 '야당의 선명성' 강조였다. 신한민주당은 민주한국당을 제도권 야당으로 비판하면서, 민주한국당을 야당 본연의 임무를 하지 않고 현실에 안주한 정당으로 선전했다.

신한민주당의 선거공약은 대통령직선제로의 헌법 개정이었다. 현재의 제도인 대통령 간접 선거 제도로서는 평화적 정권교체가 불가능하며, 국민들이 직접 자기 손으로 선호하는 대통령을 뽑을 수 있도록 헌법을 개정해야 한다는 논리였다. 대통령 직선제로의 헌법 개정은 선거운동이 시작되자 거의 모든 야당 후보자들이 찬동하게 됐다. 한 일간지는 당시의 선거운동을 다음과 같이 묘사하고 있다.

> 4일 오후 서울 강남구 원촌국교에서 열린 연설회는 각 후보들의 「말의 성찬」과 「운동원들의 열광」이 두드러진 분위기. 첫 연사인 이중재 후보(민한)는 "대통령 선거에 누구는 나오고 누구는 나오지 말라는 것이 민정당식의 정의냐"고 통박한 뒤 "야당의 전력을 약화시키고 이전투구 양상으로 만들려는 민정당의 책략과 구 야당 정치인들의 출마욕심이 합쳐져서 생겨난 것이 신당"이라고 신민당측에 화살을 돌리기도 했으나 "이번 선거를 통해 양식 있는 진정한 야당 사람을 뽑아 분열된 상태에 있는 야당을 통합해서 평화적 정권교체를 이루어야 한다"고 마무리. …(중략)… 이어 등단한 김형래 후보(신민)는 지난 4년간의 통치 공과를 조목조목 비판하면서 "요즘 학생들 사이에는 태평로는 삼성땅, 신문로는 현대땅, 남대문은 대우땅, 독도만 우리땅이라는 노래가 있다"면서 대여공세를 강도 높게 폈다. …(중략)… 경기도 연천군 연천 읍연천 국교운동장에서 1천여 명의 유권자가 모인 가운데 첫 등단한 정재인 후보(신민)는 3차 해금으로 풀려난 자신의 야당성을 강조하며 "과연 나 같은 투사가 갈가마귀판 같은 이번 선거에 나설 것인가를 놓고 고심했다"면서 "아직도 이곳 출신 오치성 선배 같은 사람이 묶여 있는 상황에서 나 같은 선명야당을 뽑아주어야만 민정당의 타락과 탈선을 막을 수 있다"며 지지를 호소(동아일보 1985년 2월 5일, 3면).

[그림 6-5] 제12대 국회의원 선거 선거유세장: 서울 효제국민학교(1985년 2월 2일)

출처: e영상역사관(http://www.ehistory.go.kr).

1985년 12월 12일, 제12대 국회의원 선거가 치러졌다. 선거결과는 그 누구도 예상치 못한 신한민주당의 선전이었다. 비록 민주정의당이 선거제도의 효과로서 국회의석 과반을 차지했지만, 득표율에 있어서는 민주정의당 35.25%, 신한민주당 29.26%로서 그 차이가 대폭 감소되었다. 집권 세력에 의한 언론 통제, 집권 세력에 대한 검찰 및 경찰의 일방적 호의, 부정선거 의혹에도 불구하고, 신한민주당은 집권 세력 정당인 민주정의당과 득표율에 있어서 6% 밖에 차이가 나지 않았다. 김영삼은 제12대 국회의원 선거결과를 다음과 같이 평가하고 있었다.

> 마침내 1985년 2월 12일 투표함이 열리자 정부·여당은 경악했다. 서울 등 대도시에서 신민당이 예상을 뒤엎고 압도적으로 승리했다. 1월 18일 창당한 지 불과 25일 만에 얻은 눈부신 성과였다. '선거혁명'이 바로 그것이었다. …(중략)… 야권이 정치적 동면에서 깨어난 것은 나의 단식이 주요한 계기가 되었다. 또 내가 심혈을 기울인 민주산악회와 민추협은 신민당의 산파 노릇을 했다. 그 신민당이 선거투쟁에참

가, 2·12 총선에서 선거혁명을 성공시킨 데 대해 나는 커다란 보람을 느꼈다(김영삼 2000, 204~305쪽).

제12대 국회의원 선거의 투표참여율은 84.6%였다. 직할시로 승격한 대구직할시와 인천직할시를 포함한 도시의 투표참여율은 82%로서 농촌의 투표참여율인 86%에 비해 낮았지만, 제11대 국회의원 선거와 비교할 때 그 차이는 현격히 감소했다.[5]

<표 6-4>에 제시된 바와 같이, 모든 시도에서의 투표참여율은 80% 이상을 기록했다. 제11대 국회의원 선거와 비교할 때 모든 시도에서의 투표참여율이 상승한 것이다. 서울특별시의 투표참여율은 제11대 선거 때의 71.1%에 비해

〈표 6-4〉 제12대 국회의원 선거 투표참여율

시도명	선거인수	부재자선거인수	부재자투표수	총투표자수	투표율(%)
서울특별시	5,955,403	136,365	133,423	4,832,039	81.1
부산직할시	2,055,161	50,971	49,175	1,752,887	85.3
대구직할시	1,148,657	33,176	32,155	941,908	82.0
인천직할시	813,562	18,646	18,194	656,859	80.7
경기도	2,791,114	76,660	74,519	2,318,463	83.1
강원도	1,017,454	40,065	38,676	910,284	89.5
충청북도	831,033	33,430	32,431	751,373	90.4
충청남도	1,720,236	71,522	68,212	1,487,372	86.5
전라북도	1,297,178	47,351	45,803	1,105,374	85.2
전라남도	2,132,196	77,627	74,479	1,813,534	85.1
경상북도	1,865,046	72,177	70,124	1,646,301	88.3
경상남도	2,096,119	68,342	66,039	1,834,892	87.5
제주도	264,671	9,395	9,021	235,386	88.9
합계	23,987,830	735,727	712,251	20,286,672	84.6

5 제11대 국회의원 선거의 경우 도시의 투표참여율은 70%였고, 농촌의 투표참여율은 81%였다.

[그림 6-6] 제12대 국회의원 선거 개표: 서울 서울고등학교(1985년 2월 12일)

출처: e영상역사관(http://www.ehistory.go.kr).

10% 상승한 81.1%였다. 부산직할시의 경우, 투표참여율이 68.8%에서 85.3%로 상승했다. 이와 같은 경향은 농촌에서도 나타났다. 경기도는 76.1%에서 83.1%로, 강원도는 88.0%에서 89.5%로 상승하는 등 모든 곳에서 투표참여율이 상승했다.

제12대 국회의원 선거 결과, 민주정의당은 원내 제1당이 되었다. 그렇지만 앞서 언급한 바와 같이, 민주정의당이 획득한 득표율 35.25%는 신한민주당 득표율 29.26%에 비하여 크게 앞서지 않는 수치였다. 또한 제11대 국회의원 선거 당시 민주정의당 득표율 35.26%와 원내 2당인 민주한국당 득표율 21.6% 간의 차이와 비교할 때, 그 간격은 상당히 축소되었다. 더욱 중요한 점은 신한민주당과 민주한국당의 득표율이 합해지면, 민주정의당이 얻은 득표율을 앞선다는 것이다. 따라서 집권 세력의 입장에서 볼 때, 제12대 국회의원 선거는 집권 세력의 안정적 집권에 대한 상당한 위협으로서 받아들여질 수 있었다.

〈표 6-5〉 제12대 국회의원 선거: 민주화 기제

		집권 세력	
		단결	분열
민주 세력	단결	대치국면	민주화 기제 (제12대 국회의원 선거)
	분열	체제 정당화 기제	쿠데타 또는 민주 세력에 의한 민중혁명

요컨대, 제12대 국회의원 선거는 <표 6−5>에 제시된 바와 같이 집권 세력의 분열 가능성과 민주 세력의 단결 속에 치러진 선거로서 민주화를 위한 초석을 다진 선거로서 평가할 수 있다.

물론 제12대 국회의원 선거는 표의 등가성이 왜곡된 선거제도로 말미암아 민주정의당에게 과반의 의석을 확보하는 결과로 이어졌다. <표 6−6>에 제시된 바와 같이, 원내 제1당인 민주정의당은 지역구에서 184석 중 87개 의석, 즉 47.3%의 지역구 의석을 차지했다. 그러나 원내 제1당에게 전국구 의석 92석의 3분의 2, 즉 61석을 배분하는 전국구 의석수 배정방식으로 말미암아, 민주정의당은 국회의원 총의석 276석 중 148석, 53.6%의 의석을 차지하게 되었다. 달리 이야기하면 신한민주당과 민주한국당의 득표율을 합할 경우, 민주정의당의 득표율을 넘게 되지만, 의석에 있어서는 민주정의당이 과반의 의석을 확보한 원내 제1당이 되었다. 따라서 전국구 의석배분 방식은 제12대 국회의원 선거가 끝난 후, 많은 논의와 수정을 요구받게 되었다.

제12대 국회의원 선거로 인한 여파 중 가장 주목할 만한 결과는 야당 단일화였다. 제12대 국회의원 선거결과, 선명 야당을 '주장'했던 민주한국당의 위세는 크게 약화된 반면, 집권 세력에 정면으로 도전한 신생 정당인 신한민주당의 영향력은 크게 확대되었다. 제12대 국회의원 선거가 끝난 직후, 민주한국당은 신한민주당과 당 대 당 통합을 주장했지만, 신한민주당은 신한민주당 중심의 통합을 주장했다. 신한민주당 이민우 총재는 민주한국당과의 통합에 대하여 다음과 같이 이야기하고 있다.

〈표 6-6〉 제12대 국회의원 선거 정당별 의석수 및 득표

	정당별 의석수			득표수	득표율 (%)
	지역구	전국구	계		
민주정의당	87	61	148	7,048,811	35.25
신한민주당	50	17	67	5,843,827	29.26
민주한국당	26	9	35	3,930,966	19.68
한국민주당	15	5	20	1,828,744	9.16
신정사회당	1	–	1	288,863	1.45
신민주당	1	–	1	112,654	0.56
근로농민당	–	–	–	185,859	0.93
민권당	–	–	–	75,634	0.38
자유민족당	–	–	–	17,257	0.09
무소속	4	–	4	650,028	3.24
합계	184	92	276	19,974,643	100.00

출처: 중앙선거관리위원회(1992b), 28쪽.

> 기존 정당이 자연도태되는 것은 몰라도 그때 신민당이란 통합야당이 있었고 공화당도 18년 동안 뿌리를 내리고 있었거든요. 그렇다면 두 정당을 잘 육성했어야 했지요. 우리는 어차피 38선이 있는 이상 보수양당제를 해야 하거든요. 그래 다당제라고 해봤는데 민한당 국민당 후보가 대통령이 되리라고 생각한 사람이 누가 었었읍니까. 지나보니 민한당은 소멸돼가고 국민당은 교섭단체도 안 되고 있지 않습니까. 신민당이 창당준비위부터 52일 만에 도시선거를 휩쓸게 된 이유를 이 정부는 곰곰이 음미하면서 개헌론에 귀를 기울여야 합니다(동아일보 1985년 4월 8일, 5면).

이와 같은 이민우 총재의 발언이 있기 며칠 전, 민주한국당 유치송 총재는 선거에서의 패배를 책임지고 사퇴했으며, 민주한국당 소속 당선인 32명은 탈당하였고, 이 중 30명은 신한민주당에 입당하였다. 따라서 민주한국당은 3명의 국회의원만 가진 정당으로 몰락한 반면, 신한민주당은 제12대 국회 개원 전까지 당선인을 영입하여 총 103명의 국회의원을 가진 거대 야당으로 등장하게 됐다.

〈표 6-7〉 제12대 국회의원 시도별 당선자

	민주정의당	신한민주당	민주한국당	한국국민당	무소속	합계
서울특별시	13(46.4)	14(50.0)	1(3.6)	0(0.0)	0(0.0)	28
부산직할시	3(25.0)	6(50.0)	2(16.7)	1(8.3)	0(0.0)	12
대구직할시	2(33.3)	2(33.3)	1(16.7)	1(16.7)	0(0.0)	6
인천직할시	2(50.0)	2(50.0)	0(0.0)	0(0.0)	0(0.0)	4
경기도	10(50.0)	4(50.0)	3(15.0)	3(15.0)	0(0.0)	20
강원도	6(50.0)	0(0.0)	1(8.3)	4(33.3)	1(8.3)	12
충청북도	4(57.1)	1(14.3)	1(14.3)	1(14.3)	0(0.0)	7
충청남도	8(50.0)	4(25.0)	4(25.0)	0(0.0)	0(0.0)	16
전라북도	7(53.8)	2(15.4)	1(7.7)	3(23.1)	0(0.0)	13
전라남도	11(52.4)	5(23.8)	5(23.8)	0(0.0)	0(0.0)	21
경상북도	10(50.0)	4(20.0)	3(15.0)	1(5.0)	2(10.0)	20
경상남도	10(52.6)	4(21.1)	4(21.1)	1(5.3)	0(0.0)	19
제주도	1(50.0)	0(0.0)	0(0.0)	0(0.0)	1(50.0)	2
합계	87(48.3)	48(26.7)	2(14.4)	15(8.3)	4(2.2)	180

출처: 중앙선거관리위원회 선거통계시스템(http://info.nec.go.kr/).

제12대 국회의원의 또 다른 특징은 여촌야도(與村野都) 현상의 등장이었다. <표 6-7>에 제시된 바와 같이, 신한민주당은 서울, 부산, 대구, 인천과 같은 도(都)에서 평균 의석비율 보다 높은 의석비율을 기록한 반면, 촌(村)에서는 이보다 낮은 의석비율을 기록했다. 예를 들어, 신한민주당은 서울특별시 지역구 총 28개 중 14개 지역구에서 승리했는데, 이는 서울특별시 지역구 총수의 50.0%에 해당한다. 이 퍼센트는 민주정의당이 획득한 46.4%에 비해서도 높은 수치였다. 이러한 현상은 부산직할시에서 보다 두드러졌다. 부산직할시 지역구 총 12개 중 신한민주당은 6개 지역구에서 승리했는데(50.0%), 이는 민주정의당이 획득한 3석(25.5%)을 훨씬 앞서는 수치였다. 대구직할시와 인천직할시의 경우에 있어서도, 신한민주당은 평균 의석비율 보다 높은 33.3%와 50.0%의 의석비율을 기록했다. 이러한 수치들은 민주정의당이 차지한 의석비율과 같은 것이었다. 따라서

도(都)의 경우, 신한민주당은 민주정의당 보다 많거나 같은 의석을 획득했다.

그렇지만 촌(村)의 경우, 다른 양상이 나타났다. 의석수에 있어서, 신한민주당은 민주정의당을 앞선 경우가 없었으며, 의석비율에 있어서도 민주정의당에 크게 뒤지고 있었다. 심지어 강원도와 제주도에서는 1석도 차지하지 못하고 있었다. 또한 모든 촌(村)에 있어서 신한민주당은 평균 의석비율에 보다 낮은 의석비율을 기록한 반면, 민주정의당은 모든 촌(村)에 있어서 과반의 의석을 확보했다. 이는 민주정의당이 획득한 평균 의석비율을 상회하는 숫자였다. 요컨대, 제12대 대통령 선거 본선에서 비쳐졌던 여촌야도(與村野都) 현상이 제12대 국회의원 선거에서는 뚜렷이 나타났다.

이렇게 제12대 국회의원 선거는 끝났다. 제12대 국회의원 선거가 끝난 후 한 달쯤 된 1985년 3월 6일, 마지막까지 정치활동이 금지되어 있던 김대중, 김영삼, 김종필 등이 해금되었다. 바야흐로 또 다른 '서울의 봄'이 될 수 있는 분위기가 제12대 국회의원 선거 이후 조성되었다. 민주 세력의 단합, 집권 세력의 분열은 제12대 국회의원 선거를 통하여 '서울의 봄'을 만들 수 있는 환경을 제공했던 것이다. 제12대 국회의원 선거결과 등장한 거대 야당과 김대중과 김영삼의 해금은 국민의 요구에 부응할 수 있는 또 다른 기회를 제공했다.

제 7 장 선거를 통한 민주화의 가능성

CHAPTER 07 선거를 통한 민주화의 가능성

제12대 국회의원 선거는 선거를 통한 민주화의 가능성을 보여준 선거였다. 제12대 국회의원 선거는 집권 세력의 분열 속에 민주 세력이 단결하면, 선거를 통하여 권위주의 체제를 극복하고 민주화를 달성할 수 있다는 가능성을 보여주었다. 제12대 국회의원 선거 결과, 민주 세력은 제도권 정치에서의 영향력을 확보했고, 시민사회와 더불어 권위주의 체제에 대항하여 6·29 선언과 대통령 직선제라는 집권 세력의 양보를 획득할 수 있었다. 이렇게 제5공화국은 선거를 통하여 제6공화국으로 전환하게 되었다.

제1절 민주 세력의 단합과 집권 세력의 분열

제12대 국회의원 선거는 권위주의 체제에 정면으로 도전한 신한민주당의 승리였다. 창당 된지 불과 18일 밖에 안 된 신한민주당은 권위주의 체제의 종결과 대통령 직선제를 선거운동의 기조로 국회의원 선거에 임했다. 제12대 국회의원 선거결과, 신한민주당은 집권 정당을 압박할 수 있는 의석수를 확보했으며, 선거 직후 민주한국당 의원 상당수를 영입함으로써 명실상부한 제1야당으로서 집권 세력에 대항할 수 있는 정당으로 부각되었다. 일부에서는 선거에 참여하는 것은 전두환 정권을 인정해주는 것이며, 현실적으로 들러리를 서 주는 것에 불과하기 때문에 선거를 포기하자는 주장도 있었다. 그러나 선거에 참여하지 않았더라면 선거바람도 불지 않았을 것이고, 민주화를 위한 세력도 모이지 않았을 것이다(서중석 2008, 174쪽).

제12대 국회의원 선거의 가시적 결과는 노태우 당시 민주정의당 대통령 후보의 6·29 선언과 대통령 직선제로의 개헌이었다. 민주 세력의 요구인 대통령 직선제를 집권 세력의 새로운 중심으로 부각된 노태우가 6·29 선언 형태로 수용했던 것이다. 물론 집권 세력과 민주 세력의 경쟁은 계속됐으며, 집권 세력은 지속적으로 민주 세력을 분열시키고자 했다. 그러나 6·29 선언과 대통령 직선제로의 개헌은 민주 세력 내부의 단결과 집권 세력의 분열이라는 환경에서 이루어졌다.

민주 세력의 단결은 1983년 김영삼의 단식으로부터 시작됐으며, 1985년 제12대 국회의원 선거를 전후로 체계화되었다. 제12대 국회의원 선거 직후인 1985년 3월 6일 「정치풍토쇄신을 위한 특별조치법」에 의하여 마지막까지 정치활동이 금지되어 있던 인사들이 정치활동의 자유를 얻었다. 당시 해금된 인사는 김대중, 김영삼, 김상현, 홍영기, 윤혁표, 김윤식, 김덕룡이었다. 이들의 해금은 신한민주당을 중심으로 한 민주 세력들의 통합을 더욱 신속하게 했으며, 소위 '야권 통합'의 바람을 일으켰다. 물론 야권 통합에 진통이 없었던 것은 아니다. 또한 신한민주당의 태생적 조건으로 말미암아 당내에서의 세력 간 다툼 가능성도 여전히 존재했다.

먼저 제12대 국회의원 선거 이후 민주한국당이 신한민주당으로 흡수되는 과정을 살펴보자. 1985년 3월 15일 오전 김대중과 김영삼은 첫 공식회담을 갖고 두 사람이 민주화추진협의의 공동의장으로서 「민주화추진운동」의 중심이 되기로 하는 한편, 야권 통합은 제12대 국회의원 선거에서 제1야당이 된 신한민주당을 중심으로 조속히 추진할 것을 합의했다. 이들은 야권 통합이 신한민주당을 중심으로 이루어져야 하며, 이에 따라 당면한 "민주한국당의 전당대회는 야권 통합을 위한 권한을 위임받는 수권 대표를 선출하는 성격이 되는 것이 바람직하다"는 의견을 밝혔다(동아일보 1985년 3월 15일, 1면).

그렇지만 민주한국당은 1985년 3월 29일 서울 잠실 교통회관에서 개최된 전당대회에서 조윤형을 총재로 선출하고, 야권 통합에 대해서는 「정당 대 정당 간의 합당」이라는 원칙을 밝혔다(동아일보 1985년 3월 29일, 1면). 따라서 민주한국당은 김대중, 김영삼이 제안한 「야권 통합추진수건위구성안」은 전당대회에서 부결 폐기되었고, '신한민주당으로의 흡수통합' 등도 채택하지 않았다. 따라서 이날의 민주한국당 전당대회는 민주한국당과 신한민주당의 통합은 정당 대 정당 간의 합당이라는 원칙만을 재확인하는 자리였다(동아일보 1985년 3월 30일, 1면, 3면). 신한민주당은 이러한 민주한국당 전당대회 선언을 받아들이지 않았고, 오히려 4월 3일 민주한국당 탈당을 선언한 의원들을 개별 영입함으로써 민주한국당의 흡수를 사실상 진행하고 있었다(경향신문 1985년 4월 3일, 1면).

이런 와중에 1985년 4월 3일 민주한국당 조윤형 총재는 "민주한국당을 신한민주당에 조건 없이 합당시키고자 한다"고 선언하였다. 물론 조윤형 총재의 선언은 민주한국당 내부로부터 강력한 비판을 받게 된다. 민주한국당 내부에서는 조윤형 총재의 이러한 발언은 전당대회의 결의를 무시한 위법적 처사임으로 무효라고 주장하며, 임시 전당대회 소집을 요구하는 등 반발하였다. 실제로 4월 30일 소집된 임시 전당대회에서 조윤형 총재는 제명 처분되었다(중앙선거관리위원회 1992b, 30쪽). 그렇지만 민주한국당 소속 의원들의 상당수는 탈당하여 신한민주당에 입당함으로써 신한민주당은 민주한국당을 결과적으로 흡수하게 되었다. 이러한 과정 중에 신한민주당은 한국국민당의 일부 의원들도 영입함으로써 명실상부한 제1야당으로서 자리매김 하였다. 이제 야권 세력은 신한민주당을 중심으로 통합되었다.

따라서 집권 세력이 의도한 민주 세력의 다당제 전략은 민주 세력들의 단합으로 인해 그 효과가 약해졌다. 집권 세력은 정당법과 정치자금법의 도움과 함께 중선거구제를 통하여 민주 세력을 분열시키고자 기도했다. 야권의 정당 구도가 다당제라면, 전국구 의석 배분방식을 통하여 집권 세력이 의회에서 과반을 확보할 수 있었기 때문이었다. 그렇지만 제12대 국회의원 선거 이후 정당체제는 집권 세력의 정당인 민주정의당과 민주 세력의 정당인 신한민주당으로 재편되면서, 양당체제의 모습을 갖추게 되었다. 이제 집권 세력은 중선거구제와 전국구 의원제도가 어느 정당에게 유리할지 확신하지 못하는 상황이 된 것이다. 달리 이야기하면, 집권 세력은 다른 방식으로 민주 세력의 분열을 유도할 필요가 있었으며, 민주 세력은 어렵게 마련된 단합을 어떻게 유지할 수 있는지가 주요한 관건이 되었다.

민주 세력은 신한민주당을 중심으로 전두환 정권에 대한 비판과 대통령 직선제 운동을 통해 민주 세력의 단합을 유지하고자 했다. 신한민주당은 제12대 국회 개원의 전제조건으로 김대중 등의 사면·복권, 구속자 석방 등을 제시했다. 그러나 민주정의당은 해금은 본질적으로 통치행위에 속하는 것으로 정치적 논의의 대상이 될 수 없다고 선을 그었다(동아일보 1985년 2월 28일, 1면). 그렇지만 이와 같은 민주정의당의 입장은 3월 4일 변화하게 된다. 1985년 3월 4일 노태우 대표위원 주재로 열린 민주정의당 당중앙집행위원회에서 "해금문제에 대해서는 노 대표위원이 적절한 시기에 당 총재인 전두환 대통령에게 전면 해금을 건의하도록 의견을 모았다"고 전했다(동아일보 1985년 3월 4일, 1면). 이제 정치의 중심이 전두환 대통령에서 노태우와 민주정의당으로 옮겨지기 시작한 것이다.

민주 세력과 집권 세력 간의 경쟁은 제12대 국회 개원부터 두드러졌다. 1985년 5월 13일 개원한 제12대 국회에서 이민우 신한민주당 총재는 국회에 「헌법개정특별위원회」를 구성할 것을 제의하고, 「국회 국정감사권 부활」, 「1구 1인의 소선거구제로의 환원」, 「광주사태 진상규명을 위한 특위구성」 등을 주장했다. 이에 노태우 민주정의당 대표위원은 「호헌을 통한 평화적 정권교체의 실현」, 「비민주적·폭력적 장외운동 및 체제 부정적 폭력행위에 대한 단호한 대처」를 주장했다. 이와 같은 집권 세력과 민주 세력 간의 첨예한 대립은 30일 간 지속된 제12대 개원 국회 내내 지속되었다. 제12대 개원 국회에 대해 정치권은 다음과 같이 묘사하고 있었다(동아일보 1985년 6월 12일, 9면).

> (노신영 총리) 12대 선거는 과거 어느 때보다도 공명정대한 선거를 치르려는 정부의 의지가 작용을 했고 그러한 평을 받았다. …(중략)… 과거 평화적 정권교체를 못해서 국민의 지탄을 받았지 직선제가 안 되어서 지탄 받은 것은 아니다. …(중략)… 10.26 사태 이후 온 국민이 합심노력해서 어려움을 극복했고 그 이후 국민투표를 통해 압도적 다수로 헌법을 확정했으며 이 헌법에 따라 대통령선거와 11대 국회의원선거도 치렀다. 따라서 현 정권에 정통성이 있느냐 없느냐 하는 것은 문제로 성립되지 않는다. 또 이번선거에서 당선된 여야의원들이 이 자리에서 국정을 논의하고 있다.

(배성동 의원·민정) 국민의 여망과 우리의 결의는 제6공화국이 결코 있어서는 안 되겠다는 것이다.

(김수한 의원·신민) 12대 선거는 엄격히 말해 선거라는 이름을 빈 선거 「쿠데타」였으며 「3·15」나 「6·8」에 뒤지지 않는 조직적인 부정선거였다. 그러나 이번 선거의 결과는 정부의 자세에 대한 국민의 준엄한 응징이며 경고다.

(박찬종 의원·신민) 이 나라의 정치비극은 집권세력이 야당할 의사와 의지가 없었기 때문에 빚어진 것이다.

…(중략)…

(노신영 총리) 정부가 광주사태 이후 발표한 수치와 내용은 현재 하나도 바꾸거나 고칠 것이 없다. 또 새삼스럽게 진상을 조사해 아물어가는 상처를 들추는 것은 민족화합과 정치발전에 도움이 되지 않는다.

(김정남 의원·민정) 유언비어에 국회가 잘못 휘말려 들어가는 것은 국민대표기관으로서 국회의 권위를 실추시킬 수 있다는 점에 유의해야 한다. 해결책은 힘들지만 믿음의 풍토를 조성해야 한다. 광주사태를 이 시점에서 낱낱이 들춰내 그 아픔을 재연시키는 것은 현명한 치유방법이 아니다.

(김옥선 의원·신민) 광주사태는 민족사의 대오점이다. 5년이 지난 지금 사태의 진상을 국민 앞에 알려야 할 의무가 정치인 모두에게 부과되어 있다. 특위 구성제의는 국민들의 아픔에 동참, 치유하자는 것이다. 여야 모두 역사의 증인이 되자.

(신기하 의원·신민) 광주는 더 이상 음울한 「정치적 암호」가 되어선 안 되기 때문에 광주사태의 역사적 사실은 철저히 밝혀져야 한다. …(중략)… 총리가 광주사태를 의거도 폭거도 아닌 단순 「사태」로 본다고 말한 것은 자연적 천재지변을 염두에 둔 것 아닌가. 혹 정부와 광주시민 양자 모두 아무런 책임을 질 수 없다는 뜻으로 「사태」라 불렀나.

…(중략)…

(김성기 의원·민정) 김대중씨의 형집행 정지 사유가 해소됐다면 재수감할 용의는 없는가

(이택돈 의원·신민) 김대중씨 사면복권의 전제조건으로 정부당국이 내세운 「본인의 노력」이란 정치활동을 하지 말라는 뜻인가. 그렇다면 그것은 또 다른 정치적 사형이다.

…(중략)…

(노신영 총리) [미문화원 학생 농성 사건은] 젊은 학생들이 단순한 반정부, 혹은 일시적인 흥분이나 혈기에 차서 일으킨 일이 아니라 장기간 계획을 하고 방법을 꾸며서 마치 도시 게릴라와 같은 작전 끝에 침입을 한 것이다.

(김효영 의원·국민) 어느 때보다도 한미관계의 유대가 깊은 이 시기에 이런 반미운동이 일어났는가. 「양키 고 홈」을 슬로건을 내건 나라의 종말이 어떤지는 우리 모두 알고 있다.

(송원영 의원·신민) 지금 70여명이 문제가 아니라 왜 이런 사태가 발생했는지를 알아봐야 한다. 이들은 전체 대학가의 태풍의 눈이다.

집권 세력은 여러 차례 민주 세력을 분열시키고자 했다. 분열의 축은 신한민주당 내부에 상존하는 김영삼의 상도동계, 김대중의 동교동계 그리고 최고위원계 간의 갈등이었다. 집권 세력이 신한민주당에 가한 첫 번째 시도는 '민주연합'으로 명명되던 최고위원계와 나머지 두 세력을 대립시키는 것이었다. 그 시작은 소위 '이민우 구상'으로부터 출발한다.

[그림 7-1] 대통령 직선제 개헌추진본부 서울지부 결성대회(1986년 3월 11일)

출처: 중앙선거관리위원회(2009a, 431쪽).

신한민주당은 대통령 직선제 관철과 전두환 정권으로부터의 민주화를 위하여 연합한 정당이었다. 앞서 언급한 바와 같이, 대통령 직선제 관철은 제12대 국회 개원에서부터 지속적으로 추구해 오던 정책이었다. 그러나 1986년 12월 24일 신한민주당 이민우 총재는 기자회견을 통하여 민주화를 위한 선행 조건이 수용되면 의원내각제도 논의할 수 있다는 요지의 발언을 했다. 기자회견장에서 있었던 일문일답의 내용은 다음과 같다(경향신문 1986년 12월 24일, 1면, 5면).

— 이 총재가 제시한 7개 민주화조치가 충족되면 내각 내각제 개헌으로의 합의 개헌이 가능한가.[1]

"내각제를 받아들이겠다는 것이 아니라 국민의 여망에 따라 직선제가 실시된 뒤 언론 자유보장 등 내각제를 실시할 수 있는 바탕이 마련되면 어느 쪽 집권을 하든 그 때 가서 내각제가 국민의 여망이라면 내각제도 할 수 있다는 뜻이다"

— 선 대통령 직선제, 후 내각책임제를 하자는 얘기인가.

"대통령 직선제가 현재 국민 대다수의 의사이다. 국민의사에 의해 바탕이 마련된 뒤에 내각제를 실시하자는 얘기다. 오죽 답답했으면 선택적 국민투표를 하자고 했겠느냐. 오늘이라도 정부·여당이 양자 택일 국민투표안을 받아들인다면 어떤 결과에도 승복하겠다"

— 내각책임제의 선행조건을 제시한 이유는 무엇인가.

"정부·여당이 현재 민주화 의지를 전혀 보이지 않는 상태에서 내각제를 힘으로 밀어 붙이면 엄청난 후유증으로 혼란을 가져온다. 그러면 우리당은 받아들이지 않을 것이다. 국민이 원하는 직선제를 만들고 그 바탕 위에서 국민 다수의사에 의해 내각제를 하자고 하면 그 때 가서 고칠 수 있을 것이다"

— 민주화 전제 조건이 선행되면 내각제를 거부할 명분이 없지 않은가.

"거듭 말하지만 정당제도가 정착되고 지자제 등이 실시되지 않은 상태에서의 내각제는 사상누각에 불과하다. 대통령이 우선 국민의 손에 의해 선출되고 민주화 작업이 충분히 이뤄진 뒤 국민의 의사에 의해 내각제가 결정되면 따르겠다"

— 그러면 내년에도 신민당의 직선제 개헌방향은 불변인가.

"내년의 개헌목표도 2·12 총선의 민의이고 국민에 대한 공약사항인 대통령 중

---

1 7개 민주화 조치란 지방자치제 실시, 언론 및 집회 결사의 자유 등 기본권 보장, 공무원의 정치적 중립, 2개 이상의 건전한 정당제도 확립 보장, 공정한 국회의원 선거법, 용공분자를 제외한 구속자 석방, 사면복권이다(중앙선거관리위원회 2009a, 435쪽).

심 직선제는 어떤 어려움이 있어도 관철노력을 펴겠다."

'이민우 구상'에 대하여 김영삼과 김대중은 격렬히 반발했다. 김대중은 이민우의 발언은 신한민주당의 당론과 어긋나는 것이며, 집권 세력의 노선과 일치한다고 주장했다.

> 1986년 크리스마스 전날 이민우 총재가 돌연 기자 회견을 열었다. 그리고 '선민주화 후 내각제 협상'을 핵심 내용으로 하는 이른바 '이민우 구상'을 발표했다. 지방 자치제 실시, 언론 자유 보장, 공무원의 정치적 중립, 구속자 석방과 사면·복권 등 7개항의 선행 조건을 전두환 정권이 수용하면 내각 책임제 개헌안에 대한 협상을 검토할 수 있다는 내용이었다. 이 총재의 발언은 대통령 직선제 개헌을 관철한다는 당론과 어긋났다. 또 중요 사안에 대해서는 민추협 의장인 나와 김영삼 씨에게 상의를 해야 하는 데도 단독으로 발표했다. 그러자 노태우 민정당 대표위원은 이틀 후 송년 간담회에서 이에 화답했다.
>
> "이민우 총재의 구상은 신민당이 의원 내각제 협상 가능성을 시사한 것으로 판단되며 이는 국민의 여망인 합의 개헌을 이룩하고 현 정국을 풀어가는 데 진일보한 사태의 진전이라고 생각한다. 의원 내각제 협상 용의를 포용한 것이라면 긍정적으로 논의할 용의가 있다"
>
> 뭔가 잘못되어 가고 있었다. 당 안팎에서 논란이 일었다(김대중 2010, 509쪽).

신한민주당 총재인 이민우와 김영삼·김대중 간의 대립에는 두 가지 해석이 제공될 수 있다. 한 가지는 이들의 갈등이 표면적으로는 대통령 직선제에 대한 갈등으로 비추어지지만, 실질적으로는 내면에 있는 당 지도체제와 관련된 문제였다는 해석이다(중앙선거관리위원회 2009a, 436쪽). 즉 당시 신한민주당의 총재는 이민우였지만, 당을 실질적으로 움직이고 있는 사람은 김대중과 김영삼이었다. 이민우가 총재가 된 것 또한 이들의 협조가 있었기 때문에 가능했다. 따라서 대통령 직선제에 대하여 막혀있는 정국을 타개하기 위해서는 실세인 김영삼이 전면에 나설 필요가 있으며, 이를 위해서는 김영삼이 총재로 추대되어야 한다는 움직임이 퍼지고 있었다. 따라서 '이민우 구상'은 이와 같은 상황에서 이민우 총재가 자신의 독자적 지도력을 강화하기 위하여 나온 구상이라는 것이다.

이민우 신한민주당 총재는 경향신문 기자와의 인터뷰에서 자신의 처지를 다음과 같이 묘사하고 있었다(경향신문 1987년 3월 14일, 3면).

> "나는 민주회복의 장에 이름 석자를 남기겠다는 것 외에 아무 욕심이 없어. 그런데 서명을 받는다 어쩐다 하면서 양 김씨가 나를 이렇게 몰아 붙이는 이유를 알 수가 없어. 지렁이도 밟으면 꿈틀거리는 법이야"
>
> – 양 김씨의 세 과시가 당권을 차지하기 위한 것으로 보는가.
>
> "5월이면 임기가 끝나 2~3개월 밖에 남지 않았고 나는 세력도 없는데 뭐가 그리 초조한지 모르겠다. 그런 것 자꾸 쓰면 또 나를 괴롭히는데 내버려 둬."
>
> – 왜 양 김씨가 초조한 것으로 보는가.
>
> "나도 몰라. 실세라는데 실세가 뭐요. 관리인 됐든 만들어졌든 나도 형식은 투표에 의해 선출된 것이다"

앞서 1987년 2월 13일, 민주화추진협의회 공동의장인 김영삼과 김대중은 공동기자회견을 열고, 개헌 정국 타개를 위하여 전두환 대통령과 김영삼·김대중 간의 여야 지도자 회담 개최를 촉구하였다. 김영삼과 김대중은 여야 지도자 회담에서 대통령 직선제와 의원내각제 두 개헌안을 국민투표에 부치는 소위 '선택적 국민투표'를 제의했다(동아일보 1987년 2월 13일, 1면). 그렇지만 이민우 총재는 김영삼과 김대중의 선택적 국민투표에 대하여 '선민주화론'을 제기하고, 김영삼이 신한민주당 총재로 추대되는 것에 대해서도 반대했다.

이민우와 김영삼·김대중 간의 대립에 대한 또 다른 해석은 집권 세력의 분열 전략이라는 것이다. 집권 세력은 야권 분열을 지속적으로 시도했으며, 신한민주당의 내부 갈등은 결과적으로 김대중과 김영삼이 주도하는 통일민주당 창당으로 이어졌기 때문이다. 1987년 4월 8일 오전, 신한민주당 소속의원 중 상도동계 40명과 동교동계 34명이 탈당하고, 같은 날짜에 통일민주당 창당을 공식적으로 선언했다. 이로써 신한민주당에 잔류한 의원은 이민우 총재를 포함하여 16명에 불과했다. 이 회견에서 김영삼은 신한민주당의 내분과 신당 창당의 배경을 다음과 같이 밝히고 있다.

> "신민당의 내분이 결코 당내만의 사건이 아니라 기본적으로 현 정권의 공작정치의 소산"이라고 주장하고 "우리 두 사람은 번민과 숙고를 거듭한 끝에 신민당을 폭력 지배의 무법천지로 만들고 권력의 농락대상으로 전락시킨 불순 세력과 단호히

결별키로 한 것"이라고 말했다. 그는 창당 이유로 진정한 민주화와 민주회복의 대업을 능히 성취할 수 있는 국민적 야당과 선명하고 용기 있는 인사 중심의 선명 야당을 국민들이 하루 속히 만들라는 것임을 절감했기 때문이라고 설명했다(동아일보 1987년 4월 8일, 1면).

김대중과 김영삼을 중심으로 창당된 통일민주당은 집권 세력에 대한 저항의 강도를 높였다. 통일민주당 창당발기인 대회는 전두환 대통령의 4·13 호헌(護憲) 특별담화가 있던 날 개최됐다. 이날 발표된 결의문을 일부 발췌하면 다음과 같다(중앙선거관리위원회 1992b, 722쪽).

우리 통일민주당(가칭) 창당준비위원회 위원 일동은 지난 2.12 총선에 그토록 압도적인 지지와 성원을 보내준 국민의 여망에 부응하고, 이 땅에 진정한 민주화와 평화적 정권교체를 이룩할 수 있는 확실한 길은 현정권의 영구 집권음모와 깊숙이 연계된 일부 불순세력과 과감히 결별하고 선명하고도 강력한 신당을 창당하는 것임을 굳게 확신하면서 다음과 같이 결의한다.

① 우리는 현정권의 영구집권음모에서 비롯된 야당과 민주세력에 대한 가공할 파괴책동에 대해 엄중 규탄한다.

또한 우리의 창당작업을 비열하고도 폭력적인 방법으로 방해하려 하는데 대해서도 엄중 경계하면서 이같은 작태를 즉각 중단할 것을 강력히 촉구한다.

② 우리는 김대중·김영삼 두 지도자의 창당지도노선을 전폭적으로 지지하며 철통같이 결속하여 국민의 열망에 충실할 수 있는 수권정당을 창당하기 위해 혼신의 노력을 다할 것을 굳게 다짐한다.

집권 세력은 민주 세력의 이러한 저항에 대하여 일관된 입장을 견지하지 못하고 있었다. 대표적 예로서 대통령 직선제에 대한 빈번한 입장 변화를 들 수 있다. 예를 들어, 전두환 대통령은 민주 세력의 대통령 직선제에 대하여 현행 헌법 유지, 의원내각제 개헌, 그리고 다시 한 번 현행 헌법 유지로 입장을 변화했다. 전두환 대통령의 초기 입장은 1985년 국회 국정연설에서 잘 나타난다.

[그림 7-2] 통일민주당 창당대회(1987년 5월 1일)

출처: 중앙선거관리위원회(2009a, 439쪽).

> 이 헌법에 명시된 대통령 단임규정의 최초 실천자로서 그 영광된 소명을 다하겠다는 신념 아래 누차에 걸쳐 본인의 결심을 밝혀왔습니다. 평화적 정권교체는 문자 그대로 평화 속에서 이루어져야 하는 것입니다. 정치와 사회의 안정이 파괴되고 극도의 혼란과 불안이 횡행하는 가운데 전개됐던 비평화적 정권교체의 불행은 과거로 마감되어야 하며 우리는 그러한 실패의 경험을 결코 되풀이 할 수는 없읍니다. …(중략)… 자의(恣意)와 당리에 따라 현행 헌법을 바꾸는 것은 안정된 법체계를 통하여 평화적 정권교체의 새로운 전통을 수립하고 나라 발전을 이룩하려는 우리에게 있어 결코 소망스러운 일이 될 수 없다고 하겠읍니다(경향신문 1985년 1월 9일, 3면).

집권 세력의 다른 인물들도 초기에는 호헌(護憲)을 견지하고 있었다. 예를 들어, 진의종 국무총리는 현행 헌법에 대한 유지의 필요성을 강조했으며(동아일보 1984년 2월 28일), 1985년 1월 11일 민주정의당 김용태 대변인도 "지금은 대통령단임제를 규정한 현행 헌법을 준수하여 아직 한 번도 이룩하지 못했던 평화적 정권 교체의 전통을 수립해 이 땅에 민주주의를 토착화시켜 나갈 때"라고 강조했다(경향신문 1985년 1월 11일, 1면).

물론 당시 집권 세력이 대통령 직선제로의 헌법 개정을 반대했던 이유는 명확했다. 대통령 선출방식이 대통령 직선제로 변경될 경우, 대통령 배출에 실패할 것으로 보았기 때문이다. 만약 집권 세력으로부터 대통령이 나오지 않을 경우 그리고 민주 세력의 후보자가 대통령에 당선될 경우, 이들로부터의 정치적 보복이 예상되었기 때문이다. <표 7-1>에 제시된 바와 같이, 당시의 정당 지지율을 본다면 이러한 추측은 무리한 가정은 아니었다.

여론조사의 신빙성에 대한 의혹은 접어두고서라도, 1984년 10월과 1985년 1월 민주정의당은 민주한국당에 비하여 높은 지지율을 보이고 있었다. 예를 들어, 1984년 10월에 실시한 여론조사 결과를 보면, 민주정의당은 35.6%의 지지율을 보이고 있는 데 반해, 민주한국당은 6.9%의 지지를 보이고 있었다. 1985년 1월 1일에 실시한 조사에 있어서도 민주정의당은 33.7%의 지지율을 보이면서, 민주한국당을 14% 앞서고 있었다.

그렇지만 이러한 상황은 1985년 1월 18일 신한민주당이 창당되면서 크게 변화되었다. 제12대 국회의원 선거가 있었던 1985년 10월의 민주정의당 지지율은 20%대로 떨어졌으며, 신한민주당의 지지율은 41.4%로서 집권 정당에 비해 크게 앞서게 되었다. 1987년 4월과 민주화 운동이 최고점에 달한 1987년 7월 여론조사를 보면 민주정의당 지지율은 45% 정도로서 신한민주당 그리고 정통 야

〈표 7-1〉 정당별 국민지지율

정당별	1984.10[a]	1985.1[b]	1985.10[c]	1987.4[d]	1987.7[e]
민주정의당	35.6	33.7	20.1	4.5점[f]	45
민주한국당	6.9	19.7	–	–	–
신한민주당	–	–	41.4	4.5점[f]	–
통일민주당	–	–	–	–	55

출처: 홍득표(1993), 180쪽에서 재인용.

주: a) 「한국일보」 1984년 10월 14일; b) 「한국일보」 1985년 1월 1일; c) 「동아일보/LA판」 1987년 2월 19일, P.5(여론조사는 경향신문사에서 1985년 10월 실시; d) 「동아일보」 1987년 4월 1일, P.10; e) 「한국일보」 1987년 7월 2일, P.5, 1988년 1월 1일, P.14; f) 동아일보사와 고려대 신문방송학과의 공동 여론조사, 답변의 범위는 10점 만점임.

당을 계승한 통일민주당에 앞서지 못하고 있었다. 만약 국민에 의한 대통령 직접선거가 실시될 경우, 집권 세력은 민주정의당 후보가 당선된다는 확신을 가지지 못했을 것이다.

집권 세력의 호헌(護憲) 노선은 1986년 경 변화되기 시작한다. 신한민주당이 전개한 1천만 개헌 서명운동이 국민들의 지지를 확보해 나가자, 전두환 대통령은 1986년 4월 30일 청와대 3당 대표회담에서 "여야가 국회에서 합의한다면 재임 중에도 헌법을 개정할 용의"가 있다고 밝혔다(중앙선거관리위원회 2009a, 432쪽 김대중 2010, 499쪽). 이에 따라 신한민주당도 1천만 개헌 서명운동을 중단하고 개헌논의를 국회에서 전개하게 되었다.

그러나 전두환 대통령이 추구한 헌법 개정은 대통령 직선제로의 개정이 아닌 의원내각제로의 개정이었다(김성익 1992, 60쪽 조갑제 2007, 152~153쪽). 집권 세력의 의원내각제 헌법 개정에 대하여, 민주 세력은 신한민주당을 중심으로 강력히 반발하였다. 재야 세력을 포함한 민주 세력은 민주정의당 의원내각제 강행 저지를 위한 「내각제 강행저지 및 영구집권 음모 분쇄 범국민투쟁위원회」를 구성했다. 또한 신한민주당은 직선제 개헌안의 야권 단일안을 마련키 위해 국민당과 민주한국당 등과 협의했다(동아일보 1986년 12월 5일, 1면). 그러나 신한민주당 총재인 이민우의 소위 '이민우 구상'은 민주 세력 내의 분열을 야기했다. 특히 1987년 3월 2일 지구당 개편대회에서 이민우 총재는 '선민주화'를 재강조하면서 여야 지도자 회담과 선택적 국민투표를 제안했다(동아일보 1987년 3월 2일, 1면). 이와 같은 신한민주당의 내부 갈등은 결국 통일민주당 창당으로 이어졌다.

이에 조응하여 전두환 대통령은 다시 한 번 헌법 개정에 대한 입장을 변화하여, 호헌론(護憲論)을 주장했다. 1987년 4월 13일 특별담화를 통해 전두환 대통령은 평화적 정부이양과 서울 올림픽을 성공적으로 치루기 위해서는 개헌 논의가 지양해야 할 것을 강조했다.

> 모든 국민이 그토록 바라는 합의개헌은 한 치의 진전도 이룩하지 못하고 있으며 이 문제를 놓고 정파 간에 심각한 반목과 대립만을 거듭하고 있음은 심히 답답하고 유감스러운 일이 아닐 수 없읍니다. 이대로 가다가는 합의개헌의 실마리가 풀리

> 기는 커녕 국론이 분열되고 사회혼란이 조성되어 끝내는 평화적 정권이양마저 과연 제대로 될 수 있을까 하는 것이 국민의 공통된 우려라고 하겠읍니다. …(중략)… 새 정부의 출범과 관계되는 문제를 시간에 쫓겨 졸속으로 처리하는 것은 그 자체가 시비와 혼란의 원인이 될 수 있을 뿐만 아니라 나라의 장래를 위해서도 실로 무책임한 일이라고 할 것입니다. 이 시점에서 본인은 얼마 남지 않은 촉박한 임기와 현재의 국가적 상황을 종합적으로 판단하여 중대한 결단을 내리지 않으면 안 되게 되었읍니다. 이제 본인은 임기 중 개헌이 불가능하다고 판단하고 현행 헌법에 따라 내년 2월 25일 본인의 임기만료와 더불어 후임자에게 정부를 이양할 것을 천명하는 바입니다. 이와 함께 본인은 평화적인 정부이양과 서울올림픽이라는 양대 국가대사를 성공적으로 치르기 위해서 국론을 분열시키고 국력을 낭비하는 소모적인 개헌논의를 지양할 것을 선언합니다(매일경제신문 1987년 4월 13일, 3면).

전두환 대통령의 4·13 호헌조치는 제도권 민주 세력뿐만 아니라 시민사회의 강력한 반발을 불러일으켰다. 1987년 4월 13일 대한변호사회를 시작으로 민주통일민중운동연합, 한국기독교교회협의회, 전국목회자정의평화실천협의회 등이 4·13 호헌조치를 반대하는 성명을 발표했다(중앙선거관리위원회 2009a, 442쪽). 서울대학교를 비롯한 전국의 많은 교수들과 학생들은 4·13 호헌조치에 반대하는 성명 및 시위를 지속적으로 전개했으며, 약 82개 대학 및 단체의 교수 등 5,246명(치안당국 집계)이 시국성명에 서명했다(한국 1987년 6월 27일 한국기독교사회문제연구원 1987, 84쪽에서 재인용). 이러한 환경에서 당시 통일민주당 창당준비위원장이었던 김영삼은 "형식에 얽매이지 않는 책임있는 사람끼리의 허심탐회한 대화"를 제안했다.

> 김위원장은 14일 오전 민추협에서 기자회견을 갖고 "누구도 납득할 수 없는 계산으로 시간부족을 내세우거나 자신의 개헌의지 결여를 남에게 뒤집어 씌우지 말고 즉각 민주개헌을 위한 실질적 대화에 응할 것을 요구한다"고 밝히고 "전대통령이 진실로 개헌과 관련해서 「정치적 사심」이 없다면 실질적 대화를 통한 타협에의 길은 넓게 열려 있다"고 말했다. 김위원장은 개헌권력구조와 정치보복의 배제 등 모든 문제를 일거에 해결하기 위해서는 "형식에 얽매이지 않는 책임있는 사람끼리의 허심탄회한 대화가 있어야만 한다"면서 "현정권이 만약 우리의 제의를 거부한다면 우리 당이 아무리 대화와 타협의 정신 그리고 의회민주주의 원칙을 지키고자 해도 국민적인

> 저항과 궐기를 회피할 수 없게 될 것"이라고 경고했다. 김위원장은 여야 실질대화와 관련, "영수회담 또는 전대통령과 자신 및 김대중씨 간의 3자회담이나 전대통령 노태우 민정대표위원과 자신과의 회담 등 어느 형태도 구애받지 않는다"고 말했다. 김위원장은 또 "노대표도 상당히 책임있는 사람"이라고 말하면서 2자회담에 응할 가능성도 비쳤다. …(중략)… 그는 "우리는 어떠한 어려움이 있더라도 모든 민주세력과 굳게 단합하여 대통령중심직선제 개헌과 민주화를 관철하기 위해 최선의 노력을 다할 것"이라고 말하고 정치범 2천 여명의 전면 석방과 김대중씨 등의 사면복권, 김대중씨 감금해제와 정치활동 보장, 통일민주당 창당방해의 즉각 중지를 정부에 촉구했다(동아일보 1987년 4월 14일, 1면).

이렇게 집권 세력은 타협의 장으로 내몰리고 있었다. 제12대 국회의원 선거를 토대로 형성된 제도권 민주 세력은 시민사회의 힘과 더불어 권위주의 정권에 저항하고 있었으며, 승리의 가능성을 보이고 있었다. 1987년 5월 박종철 고문치사 사건, 6월 이한열 학생 사망 등으로 상징되는 6월 민주항쟁은 권위주의 체제에 대한 저항이 단지 제도권에서만 머무르는 것이 아닌 국민 전체의 운동으로 퍼져나가게 했다. 이러한 항쟁으로 인해 6·29 선언, 대통령 직선제 개헌이라는 민주화의 첫 단추가 끼워지게 되었다.

제 2 절 6월 민주항쟁, 6·29 선언 그리고 대통령 직선제 개헌

1987년 5월 27일, 제도권 민주 세력 그리고 재야단체 및 종교계가 연합하여 「민주헌법쟁취 국민운동본부」(이하 국민운동본부)를 결성한다. 국민운동본부는 4·13호헌 조치의 철회와 대통령 직선제 개헌 등을 위한 공동투쟁을 벌였다. 이들이 처음 취한 행동은 5월 22일 폭로된 박종철 고문치사 사건에 대한 국민대회 개최였다.

박종철 고문치사 사건은 4·13 호헌조치 뿐만 아니라 정권의 정통성에 대한 심각한 의문을 제기하게 만들었다. 박종철 고문치사 사건은 당시 서울대학교 학생이었던 박종철이 대공수사단에 의하여 체포된 후 폭행과 전기고문, 물고문 등을 받다가 1987년 1월 14일 숨진 사건을 정부 당국이 은폐하고자 했던 사건이다. 사건 초기 경찰은 고문을 받다가 숨진 사실을 숨기고 "책상을 '탁'치니 '억'하고 쓰러졌다"며 단순 쇼크사라고 발표했다. 그러나 당시 검안을 담당했던 중앙대학교 부속 용산병원 의사였던 오연상이 16일 자신이 관찰한 바를 기자회견을 통해 밝힘으로써 사건의 내막이 공개되게 되었다(동아일보 1987년 1월 26일, 5면). 오연상의 공개로 인하여, 경찰은 1987년 1월 19일 물고문 사실을 시인하고 관련 경찰관을 구속했고, 전두환 대통령은 내무부 장관과 치안본부장을 해금했다. 그러나 1987년 5월 18일 천주고 정의구현사제단 김승훈 신부는 정부 당국이 박종철 고문치사 사건을 은폐했고, 과정 일체도 조작하여 국민들을 속였다고 폭로했다(동아일보 1987년 5월 22일, 1면, 5면). 이로 인해 박종철 고문치사 사건은 반정부 투쟁, 즉 집권 세력에 대한 불신과 권위주의 체제 반대의 불씨가 되었다.

박종철 고문치사 사건을 기점으로 정권 퇴진 운동은 국민 전반에 퍼지기 시작했다. 6월 민주항쟁이라는 명명되는 일련의 민주화 시위는 집권 세력의 존재를 위협하게 되었다. '6·6 항쟁', '박종철군 고문살인 은폐·조작 규탄 및 호헌철폐 국민대회', '6.18 최루탄 추방대회', '6.26 국민평화대행진' 등은 민주 세력의 요구가 단지 민주 세력의 요구일뿐만 아니라 국민의 요구임을 집권 세력에게 전달하고 있었다. 6월 10일에서 26일까지의 민주화 운동에 대한 기초자료를 모아 발간한 한국기독교사회문제연구원는 당시의 모습을 이렇게 전달하고 있다.

> 서울지역의 경우 시위가 처음 시작된 민추협 사무실 주변, 을지로 네거리, 롯데백화점 앞 등에서 경찰의 즉각적인 최루탄 공세가 퍼부어졌고 이후에도 시위대가 형성되기만 하면 무차별 최루탄을 난사하였다. 그러나 6월 9~10일을 애국학생 총궐기의 날로 선언한 서울지역 대학생들은 최루탄 난사에도 불구, 명동 일대에서 치열한 숨바꼭질 투석 시위를 계속하였으며 저녁 7시 반경에는 시민들이 적극 합세, 시위대가 2만여명으로 불어나자, 대학생·시민들은 대중 정치집회를 마련, 정부·여당을 성토하면서 투쟁의 열기를 한껏 고조시켜 나갔다. 이들은 경찰의 최루탄 공세가 다시 시작되었을 때에도 뒤편 회현고가도로를 점거, 완강히 저항하였으며, 시민들은 이들을 적극 지원하였다(한국기독교사회문제연구원 1987, 59쪽).

[그림 7-3] 박종철 국민추도회: 명동성당(1987년 2월 7일)

출처: e영상역사관(http://www.ehistory.go.kr).

박종철

박종철(1964년 4월 1일~1987년 1월 14일, 부산광역시 출생)은 대한민국의 민주운동가이다. 서울대학교 언어학과 학생회장이던 그는 제5공화국 말기에 공안당국에 붙잡혀 폭행과 전기고문, 물고문 등을 받다가 죽임을 당했다. 이는 당시 전민련 상임의장이였던 이부영과 천주교 정의구현 전국사제단의 노력으로 1987년 5월 18일 광주민주화운동 7주기 추도미사 도중 김승훈 신부가 박종철 고문치사 사건의 진상이 조작되었음을 폭로하였다. 이 사실을 은폐하려던 군사독재정권의 불의는 당연히 민중들의 군사독재정권에 대한 항의인 6월 항쟁의 계기가 되어, 시민들의 대대적인 저항에 부딪혔고, 결국 6·29 선언을 발표함으로써 민주화 요구를 수용할 수밖에 없었다.

1987년 6월 10일 민주정의당이 제13대 대통령 선거의 자당 후보로서 노태우를 선출하던 날, 성공회 대강당에서는 '6·10 박종철군 고문살인 은폐·조작 규탄 및 호헌철폐 국민대회'(이하 6·10 국민대회)가 열렸다. 6·10 국민대회는 박종철 고문치사 사건에 대한 규탄과 전두환 대통령의 호헌조치에 반대하는 국민대회였다. 특히, 6·10 국민대회 바로 전날, 6·10 국민대회를 앞두고 연세대학교에서 가진 출정 궐기대회에서 연세대학교 학생 이한열이 뒤에서 날아 온 최루탄을 맞아 뇌사 상태에 빠지는 사건이 발생했다. 도망가는 학생을 '뒤에서 겨누어' 최루탄을 쏜 것으로서, 최루탄을 맞아 피를 흘리는 이한열을 동료 학생이 뒤에서 껴안고 있는 사진을 본 국민들은 경악했다. 이 사진은 6월 민주항쟁의 상징이 되었으며, 이한열이 뇌사 상태에 빠졌다는 소식은 정권에 대한 불신을 한층 더 깊게 하였다.

[그림 7-4] 이한열 장례식: 서울 연세대학교(1987년 7월 9일)

출처: e영상역사관(http://www.ehistory.go.kr).

이한열

이한열(李韓烈, 1966년 8월 29일~1987년 7월 5일, 전남 화순 출생)은 대한민국의 학생운동가이다. 연세대학교 총학생회 간부로 활동하였으며, 반전두환 운동에 가담, 1987년 시위 참여 중 전경이 쏜 최루탄을 맞고 사망하여 6월 항쟁과 6·29 선언의 도화선이 된 인물이다.

그 동안 냉정한 보도 자세를 유지하고 있던 외국 언론들의 태도가 변화하기 시작했다. 예를 들어, 일본 언론은 서울 종로에서 기동대가 학생·시민들에게 포위된 사진을 비롯하여(조일신문), 불타는 경찰 오토바이와 방패(매일신문), 최루탄에 쫓기는 학생 등의 사진을 각각 3~4단 크기로 게재했다(독매신문). 특히 요미우리신문은 확대 일로에 있는 반정부 데모가 당분간 계속될 것이며, 정부는 대폭 양보 또는 강권 발동의 양자택일을 강요당하고 있다고 보도했다(경향신문 1987년 6월 19일, 5면). 김대중은 '6·18 최루탄 추방대회'를 전후한 당시의 상황을 다음과 같이 묘사하고 있었다.

> 최루탄을 맞은 이한열 군은 국민들의 간절한 바람에도 불구하고 깨어날 줄을 몰랐다. 국본은 '최루탄 추방의 날' 행사를 갖기로 했다. 서울, 부산, 대구, 광주 등 전국에서 150만여 명이 시위에 참여했다. 이날의 시위는 전 정권에게 엄청난 위기감을 안겨 주었다. 다음 날 오전 10시 30분, 전두환 대통령은 군 수뇌부, 안기부장 등과 대책회의를 열었다. 그리고 다시 군 병력을 투입하기로 했다. 구체적인 병력 배치 및 파견 계획을 시달했다. 또다시 유혈사태를 예고하는 일촉즉발의 위기였다. 그런데 이날 오후 4시경에 이 계획은 취소되었다. 그 배경은 자세히 알 수 없지만 아마 미국 정부의 강력한 반발에 직면했을 것으로 짐작된다. 또 한 가지, 세계가 주시하고 있는 올림픽을 앞두고 그런 만행을 감행할 수 없었을 것이다. 사마란치(Juan Antonio Samaranch) 국제 올림픽위원회 위원장은 만일 서울에서 소요가 발생하면 개최 장소를 다른 곳으로 옮기겠다고 밝힌 바 있었다. 올림픽은 전 정권이 기회가 있을 때마다 전가의 보도처럼 꺼내서 국민을 현혹시켰던 카드였다. 하지만 올림픽이 독재 정권을 꽁꽁 묶어 버렸다. 거대한 부메랑이었다. 민심을 향해 던진 추파가 되돌아와 정권의 탄식이 되었다. 전 대통령이 그렇게 자랑했던, 정부 여당이 그렇게 믿었던 올림

픽, 그들은 결국 그 올림픽에 갇혀 버렸다(김대중 2010, 517~519쪽).

집권 세력은 6월 민주항쟁에 대해 당혹함을 감출 수 없었다. 집권 세력은 민주항쟁의 대처에 있어서 다양한 목소리를 드러냈으며, 민주 세력과의 타협도 고려하고 있었다(경향신문 1987년 6월 22일, 1면).

> 민정당은 일요일인 21일 서울 가락동 중앙정치연수원에서 6시간 동안 의원총회를 열어 시국대처 방안을 협의한 끝에 현시국을 심각한 국면이라고 규정, 전향적인 해결대책이 필요하다는데 의견을 모으고 비상조치 등 물리력이 아닌 정치력으로 시국을 타개하기 위해 정치적 노력을 기울이기로 했다. …(중략)… 이날 일부 지역출신 의원들은 광범위한 대화노력, 특히 전두환 대통령과 김영삼 민주당총재의 회담을 검토할 것을 건의했으며, 김대중씨의 연금해제와 6.10 사태 관련 구속자에 대한 신축적 자세를 요구했다. 또 일부 의원들은 당내민주주의 활성화, 직선제 검토, 부조리의 척결, 인권 및 언론활성화 등 적극적인 민주발전 조치 등을 제의했으나 용공좌경세력 및 체제전복 기도세력에 대해서는 단호히 대처해야 한다는 데는 의견을 같이했다. 이날 의총에서 노태우 대표의원은 "어떤 희생을 각오하고라도 난국을 정치력으로 풀어갈 생각"이라고 밝히고 "민심을 겸허하게 받아들이고 우리의 진심을 그대로 전하는데 혼신의 노력을 아끼지 않겠다"고 말했다. 노대표는 "국민은 연약한 여당은 원치 않으며 당당하고 국민과 함께 호흡하는 여당을 바라고 있다"고 강조하고 "모든 책임을 지고 난국타개에 앞장설 것을 약속한다"고 밝혔다.

1987년 6월 24일, 김영삼 통일민주당 총재는 전두환 대통령과 단독회담을 갖고 4·13 호헌조치 철회와 대통령 직선제 개헌을 촉구했다. 이날 회담에서 김영삼은 "직선제 개헌을 수락할 수 없으면 헌법 제47조의 '중요 국정사항'으로 직선제와 내각제를 놓고 선택적 국민투표를 실시하자"는 선택적 국민투표를 제안했다(중앙선거관리위원회 1992b, 757쪽).

그렇지만 이날 회담은 결렬됐고, '6·26 민주헌법쟁취 국민평화대행진'(이하 6·26 국민평화대행진)이 개최되었다. 6·26 국민평화대행진은 대통령 직선제 개헌을 위한 평화 행진이 목적이었다. 한국기독교사회문제연구원에 의해 정리된 1987년 6월 26일, 서울지역 일지 중 일부를 발췌해 본다(한국기독교사회문제연구원 1987, 114~116쪽).

* 서울역 앞, 동대문로터리, 영등포로터리 등 시내 68곳에서 연인원 25만여명 격렬 가두시위
- 17:35. 민주당 총재, 2백여명 태극기 앞세우고 당사에서 시청쪽으로 행진 중 경찰이 차단, 최루탄 발사(태극기 빼앗아 찢음)
- 17:40~18:00. 명동 중국대사관앞 학생. 시민 1천여명 집결, 신세계로 행진 중 경찰이 최루탄 난사 해산.
- 17:50. 신세계앞 분수대 주변 3천여 명이 집결, 시위하던 중 최루탄 난사로 퇴계로·을지로 방향으로 밀림. 이때 종로방향은 완전히 차단되어 있는 상태임.
- 18:20. 태평로 3천명 시위 중 주변시민 1천명 박수치며 호응. 차량경적 시위 끊이지 않음. 도로점거 시위 중 전경 5백여명이 부분적 최루탄 발사.
- 18:25. 중앙극장 앞 시민 2천여명이 차도 2백미터를 점거·시위중.

…(중략)…

- 21:45. 서울역 19시 10분에 모이기 시작하여 학생·시민 2만 5천여명이 20시부터 시위 시작. 최루탄 발사로 20시 30분에 흩어지다가 다시 모여서 화염병 던지며 대항. 학생·시민 2만여명이 철 바리케이드를 돌로 치며 소음 시위.
- 22:50. 동대문에서 신설동 16시 30분쯤부터 도로변 시민·학생 3천여명으로 교통마비. 점거된 차량에 구호가 가득 적혀 있었고, 차량시위를 방불케 함. 22시 50분 현재 지랄탄 발사하여 진압 시작.
- 23:00. 서울운동장에 최루탄을 발사하였으나 대열은 유지되고 숨박꼭질 시위. 시민들 투석전 1백여명. 동대문에는 3천명이 1시간 반 가량 시위. 23시 10분에 진압 시작.
- 23:20. 동대문 4거리에서 시민·학생 5백명 이상이 플래카드를 걸고 경적 시위를 하여 교통마비현상. 서울운동장에서 장충동쪽으로 이동.

이제 집권 세력은 민주 세력이 주장하는 대통령 직선제를 수용하던지, 아니면 계엄령을 선포하고 군대를 동원해야 하는 선택의 기로에 놓이게 되었다. 그렇지만 군대를 동원하기에는 여러 가지 어려움이 있었다. 하나는 광주 민주화항쟁과 이에 따른 반미투쟁을 경험한 미국이 군대 동원에 지지를 보내기 어려웠다. 또한 박종철 고문치사 사건 이후 있었던 개각에서 온건 학자였던 이한기가 총리가 되었던 것이다. 만약 계엄령을 선포할 경우, 출신지가 광주인 이한

[그림 7-5] 6·26 민주헌법쟁취 국민평화대행진: 서울 시청 앞 도로(1987년 6월 26일)

출처: 중앙선거관리위원회(2009a, 448쪽).

기 총리가 사표를 제출하면, 전두환 정권은 안에서부터 곤경에 빠질 수 있었기 때문이다(서중석 2008, 219~220쪽).

이러한 시점에서, 1987년 6월 초 집권 세력을 대표하는 또 다른 인사인 노태우는 모종의 결심을 하게 되었다. 그 결심은 민주 세력의 요구를 전적으로 수용하여, 전두환 정권 기간 내에 대통령 직선제로의 헌법 개정을 추진한다는 것이었다. 누가 이 선언을 시작했는지에 대해서는 논쟁이 있지만, 선언을 발표한 노태우는 6·29 선언의 결심을 다음과 같이 서술하고 있다.

> 6·29 선언을 결심하게 된 결정적인 계기는 6월 10일 저녁 나를 위한 축하연이 열릴 힐튼 호텔로 가는 승용차 안에서였다. 대통령 후보 지명 축하 리셉션에 참석하기 위해 집사람과 함께 차를 타고 연희동에서 중앙청, 남대문을 지나 힐튼 호텔에 들어설 때까지 거리에서의 시위는 계속 되고 있었다. 이날 국민운동본부가 주도한 '박종철군 고문치사 조작, 은폐 규탄 및 호헌 철폐 국민대회'는 전국을 휩쓸다시피 했다. 게다가 연세대생 이한열군이 전날인 9일의 시위 도중 최루탄 파편에 맞아 중

> 태에 빠졌다는 뉴스로 인해 불에 기름을 부은 듯 규모가 커지면서 더욱 격렬하게 전개됐다. 이 때문에 시내가 온통 최루탄 가스 냄새로 가득 찬 것 같았다. 콧물과 눈물이 그치지 않을 정도였다. 우리 내외가 호텔에 들어서자 안에서까지 가스 냄새가 나고 있었다. 참으로 착잡한 느낌이었다. …(중략)… 대통령 후보가 되었다는 기쁨 보다 '이제까지는 정치 지도자의 한 사람으로서 다른 지도자들과 책임을 함께 했지만, 앞으로는 모든 게 내 책임이다. 따라서 내 스스로 이 난국을 헤쳐 나가지 않으면 안 되는 운명에 놓였다'는 생각이 들었다. …(중략)… 나는 '변화가 있어야겠다. 역사에 하나의 획을 그어야겠다'고 결심했다(조갑제 2007, 155~156쪽).

민주정의당 대표위원이자 대통령 후보인 노태우는 1987년 6월 22일 전두환 대통령을 만났다(경향신문 1987년 6월 22일, 1면). 이 자리에서 노태우는 전두환에게 국가의 원로, 정당대표 등과 만나 정국 해결의 실마리를 찾기로 건의했다고 한다. 또한 6월 24일 저녁, 노태우는 전두환 대통령의 요구에 의해 청와대로 향했다. 노태우는 당시 상황을 다음과 같이 기억하고 있다.

> 전대통령은 6월 24일 저녁 나를 불렀다. 청와대에 올라가 시국과 관련한 이야기를 나누던 중에 전대통령은 불쑥 "직선제를 해도마, 이기지 않겠소"하고 말을 꺼냈다. 나는 "무슨 말씀이십니까? 직선제로서 이긴다고요? 안 될 말씀입니다"하고 부정적으로 반문했다. …(중략)… 나는 전대통령의 이야기를 '앞으로 절대 변하지 않는 결심'으로 굳혀야겠다는 마음에서 "그게 되겠느냐"는 식으로 반어법을 쓴 것인데, 후에 이 대목에서 내가 반대한 것으로 알려지는 이유가 된 것 같다. …(중략)… 나는 "변함 없는 생각이십니까"하고 전대통령의 말을 재확인했다. 그랬더니 "그 방법밖에 없지 않느냐"고 해서 "알았습니다. 이런 말씀을 드리는 것이 예의에 어긋나는지 모르겠지만 이왕 내가 대통령 후보로 지명됐으니 선거에서 이기든 지든 앞으로의 문제에 대한 책임은 모두 다 제가 지도록 하겠습니다. 모든 것을 나한테 맡기고 관여하지 말아 주세요. 앞으로의 운명은 제가 책임지고 개척해 나가겠습니다"하고 말했다. …(중략)… 하여튼 그 자리에서 6·29 선언이 구체적으로 논의된 것은 아니었다. 그 자리에서는 "직선제를 한다, 김대중씨를 사면 복권한다"는 두 가지 뿐이었다. …(중략)… 나는 극비로 보안조치를 취하고 중간 중간 선언문 초안 내용을 검토하면서 약간의 보완을 한 후 최종 문안은 6월 27일에 결정을 보아 이병기 당 대표 보좌역에게 정서를 시켰다. 일부 보도에는 내가 발표 문안을 들고 청와대에 들어가서 협의를 했

> 다고 하는데 그런 일은 없었다. 6월 24일 이후 6·29 선언 때까지 나는 청와대에 올라간 일이 없었다. 선언 직전 주말인 6월 27일 청와대에서 내게 들어오라는 연락이 왔어도 올라가지 않았다(조갑제 2007, 160~161쪽).

1987년 6월 29일, 노태우는 대통령 직선제를 골자로 하는 6·29 선언을 발표했다. 6·29 선언의 핵심적 내용은 대통령 직선제로의 개헌, 평화적 정권이양, 김대중 등 시국 사범의 사면 및 복권, 인간 존엄성 존중, 언론의 자유 보장, 지방 및 교육자치제 실시, 정당의 활동 보장 등이었다. 6·29 선언의 전문은 다음과 같다.

6·29 선언 전문

친애하는 국민 여러분!

오늘 저는 각계각층이 서로 사랑하고 화합하여 이 나라의 국민임을 자랑스럽게 여기며, 정부 역시 국민들로부터 슬기와 용기와 진정한 힘을 얻을 수 있는 위대한 조국을 건설하기 위해 비장한 각오로 역사와 국민 앞에 서게 되었습니다. 그러면 저의 구상을 주저 없이 말씀드리겠습니다. 이 구상은 대통령각하께 건의를 드릴 작정이며, 당원동지, 그리고 국민 여러분의 뜨거운 뒷받침을 받아 구체적으로 실현시킬 결심입니다.

첫째, 여야 합의하에 조속히 대통령직선제 개헌을 하고 새 헌법에 의한 대통령선거를 통해 88년 2월 평화적 정부이양을 실현토록 해야 하겠습니다. 오늘의 이 시점에서 저는, 사회적 혼란을 극복하고, 국민적 화해를 이룩하기 위하여서는, 대통령직선제를 택하지 않을 수 없다는 결론에 이르게 되었습니다. 국민은 나라의 주인이며, 국민의 뜻은 모든 것에 우선하는 것입니다. 둘째, 직선제 개헌이라는 제도의 변경뿐만 아니라, 이의 민주적 실천을 위하여는 자유로운 출마와 공정한 경쟁이 보장되어 국민의 올바른 심판을 받을 수 있는 내용으로 대통령선거법을 개정해야 한다고 봅니다. 또한 새로운 법에 따라, 선거운동 투개표과정 등에 있어서 최대한의 공명정대한 선거관리가 이루어져야 합니다. 셋째, 우리 정치권은 물론 모든 분야에 있어서의 반목과 대결이 과감히 제거되어 국민적 화해와 단결을 도모하여야 합니다. 그러한 의미에서 저는 그 과거가 어떠하였든 간에 김대중씨도 사면복권되어야 한다고 봅니다. 그리고 우리와 우리들 자손의 존립기반인 자유민주주의적 기본질서를 부인한 반국가사범이나 살상 방화파괴 등으로 국기를 흔들었던 극소수를 제외한 모든 시국관련 사범들도 석방되어야 합니다. 그리하여 이들도 민주시민사회의 일원으로 돌아올 수 있기를 간절히 희망합니다. 넷째, 인간의 존엄성은 더욱 존중되어야 하며 국민 개개인의 기본적 인권은 최대한 신장되어야 합니다. 이번의 개헌에는 민정당이 주장한 구속적부심 전면확대 등 기본권 강화조항이 모두 포함되기를 기대합니다. 또한 정부는 인권침해사례가 없도록 특별히 유의하여야 하며, 민정당은 변호사회 등 인권단체와의 정기적 회합을 통하여 인권침해 사례의 즉각적 시정과 제도적 개선을 촉구하는 등 실질적 효과거양에 주력하여야 할 것입니다. 다섯째, 언론자유의 창달을 위해 관련제도와 관행을 획기적으로 개선해야 합니다. 아무리 그 의도가 좋더라도, 언론인 대부분의 비판의 표적이 되어온 언론기본법은 시급히 대폭 개정되거나 폐지하여 다른 법률로 대체되어야 할 것입니다. 지방주재 기자를 부활시키고 프레스카드 제도를 폐지하며 지면의 증면 등 언론의 자율성을 최대한 보장하여야 합니다. 정부는 언론을 장악할 수도 없고 장악하려고 시도하여서도 아니됩니다. 국가안전보장을 저해하지 않는 한 언론은 제약받아서는 아니됩니다. 언론을 심판할 수 있는 것은 독립된 사법부와 개개인의 국민임을 다시 한번 상기합니다. 여섯째, 사회 각 부문의 자치와 자율은 최대한 보장되어야 합니다. 각 부문별로 자치와 자율의 확대는 다양하고 균형있는 사회발전을 이룩하여 국가발전을 이룩하여 국가발전의 원동력이 된다고 믿습니다. 개헌절차에도 불구하고 지방의회 구성은 예정대로 순조롭게 진행되어야 하고 시 도 단위 지방의회 구성도 곧이어 구체적으로 검토, 추진하여야 할 것으로 생각됩니다. 학문의 전당인 대학의 자율화와 교육자치도 조속히 실현되어야 합니다. 이를 위해 대학의 인사, 예산, 행정에 대한 자율성을 보장하고 입시, 졸업제도도 그와 같은 방향으로 개선해 나가야 합니다. 그리고 우수한 많은 학생들이 학비조달에 큰 어려움이 없도록 관련제도를 보완하고 예산에 반영하여야 할 것입니다. 일곱째, 정당의 건전한 활동이 보장되는 가운데 대화와 타협의 정치풍토가 조속히 마련되어야 합니다. 정당은 국리민복을 위하여 책임있는 주장이나 정책을 추진함으로써 국민의 정치적 의사를 형성하고 결집하는 민주적 조직체이어야 합니다. 정당이 이러한 목적에 위배되지 않는 건전한 활동을 하는 한, 국가는 이를 보호하고 육성하는 데 진력하여야 할 것입니다. 여덟째, 밝고 맑은 사회건설을 위하여 과감한 사회정화 조치를 강구해야 합니다. 이를 위해 모든 시민이 안심하고 행복한 생활을 누릴 수 있도록 폭력배를 소탕하고 강도절도 사범을 철저히 단속하는 등 민생활 침해사범을 척결하고 우리사회에 잔존하는 고질적인 비리와 모순을 과감히 시정해 나가야 합니다. 근거 없는 유언비어가 추방되고 「지역감정」이나 「흑백논리」와 같은 단어들이 영원히 사라져 서로 신뢰하고 사랑할 수 있는 공동체를 만들어야 합니다. 그리하여 온 국민이 안정된 사회환경 속에 안심하면서 자부심을 가지고 활기찬 생활을 할 수 있도록 하여야 할 것입니다.

이러한 사항들이 오늘의 난국을 타개하고 위대한 국가로의 전진을 위한 시급한 당면과제라고 생각합니다.
국민 여러분!
역사의 단절이 아니라 지속적 발전을 바라는 여러분의 기대를 등에 업고 역사와 국민을 두려워하는 겸허한 마음으로 오늘 저는 이 제안을 감히 하는 바입니다.
저는 우국충정에서 나온 이 구상이 대통령 각하와 민주정의당 전 당원은 물론이고 국민 모두의 성원으로 꽃피울 수 있게 되리라 확신합니다. 저의 이 기본구상이 받아들여진 경우에는 앞으로 이에 따라 세부 추가사항들이 추진될 것입니다.
만의 일이라도 위의 제안이 관철되지 아니할 경우, 저는 민정당 대통령후보와 당대표 위원직을 포함한 모든 공직에서 사퇴할 것임을 아울러 분명히 밝혀두는 바입니다.

[그림 7-6] 6·29 선언 및 신문호외

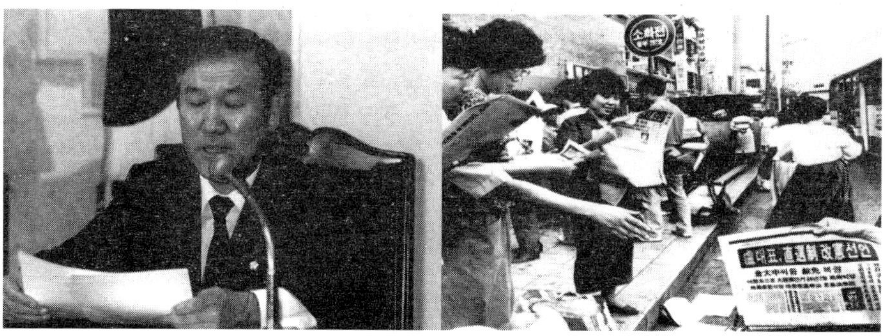

출처: 중앙선거관리위원회(2009a, 450쪽).

1987년 7월 1일, 전두환 대통령은 특별담화를 통하여 노태우의 6·29 선언을 수용하고, 대통령 직선제로의 개헌을 실시한다고 발표했다.

전두환대통령은 1일 대통령직선제 개헌과 김대중씨 사면복권을 골자로 하는 노태우민정당 대표위원의 시국 수습안을 전폭적으로 수용한다고 밝혔다. 전대통령은 이어 조속한 시일 내에 여야가 대통령직선제 합의개헌을 이루어 임기 중 새 헌법에 따른 제13대 대통령선거를 실시하고 내년 2월 25일 후임 대통령에게 평화적으로 정부를 이양하겠다는 정치일정을 밝혔다. …(중략)… 전대통령은 이날 “노대표위원이 건의한 대통령직선제 개헌, 대통령선거법의 공정한 개정, 김대중씨 사면복권과

> 구속자 대폭석방, 기본인권의 최대한 신장, 언론 활성화, 지자제 및 교육자치제 조속 실현, 정당활동보장, 사회비리 척결 등 8개항에 대해 그 내용이 본인의 생각과 전적으로 합치된다"면서 "건의내용을 전폭적으로 수용, 획기적인 민주발전 국민화합조치를 취하기로 결심했다"고 말했다. …(중략)… 전대통령은 이날 "그동안 시위에 참가한 학생이나 그것을 막느라고 고생한 경찰관이나 최루탄 연기 속에 괴로움을 겪은 시민이나 모두 자유민주주의의 터전을 지키고 발전시키려는 뜻에는 차이가 없다"고 말하고 "여야 정치인들은 다시 국민을 고달프게하고 국민생활을 불편하게 하는 사태가 없도록 노력해달라"고 당부했다. 전대통령은 또 "민주주의는 대화와 타협을 유일한 수단으로 삼아야 한다"면서 "이제 정치는 국리민복의 바탕위에 「화합속의 경쟁」으로 나아가야 한다"고 말했다(동아일보 1987년 7월 1일, 1면).

6·29 선언은 국민의 열망과 이를 조직화한 민주 세력의 역할에 기인한 것이며, 민주 세력의 정치적 역할은 제12대 국회의원 선거의 참여에서부터 출발한다. 권위주의 정권에 대항하여 단결한 민주 세력은 제12대 국회의원 선거에 참여함으로써 '제도적으로' 국민적 지지를 확보할 수 있었다. 이러한 결집력과 제도적 권한을 기반으로 권위주의 체제에 대항할 수 있었던 것이다.

물론 집권 세력 내부의 변화가 없었다면, 이러한 민주화는 한계에 봉착할 수 있었을 것이다. 집권 세력의 중심이었던 전두환은 정권 초기부터 평화적 정권 이양을 천명했나. 따라서 전두환 대통령의 임기가 종료되는 제13대 대통령 선거에 즈음하여 집권 세력은 다른 인물을 제시해야 했고, 이 새로운 인물이 집권 세력의 새로운 중심이 될 수밖에 없었다. 이 새로운 인물은 집권 세력 내에서 온건파로 분류되고 있었던 노태우였다. 따라서 집권 세력은 중심으로부터의 변화가 발생했다.

국민의 반정부 투쟁에 직면한 온건파 노태우가 선택한 길은 민주 세력과의 타협이었다. 이 모든 것의 시작은 제12대 국회의원 선거 참가였으며, 1987년 시민이 참여한 6월 민주항쟁으로 절정에 달했다. 1987년 10월 12일, 6·29선언을 반영한 새 헌법안이 국회에서 가결되었고, 1987년 10월 27일 국민투표를 통해 확정되었다. 이로써 한국은 5년 단임의 대통령 직선제를 채택하게 되었다. <표 7-2>에 제시된 바와 같이, 6·29선언은 제12대 국회의원 선거의 결과로 맺어진 민주화의 결실로 볼 수 있다.

〈표 7-2〉 제12대 국회의원 선거와 6·29선언

		집권 세력	
		단결	분열
민주 세력	단결	대치국면	민주화 기제 (6·29선언)
	분열	체제 정당화 기제	쿠데타 또는 민주 세력에 의한 민중혁명

그렇지만 노태우의 6·29 선언을 민주 세력에게 대한 양보로서만 해석하는 것은 무리가 있다. 왜냐하면 노태우는 당시 민주 세력 인사들, 특히 김대중과 김영삼의 '민주화' 신념에 대해 회의적이었다. 노태우는 만약 대통령 직선제가 실시될 경우 김대중과 김영삼이 분열되어, 둘 모두 대통령 선거에 나올 것으로 생각하고 있었다. 따라서 집권 세력이 적절한 전략을 적절한 시점에 사용한다면, 자신을 중심으로 현재의 집권 세력이 정권을 유지시킬 수 있을 것으로 보았다. 노태우의 회고록에는 김대중과 김영삼을 비롯한 당시 민주 세력 대표자들의 평가가 제시되어 있다.

> 과거에 많은 정치인들이 '민주투사'인 양 부각된 적이 있는데, 그들이 민주화를 위해서 무엇을 했는가 추적해 보면 뚜렷한 자취를 찾아보기가 힘든 경우가 없지 않다. 오히려 민주투쟁이라기 보다는 '권력투쟁'인 예가 많았다. 훌륭한 민주투쟁의 자취를 남겼다고 평가받을 분들은 손으로 꼽을 정도에 불과했다. …(중략)…
>
> 나는 처음부터 (야당의) 단일후보가 굳혀지기란 그리 쉽지 않을 것이라는 생각은 하고 있었다. 하늘이 주신 이 기회를 YS건 DJ건 누가 포기하겠는가. 모든 것이 어떻게 하면 민심을 얻을 수 있을까 하는 그들 나름대로의 작전에 지나지 않는다고 생각했다. 김종필씨 역시 비운을 겪었지만 공화당이 이룩한 업적에 대한 국민들의 향수심을 기대해 출마할 것이라고 예상했다(조갑제 2007, 150쪽, 170쪽).

이와 같은 노태우의 평가는 과거 김영삼과 김대중 간의 갈등, 김종필의 지역적 기반 등을 고려하면 그리 무리한 추론은 아니었다. 김영삼과 김대중 간의 갈등은 제3장에서 서술한 바와 같이 1980년 '서울의 봄'이 빼앗기게 된 주요한 원인 중 하나였다. 전두환 정권에 대항하기 위하여 일시적으로 봉합되었지만, 이들 간의 갈등은 언제든 불거질 수 있었다. 이러한 가능성은 김대중과 김영삼의 회고록에서도 빈번하게 제시되고 있다. 이 중 몇 가지를 제시하면 다음과 같다.

[김대중, 1979년 11월 28일] 나의 연금이 풀리지 않았는데도 당시 신민당은 아무런 입장 표명을 하지 않았다. 성명 하나 내지 않았다(김대중 2010, 388쪽).

[김대중, 1979년 12월 12일 직후] 전두환과 그 일파들이 쿠데타로 군권을 장악했음은 중대한 사태였다. 이를 견제할 수 있는 것은 오직 정치권뿐이었다. 정치권이 단결하여 국회에서 계엄령을 해제하는 것이 가장 효과적인 방법이었다. 민주공화당은 김종필씨가, 신민당은 김영삼 씨가 이끌고 있었다. 두 정당에 연락을 했다. 나는 아직 복권이 되지 않아 정치를 할 수 없었다. “민주주의가 위태롭습니다. 전두환 사령관이 모든 권한을 가지고 있는데 저들 무기가 계엄령입니다. 계엄령만 해제하면 호랑이의 어금니를 빼 버리는 것과 같습니다.” 그러나 공화, 신민 양당은 전혀 내 이야기에 귀를 기울이지 않았다. 괜한 걱정 말라는 투였다. 심지어 내가 정치를 재개하려는 술수 정도로 여기는 사람도 있었다. 여야 할 것 없이 정치권은 새로운 헌법에만 관심이 있었다. 헌법 초안 작성에 몰두했다. 신문은 이런 움직임을 받아 적기에 여념이 없었다. 하지만 민주화의 길이 그리 평탄하지 않을 것이라는 내 말은 실리지 않았다(김대중 2010, 391쪽).

[김영삼, 1980년 3월 6일] 1980년 3월 6일, 나는 서울 외교구락부에서 김대중과 만났다. 오찬을 겸한 2시간여의 단독회동이었다. 이 자리에서는 신민당과 재야의 통합문제 등 민주회복을 위한 공동 대처방안을 논의할 예정이었다. 그런데 김대중은 새삼 자신의 거취문제를 들고 나왔다. 요컨대, 자신은 신민당에 입당한 바 없는 만큼 재야인사들과 협의한 후 정치적 거취를 결정하겠다는 것이었다. 나는 곤혹스러웠다. 나는 1970년 5·30 신민당 전당대회에서 총재로 선출된 직후 윤보선·김대중 두 사람을 상임고문으로 발표한 바 있었다. 내가 직접 본인들로부터 승낙을 받아 발표한 것이었고, 윤보선씨도 이 사실을 인정하고 있었다. 그런데 김대중은 자신이 “신민당에 입당한 바 없다”면서, 자신을 비롯한 재야의 입당문제를 “원점에서 협상해야 한다”는 이상한 논리를 들고 나온 것이었다. 회담은 성과 없이 끝났다(김영삼 2000, 185쪽).

[김영삼, 1983년 6월 경] 단식 직후인 1983년 여름, 한 재미교포가 나에게 문안을 왔다. 나는 그를 통해 미국의 김대중에게 전갈을 보냈다. 8·15 광복절을 기해 공

동성명을 발표하자는 제안이었다. 성명 문안은 국내보다 모든 면에서 자유로운 처지인 김대중에게 작성을 일임한다는 편지와 함께 내 서명을 넣은 백지를 동봉하여 보냈다. 서신 왕래조차 보이지 않는 검열의 눈길을 피해야 했던 시절이었다. 그러나 김대중은 도리어 나에게 성명 문안을 작성해 달라고 다시 연락해 왔다. 시간도 촉박했고 부자유스러운 상태에 있었지만, 결국 내가 문안을 작성해서 워싱턴으로 보내야 했다. 이렇게 해서 1983년 8·15 광복절에 "민주화투쟁은 민족의 독립과 해방을 위한 투쟁이다"는 제목의 긴 성명이 서울과 워싱턴에서 동시에 발표되었다. 오전 9시 내가 발표한 성명에는 '서울에서 김영삼, 워싱턴에서 김대중'이라는 서명이 실렸다(김영삼 2000, 282쪽).

[김대중, 1985년 7월 경] 정국은 개헌을 둘러싸고 첨예하게 대치했다. …(중략)… 그런데 하루는 김영삼 의장이 만나자고 했다. 호텔 방으로 은밀히 오라고 했다. 나를 보더니 심각한 표정으로 입을 뗐다. "저 사람들이 도저히 우리 주장을 받아들이지 않겠다 하니, 그냥 내각제 개헌을 받으면 어떻겠습니까." 내 귀를 의심했다. 그의 입에서 나와서는 안 될 말이었다. 나는 단호하게 거부했다. "직선제 개헌은 국민과의 약속입니다. 아니, 직선제를 한다고 해서 신민당이 압승을 거두었으니 이제는 국민의 명령입니다. 국민들은 직선제를 지지하고 있으니 국민의 뜻에 따라야 할 것 아닙니까." 그러자 김영삼 의장도 고개를 끄덕였다. 그런 뒤에도 상도동계에서는 내각제 얘기가 간혹 흘러나왔다. 또 신민당 당내 비주류에서도 내각제를 선호하는 의원들이 있었다. 이런 움직임에 나는 불안감을 느꼈다(김대중 2010, 494~495쪽).

어찌 보면, 노태우가 김대중과 김영삼의 분열을 의심하지 않는 것이 더욱 이상했으리라 본다. 노태우의 예상과 같이, 김대중의 '조건부 대통령 선거 불출마 선언'에 대한 김영삼과 김대중 간의 이견(異見)은 결국 민주 세력의 분열로 이어졌다. 이의 결과, 김영삼은 1987년 10월 10일에 대통령 선거 출마를 선언하였고, 김대중은 1987년 10월 28일 신당창당과 더불어 대통령 선거 출마를 선언하게 되었다. 어렵게 달성한 1987년 민주화는 이렇게 또 한 번의 분열을 경험하게 되었다. 1987년 12월 16일 제13대 대통령 선거는 이러한 환경에서 치러졌다.

제 8 장 결론: 미완의 민주화

CHAPTER 08 결론: 미완의 민주화

흔히들 뭉치면 살고, 흩어지면 죽는다는 말을 한다. 보수 세력은 부패해서 망하고, 진보 세력은 흩어져서 망한다고 하는 속설도 있다. 아마도 이러한 속설은 한국 정치의 역사적 경험에서 비롯됐으리라 봐도 과언이 아닐 것이다. 전두환을 중심으로 한 신군부가 정부를 장악하면서 시작한 제5공화국은 제12대 국회의원 선거 이후 민주화의 물결을 다시금 맞이하였다. 그렇지만 다시 찾아온 민주화의 물결은 대통령 직접 선거를 앞두고 불거진 김대중과 김영삼의 분열, 그리고 노태우를 중심으로 집권 세력의 단결로 인하여 다시금 권위주의 체제 유지의 길을 가게 된다.

제1절 제13대 대통령 선거와 미완의 민주화

1987년 민주화 운동 이후 찾아 온 제13대 대통령 선거를 앞두고, 대한민국은 민주 세력의 분열과 집권 세력의 단결이라는 또 다른 환경에 처하게 되었다. 민주 세력은 제12대 국회의원 선거가 치러진 후 하나의 정당으로 단결하여 대통령 직선제를 관철 시켰지만, 대통령 직선제에 임할 후보자를 결정하는데 있어 갈등을 빚게 되었다. 반면 집권 세력은 집권에 대한 도전을 절감하며, 노태우를 중심으로 단결하였다.

김대중과 김영삼 간의 갈등은 새로운 것이 아니었다. 소위 양김(兩金) 갈등으로 명명되는 이들 간의 갈등은 박정희 정권 시절에서부터 시작되었다(중앙선거관리위원회 2009a, 484~485쪽). 1968년 신민당 원내총무 경선 당시 김영삼을 중심으로 한 세력들은 김대중의 원내총무 지명을 반대했으며, 1970년 신민당 대통령 후보 경선을 앞두고 김대중과 김영삼은 치열한 경쟁을 벌였다. 또한 김대중과 김영삼은 1980년 '서울의 봄'에 있어서도 대통령 후보 단일화에 있어 갈등하는 등, 어찌 보면 정치적 역정(歷程)의 갈등적 동반자였다고도 볼 수 있다.

이와 같은 김대중과 김영삼의 정치적 갈등의 역사는 대통령 직선제가 관철된 이후 다시 재현되었다. 다시금 불붙은 갈등의 발단은 김대중의 대통령 불출마 발언에서부터 시작되었다.

> 민주화만이 구국의 길이요 무엇보다도 안정과 안보에의 유일한 길이다. 이 정권은 스스로의 불행을 막기 위해서도 이 길을 따라야 한다. 현 정권이 이 길을 가는데 있어서 나의 존재가 장해가 된다면 나는 나를 기꺼이 희생의 제단에 바치겠다.
>
> 이제 나는 여기서 대통령중심 직선제 개헌을 현 정권이 수락한다면 비록 사면복권이 되더라도 대통령선거에 출마하지 않겠다는 나의 결심을 천명한다. 언제나 강조해 온 바와 같이 나의 삶의 목적은 무엇이 되는 것이 아니라 하느님과 국민과 나의 양심 앞에 바르게 사는 것이다. 대통령이 되는 것이 나의 목적이 아니고 국민이 자유와 정의와 인간 존엄성을 회복하는데 있어서 총력을 기울여 도우는 것이 나의 목적이다. 그리고 한반도에서 항구적인 평화와 조국의 완전한 통일에의 대로를 여는 민족적 대역사에 성실하고 헌신적인 봉사자가 되는 것이 또한 나의 삶의 목적이다(동아일보 1986년 11월 5일, 3면).

여기서 주목할 문장은 "이제 나는 여기서 대통령중심 직선제 개헌을 현 정권이 수락한다면 비록 사면 복권이 되더라도 대통령선거에 출마하지 않겠다는 나의 결심을 천명한다."이다. 이 대목은 후일 김대중과 김영삼 간 갈등의 빌미가 된다. 김대중은 1986년 11월 5일의 불출마 선언은 "조건부"였다고 주장했다. 또한 앞서 언급한 동아일보의 기사제목 역시 "김대중씨 「조건부 불출마 선언」 있기까지"였다. 김대중은 조건부 불출마 선언을 다음과 같이 회고하고 있었다.

> 최근 광란의 권력이 휘몰아친 한파는 온 국민을 극도의 긴장과 불안 속에 떨게 하고 있다. 이것이 민주화로 가는 마지막 시련이라 할지라도 내가 처해 있는 여러모로 제한된 상황 아래서 난국 타개를 위한 뚜렷한 역할을 할 수 없는 나는 안타깝고 초조한 심정으로 요즘의 정국을 바라보고 있다. 특히 최근에 일어난 건국대학교에서의 사태에서 오늘의 현실을 가져오는 데 아무 책임도 잘못도 없는 우리 젊은 자식들이 무더기로 희생되는 것을 볼 때, 그리고 또 앞으로 이러한 사태가 다시 일어날 수도 있는 현실을 감안할 때, 나의 마음은 천 갈래 만 갈래 찢어지는 심정이다. 현 난국을 수습하는 길은 국민의 절대 다수가 원하는 대통령 중심 직선제로의 개헌에 의한 조속한 민주화의 실현 밖에 없다. 그러나 전두환 정권은 이러한 국민적 열망에 귀를 기울일 생각이 없는 것이다. 이제 나는 여기서 대통령 중심제 개헌을 전두환 정권이 수락한다면 비록 사면·복권이 되더라도 대통령 선거에 출마하지 않겠다는 나의 결심을 천명한다. 그러자 당시에 서독을 방문 중이던 김영삼 씨도 현지에서 기자 회견을 갖고 "직선제와 사면·복귀 등 민주화가 되면 김대중 씨의 출마도 생각해 볼 수 있다"고 말했다. 나는 김영삼씨의 기자 회견 소식을 듣고 무척 기뻤다. 김영삼씨는 망명에서 돌아온 나에게 "당신이 나이도 위이고 하니 사면·복권이 되면 대통령 후보로 지지하겠다"고 얘기하곤 했다. 아마 그런 생각에 변함이 없음을 밝혔으리라 짐작된다. …(중략)… 나의 '5일 선언'이 있자 이춘구 민정당 사무총장은 '대통령 직선제 수락'이라는 전제가 붙어 있다면서 즉각 반발했다. 그리고 의원 내각제 추진에 변함이 없다고 천명했다. 이로써 불출마 선언의 전제 조선들은 여당에 의해 사실상 거부당했다(김대중 2010, 501~502쪽).

이러한 사항들을 정리해 보면, 김대중의 불출마 조건은 "대통령중심 직선제 개헌을 현 정권이 수락한다면"이었다. 즉 김대중은 조건적 불출마를 선언할 '당시', 현 정권이 '자발적'으로 대통령 직선제로의 개헌을 수락한다면, 대통령 선거에 출마하지 않겠다는 것이었다. 따라서 김대중은 여당 사무총장에 의해 거부 의사가 표명됨으로써 조건부 불출마 선언이 무효화 된 것으로 간주하였다.

그렇지만 김영삼은 '당시'와 '자발적'이 아닌 '대통령 중심 직선제 개헌으로의 수락'에 초점을 두고 있었다. 또한 김대중의 김영삼 지지에 보다 관심을 보이고 있었다.

나의 서독 방문 도중 깜짝 놀란 일이 한 가지 더 있었다. 본에 체류하고 있던 나는 느닷없이 국내에서 전해진 김대중의 '조건부 불출마 선언'을 접했다. 1986년 11월 5일 오전, 민추협 사무실에서 김대중은 시국에 관한 기자회견을 자청, 다음과 같이 선언했다. "최근 권력이 휘몰아친 한파는 온 국민을 극도의 긴장과 불안 속에 떨게 하고 있습니다. 이제 나는 대통령 직선제개헌을 현 정권이 수락한다면, 비록 사면·복권이 되더라도 대통령선거에 출마하지 않겠다는 나의 결심을 천명합니다." 김대중은 성명서 낭독 후 "대통령직선제가 채택되고 신민당과 김영삼씨 자신이 결정한다면 그를 대통령후보로 밀겠다"고 했다(김영삼 2000, 319~320쪽).

김대중의 조건부 불출마 선언에 대한 김대중 자신과 김영삼의 입장 차이는 1987년 민주화 운동의 결과로 얻어진 민주화 분위기에 암울한 전망을 드리우고 있었다. 예를 들어, 김대중은 6·29 선언이 있은 지 며칠 지나지 않은 7월 10일 '국민의 뜻'에 따라 대통령 후보문제를 결정할 것이라 말했다(경향신문 1987년 7월 9일, 3면).

— 내외의 관심이 모아지고 있는 민주당의 대통령 후보문제는 어떻게 조정해 나갈 생각입니까.

"민주당을 김영삼 총재와 함께 만든 사람으로 입당하는 것이 당연하고 순리이겠지요. 다만 입당시기 등은 여러 가지 상황을 고려하고 김총재와 상의해 결정하겠읍니다. 대통령 후보문제는 모든 국민들이 관심을 갖고 있는 것으로 알고 있고 우리 집에도 매일 수 백통의 전화가 걸려오고 있읍니다만 국민들에게 걱정을 끼쳐드리지 않고 잘 해결될 것이라 생각합니다. 현재로서 나는 대통령을 꼭 해야겠다는 생각은 갖고 있지 않으며 오직 우리의 민주화 과정이 난관에 부딪치지 않고 국민의 여망에 따라 실현될 수 있도록 모든 노력과 정력을 쏟을 작정입니다. 이런 과정이 차질 없이 진행되면 후보 문제도 국민의 뜻에 따라 자연스럽게 해결되겠지요"

— 대통령 후보 불출마선언을 철회할 생각은 없읍니까.

"그 얘기에 대해서는 할 말이 없읍니다. 오는 월요일의 기자회견 때 얘기합시다. 국민의 의견을 들어 본 뒤 생각을 정리해 국민의 뜻을 따르는 방향으로 결정하겠읍니다.

한편 당시 집권 세력의 대통령 후보였던 노태우는 김대중, 김영삼 간의 갈등을 예상한듯하다. 제7장에서 언급한 바와 같이, 노태우는 민주 세력의 정치인들을 '권력투쟁'을 일삼는 존재로서 간주하고 있었다. 김종필을 비롯한 김대중, 김영삼도 이러한 권력 투쟁의 예외는 아닌 것으로 생각하고 있었다. 따라서 적절한 기회가 주어진다면, 이들 각각은 대통령 선거에 출마할 것으로 생각하고 있었다(조갑제 2007, 150쪽, 170쪽).

따라서 제13대 대통령 선거를 앞두고 대통령의 출마자격을 비롯한 임기, 부통령제도 도입 등은 중요한 문제로 부각할 수밖에 없었다. 개헌안을 마련하는데 있어 민주정의당과 통일민주당 양당은 유권자의 대통령 직접 선거, 대통령의 국회 해산권 삭제 등에 대해서는 비교적 쉽게 합의했지만, 대통령 임기(6년 단임과 4년 중임), 부통령제 신설, 대통령 후보의 국내 거주요건, 무소속 출마금지 여부 등에 대해서는 치열한 논쟁을 벌였다(매일경제신문 1987년 8월 11일, 1면).

먼저 김대중을 배려한 조치는 '5년 이상의 국내거주요건'을 삭제한 헌법 개정안 마련이었다(중앙선거관리위원회 2009a, 455쪽). 제9호 헌법 42조에 따르면, "대통령으로 선거될 수 있는 자는 국회의원의 피선거권이 있고, 선거일 현재 계속하여 5년 이상 국내에 거주하고 40세에 달하여야 한다"고 규정하고 있기 때문에 김대중은 제13대 대통령 선거에 출마할 자격이 없었다. 따라서 헌법 개정안 마련에 있어 42조의 삭제는 김대중의 출마를 위한 필수 조건이었다.

통일민주당이 주장한 5년 단임과 부통령제 도입도 김대중과 김영삼을 배려한 조치였다(중앙선거관리위원회 2009a, 455쪽). 만약 통일민주당이 주장한 5년 단임이 통과될 경우 김대중과 김영삼이 교차되어 대통령이 될 수 있는 시간적 여유가 확보된다. 반면 민주정의당이 주장한 4년 1차 중임을 실시할 경우 한 명의 임기가 8년이 되어, 다른 한 명의 임기가 확실치 않게 된다. 같은 맥락에서 부통령제 도입은 김대중 또는 김영삼 중 한 명이 대통령이 될 경우 다른 한 명의 지위를 보장하는 권력 공유의 제도적 장치로 볼 수 있다. 1987년 8월 31일, 제19차에 걸친 8인 정치회담 결과 마련된 헌법 개정안은 민주정의당과 통일민주당 간에, 그리고 각 정당 내부의 치열한 전략적 고려의 결과였다. 합의 결과는 다음과 같다.

> 민정당과 민주당은 31일 8인 정치회담을 속개, 지난 달 31일부터 벌여 온 개헌 협상을 마무리 지었다. …(중략)… 양당대표들은 31일 낮 국회에서 8인 정치회담 제19차 회의를 열고 선거연령은 현행 헌법조항에서 삭제, 하위법에 규정키로 했으며, 대통령의 국회해산권을 삭제하고, 처벌 및 보안처분요건은 현행 귀절에 「적법절차」 귀절을 추가키로 합의함으로써 개헌안 협상을 끝냈다. 이번 정치협상에서 여야가 합의한 주요 개헌안 내용은 정부분야에서 대통령 선출을 간선에서 직선제로, 대통령의 임기를 7년 단임에서 5년 단임으로 하되 부통령제는 신설치 않기로 했으며 대통령의 비상조치권을 폐지했다. 또 국회부분에서는 국정감사권을 부활시켰으며 기본권 분야에서 구속적부심의 전면인정과 근로자의 단체행동권을 보장했고 헌법재판소를 신설, 위헌법률심사권 탄핵심판 위헌정당해산심판 등을 관장토록 했다. …(중략)… 또한 협상의 주요쟁점이 됐던 대통령 입후보자격의 「5년 이상 계속 국내거주」조항은 삭제했고 전문에 「5·18정신」을 넣지 않기로 한 대신 저항권은 「불의에 항거한 4.19민주이념」으로, 군의 정치개입금지규정은 총강부분에 「정치적 중립은 준수된다」라는 귀절을 추가해 그 취지를 반영시켰다(매일경제신문 매일경제 1987년 8월 31일, 1면).

제9차 헌법개정안에서 직접 선거와 대통령 권한 축소는 민주 세력의 의지가 관철된 부분이었지만, 대통령 선출과 관련해서는 민주정의당이 유리한 고지를 선점했다. 왜냐하면 민주정의당은 5년 이상의 국내 거주요건 삭제와 5년 단임을 수용한 반면, 통일민주당은 부통령제 도입을 포기했기 때문이다. 즉 거주요건 삭제로 말미암아 김대중은 제13대 대통령 선거에 나올 수 있게 되었다. 따라서 제13대 대통령 선거를 앞두고 김대중과 김영삼 간의 단일화는 당선을 위한 필수 조건이 된 것이다. 그렇지만 통일민주당이 부대통령제 도입을 양보함으로써 김대중과 김영삼 중 한 명이 대통령에 선출될 경우, 다른 한 명은 부대통령과 같은 제도적으로 보장된 권력의 자리가 아닌 상태로 남아 있어야 했기 때문이다. 그만큼 5년 후에 있을 제14대 대통령 선거에 대한 불확실성은 높아만 갔으며, 김대중과 김영삼 간의 근원적 불신은 깊어질 수밖에 없었다.

물론 9월 초 김대중과 김영삼은 단일화 일정을 제시했다. 또한 통일민주당은 김대중과 김영삼 간의 단일화 그 과정 자체를 선거 전략화한다는 방침을 세웠다.

> 민주당의 김영삼 총재는 5일 야권의 대통령 후보결정문제와 관련, “9월 중순 이전에 단일화 협의를 끝내고 개헌안 국민투표 전에 후보추대의 임시전당대회까지 마치겠다”는 정치일정 구상을 밝혔다. 김총재는 이를 위해 “김대중 상임고문이 지방 나들이에 나서기 전인 7일 보다 구체적이고 밀도 있게 단일화 문제를 논의하겠다”면서 “7일에 결론까지는 나지 않는다 하더라도 상당한 진척이 있을 것이며 아무리 늦어도 15일 이전에는 얘기가 될 것”이라고 말했다. 김총재는 후보단일화가 시급하고 9월 중순 이후까지 끌 수 없는 이유로 “첫째 시국을 빨리 진정시키고 국민을 안심시키기 위해서도 단일화는 빨라야 하며, 둘째 한국 민주화와 정권교체에 대해 국민과 당원은 물론 대외의 자신감도 북돋기 위해 단일화는 더 시급하다”고 설명했다. …(중략)… 이에 대해 김대중 고문의 한광옥 대변인은 “대통령 후보 단일화문제에 대해서는 김고문이 이미 9월말 경 견해를 표시하겠다고 밝힌 바가 있다”면서 “아직 그 원칙에는 아무런 변화가 없는 것으로 알고 있다”고 밝혔다(동아일보 1987년 9월 5일, 1면).

그렇지만 김영삼이 언급한 1987년 9월 15일경에도, 김대중이 언급한 30일 경에도 양김(兩金) 단일화는 성사되지 못했다. 김대중과 김영삼이 후보 단일화 시점으로 잡아 놓은 30일 바로 전날, 서울 남산 외교구락부에서 회동한 양김(兩金)은 모두 상대방의 양보만을 종용하고 있었다.

> 김[영삼] 총재는 “나는 71년 40대 기수론을 제창한 때부터 대통령이 되면 정치 경제 사회 안보 등 국정 모든 분야의 민주기반을 어찌 만들지 생각해 왔다”면서 “민주주의는 사람이 아니라 제도로 이룩해야 하며 사람이 산에 오르면 내려올 준비를 해야 하듯 나는 정말 멋진 민주국가의 기반을 만들고 내려 올 생각을 하고 있다”고 말했다.
>
> …(중략)…
>
> 김[대중] 고문은 김 총재와의 29일 회담에서 후보 단일화 문제를 “여하간 매듭짓겠다”고 28일 오전 말하고 “그 동안의 광주 목포 대전 인천 방문을 통해 판단기준을 잡을 수 있었으며 필요하다면 이를 김 총재에게 얘기 하겠다”고 말했다(동아일보 1987년 9월 28일, 1면).

[그림 8-1] 거국내각 쟁취 실천대회에 참석한 김대중과 김영삼

출처: 중앙선거관리위원회(2009a, 484쪽).

1987년 10월 27일은 제6차 국민투표가 있었던 날이다. 정치권을 비롯한 시민의 힘으로 대통령 직선제를 관찰하고, 이를 새로운 헌법의 형태로 바꾸는 날이었다. 그렇지만 국민투표가 실시된 다음날 10월 28일, 김대중의 평화민주당 창당으로 양김의 후보 단일화는 종지부를 찍게 되었다. 1987년 10월 13일, 동아일보는 사설을 통하여 양김 단일화에 대한 입장을 전하였다.

> 두 김씨는 국민에게 약속한 단일화를 이룩하지 못한데 따른 도덕적 정치적 책임을 져야한다. 우리는 지금도 단일화의 가능성이 완전히 깨졌다고 보아야 할는지 안타까운 심정이다. 특히 두 김씨는 민주화라는 대의가 그들의 분열로 인해 실현될 수 없는 사태가 올 것에 대한 책임과 결단을 같이 져야 한다고 보는 것이다. 국민들에게 지지를 호소하기 전에 자기 당원들로부터도 민주적 절차를 거친 선택을 못 얻는다면 민주화는 허상이라 할 것이다. …(중략)… 그런 점에서 지금까지 민주화의 구호를 외쳐온 두 김씨는 꼭 자기가 출마하겠다고 나서기보다는 어떻게 하는 것이 민주화에 이바지하는 길인지를 먼저 생각해야 한다고 본다. 또한 그들을 둘러싸고 있는 측근이나 지지 세력들은 자신들의 정치적 이해관계에만 집착하지 말고 두 김씨가 살신성인의 심정으로 양보와 겸양의 결단을 내릴 수 있도록 해야 할 것이다(동아일보 1987년 10월 13일, 2면).

그렇게 김대중과 김영삼 간의 후보 단일화는 1980년 '서울의 봄'과 마찬가지로, 결국 성사되지 못했다. 어렵게 만든 민주화의 물결을 단지 물결로서 스쳐 지나가게 되었다. 1980년 '서울의 봄' 때와 마찬가지로 이들 간의 단일화 실패는 결국 국민의 실망으로 이어졌다. 나아가 이들 간의 단일화 실패는 이후 한국의 고질적 문제로 지적된 지역주의 형성으로 이어졌다(강원택 2003; 강희경 2008; 김욱 2004; 김영태 2009; 김진하 2010; 윤광일 2013; 이갑윤·박경미 2011; 이남영 2008; 조기숙 2000; 조성대 2008; 지병근 2013; 하세헌 2005; 황아란 2008). 기존의 지역 갈등이 김대중, 김영삼, 노태우, 김종필 등을 중심으로 하는 정치적 갈등 구조로 전환된 것이다. 제13대 대통령 선거 당시 호남에서는 김대중이, 부산·경남에서는 김영삼이, 대구·경북에서는 노태우가 압도적 지지를 획득하였다.

이로써 1987년 민주화 이후 치러진 제13대 대통령 선거는 김대중, 김영삼의 단일화 실패로 그 결실을 거두지 못할 뿐만 아니라 한국 정치의 고질적 병폐로 자리 잡은 지역주의를 형성하는 선거로 귀결되었다.

제 2 절 단결과 분열의 역학

1980년에 찾아온 '서울의 봄'은 민주 세력의 분열 속에, 새로이 부상한 신군부 세력에 의하여 빼앗겨 버렸다. 이어진 1980년 제11대 대통령 선거와 1981년 제12대 대통령 선거는 집권 세력의 단결된 서슬 앞에 새로운 권위주의 체제를 정당화하는 선거로 활용 되었다. 전두환을 중심으로 한 집권 세력은 북한 위협으로부터의 방어와 경제 발전이라는 박정희 권위주의 체제 때 사용된 선전 문구를 활용하여, 새로운 권위주의 체제를 정당화하였다.

제11대 국회의원 선거는 권위주의 체제 공고화라는 측면에서 눈여겨 볼 필요가 있다. 전두환을 중심으로 한 권위주의 체제가 제대로 작동하기 위해서는 집권 세력 내부의 단결이 전제되어야 하는데, 집권 세력 내부의 단결은 내부 인물들의 권력 공유에 있었다. 제11대 및 제12대 대통령 선거를 통하여 신군부 세력의 중심인 전두환은 대통령으로서 자리 잡았다. 따라서 이제는 전두환이 권력 공유의 약속을 지킬 때가 된 것이다. 제11대 국회의원 선거는 전두환의 권력 공유 약속의 이행을 가늠할 수 있는 시험대로서 역할 했다. 전두환을 비롯한 집권 세력은 권력 공유를 확실히 하기 위하여 중선거구제와 전국구 의원제를 실시했다. 1구 2인의 중선거구제를 통하여 지역구 의석에서 자당 의석의 확보 가능성을 높이고자 한 것이다. 또한 원내 제1당에게 전국구 의석의 3분의 2(61석)를 배분하는 전국구 의원제도를 실시함으로써, 집권 세력 인사들에게 권력 공유의 의지를 확실히 전달하고자 했다.

나아가 전두환은 권력 공유의 범위가 국회의원뿐만 아니라 대통령을 포함한다는 메시지를 지속적으로 전달하였다. 제5공화국의 시작인 제11대 대통령 취임사에서도 나타났던 것처럼, 전두환 "본인은 민주주의를 이 나라에 토착화하기 위하여 헌법절차에 의한 평화적 정권 교체의 전통을 반드시 확립할 것"을 지속적으로 선언하고 있었다(매일경제신문 1980년 9월 1일, 2면). 평화적 정권 교체라는 메시지를 통하여 전두환은 권력 공유의 약속을 확실히 하고, 집권 세력의 단결을 공고히 하고자 했다.

물론 전두환의 평화적 정권 교체에 대한 강조는 스스로의 발목을 잡은 측면이 없지 않다. 전두환 스스로가 토로한 것처럼, 정권 교체에 대한 강조는 전두환에 의한 장기 집권 가능성을 근본적으로 봉쇄함으로써 새로운 중심의 등장과 이로 인한 분열의 가능성을 열어 놓았기 때문이다.

> 내[전두환]가 지금까지 평화적인 정부이양을 한다는 소리를 안하고 가만히 있었으면 저 사람들이 나보고 헌법을 준수하라고 데모를 할 거라고. 나는 너무 양심적이야. 내가 너무 일찌감치 평화적인 정부이양의 신념을 밝힌 거야. 나가는 것이 확실하니까 고치라 뭐라고 하는 거요(김성익 1992, 52쪽).

이렇듯 집권 세력 단결을 위한 권력 공유의 약속은 한 때는 긍정적으로, 다른 한 때는 부정적으로 작용했다. 권위주의 체제가 안정적일 때, 권력 공유의 약속은 집권 세력 내부의 단결을 도모함으로써 현 체제를 유지시킬 수 있는 방향으로 흘러갔다. 따라서 집권 세력은 중선거구제와 전국구 의원제가 잘못된 방향으로 흘러가지 않도록 정당법과 정치자금법 등 정치관계법과 선거운동 등을 관리하기만 하면 됐다. 또한 민주 세력이 각자의 목소리가 내고 싶도록, 즉 민주 세력이 단결하지 못하도록 정당 창당과 유지를 원활하게 하고, 국고보조금 등을 지급하면 됐다.

그렇지만 권력 공유의 약속은 전두환에 대한 지지가 사라지고, 새로운 중심 인물이 등장할 필요가 가중됨에 따라 부정적으로 작용했다. 권위주의 체제가 안정화 되자, 집권 세력 내부로부터 출발한 비리, 특히 전두환 주변 인물들과 관련된 비리가 속출하기 시작했다. 예를 들어, 1981년 10월 저질탄 사건, 1982년 5월 장영자·이철희 어음사기 사건은 전두환에 대한 의혹을 불러일으키기 충분한 사건이었다. 1984년 6월 민주정의당 대표위원이었던 정래혁에 의한 축재사건은 권력형 비리가 단지 대통령의 친인척에서 일어나는 것이 아닌 구조적 문제임을 보여주는 사건이었다. 시민들은 전두환를 비롯한 권위주의 정권에 대하여 불신하고, 나아가 권위주의 정권의 정치개혁 의지를 의심하게 된 것이다.

1983년 5월 김영삼의 단식은 집권 세력에 대한 불신과 의혹을 민주 세력에 대한 단결과 지지로 이끄는 원동력이 되었다. 일련의 권력형 비리와 이로 인한 시민 사회의 불만은 결국 전두환의 유화조치로 이어졌으며, 이러한 유화조치는 정치활동이 금지되어 있던 민주 세력 인사들의 활동을 가능하게 했다. 제도권 민주 세력의 대표인 김영삼은 전두환이 지속적으로 강조해 온 평화적 정권 교체가 불가능하다는 점을 강조했다. 진정으로 평화적 정권 교체를 위해서는 민주 세력의 단결이 선행되어야 하며, 대통령 직선제로의 개헌이 필요하다는 점을 역설했다. 이러한 의지를 표현하고 관철시키기 위하여 김영삼은 단식을 단행한 것이다. 김영삼의 단식은 '빼앗긴 서울의 봄'의 주역이었던 김대중, 김영삼과의 화해를 이끌어 냈으며, 민주화추진협의회라는 민주 세력 단결을 위한 조직 형성으로 이어졌다.

제12대 국회의원 선거를 불과 한 달도 남기지 않은 시점에서 만들어진 신한민주당은 누구도 예상하지 못했던 선거결과를 만들었다. 제12대 국회의원 선거 결과, 신한민주당은 민주정의당의 35.25%에 육박하는 29.26%의 득표율을 획득했다. 물론 전국구 의원 배분방식에 따라, 민주정의당의 국회의원 의석수가 신한민주당에 비하여 압도적으로 높았다. 그렇지만 집권 정당과의 득표율 차이가 6% 밖에 차이가 나지 않는 점은 다음 번 대통령 선거에서 집권 세력이 승리하지 못할 수도 있다는 예상을 가능하게 했다. 특히, 제12대 국회의원 선거 이후, 관제 야당이었던 민주한국당이 신한민주당에게 흡수됨으로써 신한민주당은 명실상부한 제1야당으로서 정국의 흐름을 주도하게 되었다. 이렇게 제12대 국회의원 선거는 권위주의 체제의 해체와 민주화를 달성할 수 있는 환경을 제공한 것이다.

신한민주당을 선두에 세운 민주 세력은 대통령 직선제 개헌 관철하고자 했다. 유권자가 직접 대통령을 선출하는 대통령 직선제 개헌이 관철되고, 김대중과 김영삼이 연대하여 1명의 신한민주당 후보자를 대통령 선거에 출마시킬 경우, 신한민주당 후보가 대통령이 될 수 있다고 예상했다. 당시의 여론조사 결과를 볼 때, 이러한 예상은 실현 가능한 예상이었다. 또한 집권 세력이 취한 호헌(護憲) 조치나 의원내각제 제안은 집권 세력도 이와 같은 가능성을 충분히 인지했음을 보여주고 있다.

반면 집권 세력은 내부적으로 흔들리는 모습을 보였다. 집권 세력의 중심이었던 전두환은 현행 헌법의 호헌(護憲), 의원내각제로의 정치체제 개정, 다시 현행 헌법의 호헌 천명 등 스스로 입장을 번복했다.

학생들을 필두로 한 시민 사회는 1987년 전두환의 4·13호헌 조치에 강력히 반발했다. 이러한 시점에서 폭로된 박종철 고문치사 사건은 집권 세력의 폭력성을 보여주는 사건으로 기록되었다. 또한 민주항쟁이 가열되던 6월, 도망가는 시위 대학생 이한열을 뒤에서 최루탄으로 가격하여 뇌사상태에 빠지게 한 사건은 전두환 정권의 미래를 한 치 앞도 모르게 만들었다.

이와 같은 환경에서 6·29 선언이 발표되었다. 집권 세력의 분열, 민주 세력의 단결이라는 환경 하에서, 시민 사회의 요구에 노태우 민주정의당 대통령 후보가 응답하였다. 대통령 직선제 개헌안을 비롯한 민주화 이행을 위한 8개항이 6·29 선언에 담겨 있었다. 제12대 국회의원 선거를 통해 만들어진 민주화의 단초가 이렇게 하나의 결실을 맺은 것이다.

제5공화국의 선거들은 권위주의 체제를 정당화시키는 역할도 했으며, 민주화를 달성할 수 있는 단초도 제공하였다. 제1장에서 언급한 바와 같이, 권위주의 체제에서의 선거는 집권 세력과 민주 세력의 상황에 따라 다른 역할을 했던 것이다. 예를 들어, 집권 세력은 단결되고 민주 세력이 분열된 경우, 선거는 권위주의 체제 정당화의 기제가 되었다. 그렇지만 집권 세력이 분열되고 민주 세력이 단합되어 있을 경우, 선거는 민주화의 기제로서 역할 했다. 물론 집권 세력의 단결을 위해서는 집권에 대한 권력 공유의 약속이 지켜져야 하고, 민주 세력의 단결을 위해서는 민주 세력들 간 조정의 문제가 해결되어야 했다. 이와 같은 단결과 분열의 미학을 <표 2-3>의 관점에서 재구성하면, <표 8-1>과 같다.

<표 8-1>에 제시된 바와 같이, 집권 세력이 단결하고, 민주 세력이 분열 또는 존재하지 않았을 때 치러진 제11대 및 제12대 대통령 선거, 그리고 제11대 국회의원 선거는 권위주의 체제 정당화의 기제가 되었다. 반면 집권 세력이 분열되고, 민주 세력이 단결되었을 때 치러진 제12대 국회의원 선거는 민주화를 위한 기제가 되었다.

그렇지만 단결과 분열의 미학은 여기서 그치지 않았다. 다시 한 번 단결과 분열의 미학은 대통령 직선제 개헌 이후 치러진 제13대 대통령 선거에서도 여전히 재현되고 있었다. 아쉽게도 제13대 대통령 선거는 1987년 6월 민주항쟁 때 보여 준 시민의 요구가 실현된 선거가 아니었다. 김대중과 김영삼은 민주 세력 간의 조정의 문제, 즉 후보 단일화에 실패했다. 반면 집권 실패와 이로 인한 보복을 우려한 집권 세력은 노태우를 중심으로 다시 단결했다. 이의 결과, 1987년 12월 16일 수요일, 1972년 10월 유신 이후 최초로 치러진 국민들의 대통령 직접

〈표 8-1〉 단결과 분열의 역학

		집권 세력	
		단결	분열
민주 세력	단결	대치국면	민주화 기제 (제12대 국회의원 선거)
	분열	체제 정당화 기제 (제11대 대통령 선거) (제12대 대통령 선거) (제11대 국회의원 선거) (제13대 대통령 선거)	쿠데타 또는 민주 세력에 의한 민중혁명 (12·12 군사 반란)

선거는 권위주의 체제의 또 다른 후계자인 노태우에게 승리를 안겨 주었다. 물론 노태우의 6·29 선언이 이러한 계산을 염두에 두었을 수도 있으며, 한 걸음 더 나아가 민주 세력 분열을 조장했을 수도 있다. 그러나 한국의 민주화는 민주 세력의 분열로 인하여 다시 한 번 달성되지 못하게 되었다.

참고문헌

강원택. 2003. 『한국의 선거 정치』. 서울: 푸른길.

강정구. 1993. "5·10선거와 5·30선거의 비교연구." 『한국과 국제정치』 제9권 제1호: 1~29쪽.

강정구. 1994. "전상인의 반론에 대한 답론." 『한국과 국제정치』 제10권 1호: 289~301쪽.

강희경. 2008. "지역주의, 지역주의적 투표 그리고 지역 정체성." 『21세기정치학회보』 제18집 1호: 69~91쪽.

국회사무처. 2008. 『대한민국국회 60년사』. 서울: 국회사무처.

국회사무처. 2000. 『의정자료집(제헌국회~제15대 국회)』. 서울: 국회사무처.

국회사무처. 2008. 『대한민국국회 60년사』. 서울: 국회사무처.

길승흠. 1996. "세 1공화국의 정당과 의회정치." 『한국정치연구』 제5권 118~142쪽.

길승흠·금광웅·안병만 공저. 1987. 『한국선거론』. 서울: 다산출판사.

김도협. 2010. "국회의원 선거제도의 변천에 관한 고찰: 제11대에서 제18대 국회의원선거를 중심으로." 『토지공법연구』 제50집: 415~436쪽.

김성익. 1992. 『全斗煥 육성증언』. 서울: 조선일보사.

김세중·김종표. 1992. "한국민주화과정의계량적분석." 『한국정치학회보』 제25권 2호: 171~191쪽.

김욱. 2004. "17대 총선과 충청권 정치지형의 변화: 지역주의의 약화 및 변화를 중심으로." 『정치정보연구』 7권 1호: 69~87쪽.

김욱. 2006. "독일 연방의회 선거제도가 한국의 선거제도 개혁에 주는 시사점." 『세계지역연구논총』 24집 3호: 53~70쪽.

김영래. 1994. "정치자금제도의 변천과정과 특징 연구." 『한국정치학회보』 제28권 1호: 27~49쪽.

김영명. 2008. 『한국의 정치변동』. 초판 3쇄. 서울: 을유문화사.

김영삼. 2000. 『김영삼 회고록: 민주주의를 위한 나의 투쟁 2』. 서울: 백산서당.

김영태. 2007. "호남지역주의의 연속성과 변화: 시·군별 제6~16대 대통령선거 결과를 중심으로.” 『사회과학연구』 제15집 2호: 190~213쪽.

김영태. 2009. “한국의 선거와 출신지역: 15~17대 대통령선거 수도권지역 결과를 중심으로.” 『현대정치연구』 제2권 제2호: 61~85쪽.

김용호. 2003. 『한국 정당정치의 이해』. 2쇄. 서울: 나남출판.

김재한. 2011. “투표율의 연령효과 및 도농효과.” 『대한정치학회보』 18권 3호: 183~208쪽.

김진하. 2010. “한국 지역주의의 변화: 투표행태와 정당을 중심으로” 『현대정치연구』 제3권 2호: 89~114쪽.

김철수. 1988. 『한국헌법사』. 서울: 대학출판사.

김현우. 2001. 『한국국회론』. 서울: 을유문화사.

김현태. 2007. 『한국의 선거운동제도와 정치발전: 자유, 공정 그리고 민주주의』. 서울: 오름.

김홍우. “제헌국회에서의 정부형태론 논의.” 『의정연구』 제3권 제1호: 203~248쪽.

대한민국국회. 2008. 『대한민국국회 60년사』. 서울: 국회사무처.

박찬욱. 2004. “제17대 총선에서 2표병립제와 유권자의 분할투표: 선거제도의 미시적 효과 분석.” 『한국정치연구』 제13집 제2호: 39~85쪽.

백영철. 1995. 『제 1공화국과 한국민주주의』. 서울: 나남출판.

서중석. 2008. 『대한민국 선거이야기: 1948 제헌선거에서 2007 대선까지』. 서울: 역사비평사.

신명순. 2005. 『비교정치』. 2쇄. 서울: 박영사.

심지연. 2004. “全斗煥정부 하의 정당구도 분석.” 『한국정치외교사논총』 제25집 2호: 213~243쪽.

심지연. 2004. 『한국정당정치사: 위기와 통합의 정치』. 백산서당.

엄기홍. 2008. “정당의 정치자금 조달에서 국고보조금과 당비: 현안과 개선방안.” 『선거관리』. 제54호: 214~233쪽.

엄기홍. 2010. “국회와 선거제도.” 임성호 외. 『한국 국회와 정치과정』. 서울: 오름, 43~71쪽.

여현덕. “신군부권위주의체제의 등장과 정치갈등.” 한홍수 편. 『한국정치동태론』. 서울: 오름, 1996.

윤광일. 2013. “지역주의와 제19대 총선.” 『대한정치학회보』 제20권 2호: 113~139쪽.

음선필. 2006. “한국헌법과 국민투표.” 『토지공법연구』 제33집: 441~464쪽.

이갑윤. 1985. “제5공화국 국회의원선거의 분석과 전망.” 『한국정치학회보』 제19집:

47~58쪽.

이갑윤·박경미. 2011. “지역발전과 지역적 정당투표.” 『사회과학연구』 제19집 2호: 138~170쪽.

이남영. 2008. “지역주의와 세대갈등: 제17대 대통령선거를 중심으로.” 『평화학연구』 제9권 제3호: 287~309쪽.

임혁백. 1990. “한국에서의 민주화 과정 분석: 전략적 선택이론을 중심으로.” 『한국정치학회보』 제24권 1호: 51~77쪽.

임혁백. 1997. 『시장·국가·민주주의: 한국 민주화와 정치경제이론』. 서울: 나남출판.

장훈. 2006. “혼합형 선거제도의 정치적 효과.” 『한국정치학회보』 제40집 제5호: 191~213쪽.

전상인. 1994. “강정구의 “5·10선거와 5·30선거의 비교연구”에 대한 반론.” 『한국과 국제정치』 제10권 1호: 283~288쪽.

정승화. 1987. 『12·12사건 정승화는 말한다』. 서울: 까치.

조갑제. 2005. 『제5화국』. 서울: 월간조선사.

조갑제. 2007. 『노태우 육성 회고록』. 서울: 조갑제닷컴.

조기숙. 2000. 『지역주의 선거와 합리적 유권자』. 서울: 나남출판.

조성대. 2008. “균열구조와 정당체계: 지역주의, 이념, 그리고 2007년 한국 대통령선거.” 『현대정치연구』 제1권 1호: 169~198쪽.

조진만. 2009. “선거제도와 투표행태.” 전용주 외. 『투표행태의 이해』. 파주: 한울, 188~221쪽.

조진만. 2011. “제5공화국의 선거.” 한국선거학회 편. 『한국 선거 60년: 이론과 실제』, 141~173쪽. 서울: 오름.

중앙선거관리위원회. 1981. 『대한민국정당사 제2집』. 서울: 중앙선거관리위원회.

중앙선거관리위원회. 1986. 『대한민국선거사 제3집: 1974.1.1.~1979.12.31』. 서울: 중앙선거관리위원회.

중앙선거관리위원회. 1992a. 『대한민국선거사 제1집: 1948.5.10.~1972.10.16』. 3판. 서울: 중앙선거관리위원회.

중앙선거관리위원회. 1992b. 『대한민국정당사 제3집』. 서울: 중앙선거관리위원회.

중앙선거관리위원회. 2000. “공직선거제도개요.” 선거행정간행물 93000－3001－17－0009.

중앙선거관리위원회. 2009a. 『대한민국선거사: 제4집』. 서울: 중앙선거관리위원회.

중앙선거관리위원회. 2009b. 『대한민국선거사: 제6집』. 서울: 중앙선거관리위원회.

중앙선거관리위원회. 2009c. 『대한민국정당사: 제5집』. 서울: 중앙선거관리위원회.

지병근. 2013. "호남지역에서 나타난 정당후보득표율의 지역편향: 제18대 대선 사례 분석." 『한국정당학회보』 제12권 1호: 141~173쪽.

최한수. 1996. 『한국선거정치론』. 서울: 대왕사.

하세헌. 2005. "영남 지역주의의 변화." 『한국정치외교사논총』 제27집 1호: 161~191쪽.

한정일. 1994. "신군부 등장과 5·18 광주의 비극." 동아일보사. 『5공 평가 대토론: 현대사를 어떻게 볼 것인가 6』. 서울: 동아일보사.

한국기독교사회문제연구원. 1987. 『6월의 민주화대투쟁』. 기사연 리포트 2. 1987.7.

한용원. 1993. 『한국의 군부정치』. 서울: 대왕사.

홍득표. 1993. 『한국정치분석론』. 인천: 인하대학교출판부.

황아란. 2008. "영남 지역주의의 지속성과 변화: 긍정적, 부정적 정당태도를 중심으로." 『21세기정치학회보』 제18집 1호: 69~91쪽.

Cox, Gary W. 1997. *Making Votes Count: Strategic Coordination in the World's Electoral Systems.* Cambridge: Cambridge University Press.

Cox, Gary W. and Mathew D. McCubbins. 1993. *Legislative Leviathan: Party GOvernment in the House.* Berkely: University of California Press.

Duverger, Maurice. 1964. *Political Parties.* 3rd edition. London: Metheun & Co Ltd.

Fenno, Richard, Jr. 1973. *Congressmen in Committees.* Boston: Little, Brown.

Fiorina, Morris P. 1981. *Retrospective Voting in American National Elections.* New Haven: Yale University Press.

Harrop, Martin and Wiliam L. Miller. 1987. *Elections and Voters: A comparative introduction.* New York: MACMILLAN EDUCATION LTD.

Hermet, Guy. 1978. "State-Controlled Elections: A Framework." Guy Hermet, Richard Rose and Alain Rouquié, eds. *Elections without Choice,* 1~18. London: Macmillan Press.

Hermet, Guy. Richard Rose and Alain Rouquie. eds. 1978. *Elections without Choice.* London: MacMillan.

Heywood, Andrew. 2007. *Politics.* 3rd Ed. New York: Palgrave MACMILLAN.

Kiewiet, D. Roderick and Mathew D. McCubbins. 1991. *The Logic of Delegation: Congressional parties and the Appropriations Process.* Chicago: University of Chicago Press.

Kihl, Young Whan. 1982. "Korea's Fifth Republic: Democratic Political Trend." *Journal of Northeast Asian Studies,* 37~55.

Kihl, Young Whan. 1984. *Politics and Policies in Divided Korea: Regimes in Contest.* Boulder: Westview Press.

Koh, B. C. 1985. "The 1985 Parliamentary Election in South Korea." *Asian Survey,* 25(9): 883~897.

Krehbiel, Keith. 1991. *Information and Legislative Organization.* Ann Arbor: University of Michigan Press.

Lamounier, Bolivar. 1984. "Opening through Elections: Will the Brazilian Case Become a Paradigm?" *Government and Opposition,* 19(2): 167~177.

Lijphart, Arend. 1994. *Electoral Systems and Party Systems: A Study of Twenty–Seven Democracies, 1945~1990.* New York: Oxford University Press.

Reynolds, Andrew, Ben Reilly and Andrew Ellis. 2005. *Electoral System Design: The New International IDEA Handbook.* Stockholm, Sweden: Internatioal IDEA.

Suh, Dae–Sook. 1982. "South Korea in 1981: The First Year of the Fifth Republic." *Asian Survey,* 22(1): 107~115.

Suh, Dae–Sook. 1983. "South Korea in 1982: A Centennial Year." *Asian Survey,* 23(1): 94~101.

Weingast, Berry and William Marshall. 1988. "The Industrial Organization of Congress." *Journal of Political Economy,* 91: 132~163.

Yoon, Young O. 1985. "Activities of the Korean National Assembly and Assemblymen: A Longitudinal Analysis in Comparative Perspective." Ph.D. Dissertation, George Washington University.

부 록

<A1. 한국 국회의원 선거제도의 비례성>

	득표율		의석비율		비례성 지수	
	후보자	정당	지역구	전국구	지역구	전국구
1963년(제6대)						
민주공화당*	33.5	33.5	67.2	50.0	33.7	16.5
민정당**	20.1	20.1	20.6	31.8	0.5	11.7
민주당***	13.6	13.6	6.1	11.4	−7.5	−2.2
1967년(제7대)						
민주공화당*	50.6	50.6	77.9	61.4	27.3	10.8
신민당**	32.7	32.7	21.4	38.6	−11.3	5.9
대중당***	2.3	2.3	0.8	0.0	−1.5	−2.3
1971년(제8대)						
민주공화당*	47.8	47.8	56.2	52.9	8.4	5.1
신민당**	43.5	43.5	42.5	47.1	−1.0	3.6
국민당***	4.0	4.0	0.7	0.0	−3.3	−4.0
1981년(제11대)						
민주정의당*	35.6	35.6	48.9	66.3	13.3	30.7
민주한국당**	21.6	21.6	31.0	26.1	9.4	4.5
한국국민당***	13.3	13.3	7.6	7.6	−5.7	−5.7
1985년(제12대)						
민주정의당*	35.2	35.2	47.3	66.3	12.1	31.1
신한민주당**	29.3	29.3	27.2	18.5	−2.1	−10.8
민주한국당***	19.7	19.7	14.1	9.8	−5.6	−9.9
1988년(제13대)						
민주정의당*	34.0	34.0	38.8	50.7	4.9	16.7

평화민주당**	19.3	19.3	24.1	21.3	4.8	2.1
통일민주당***	23.8	23.8	20.5	17.3	−3.3	−6.5
1992년(제14대)						
민주자유당*	38.5	38.5	48.9	53.2	10.4	14.7
민주당**	29.2	29.2	31.6	35.5	2.4	6.3
통일국민당***	17.4	17.4	10.1	11.3	−7.3	−6.1
1996년(제15대)						
신한국당*	35.1	35.1	47.8	39.1	12.7	4.0
새정치국민회의**	24.8	24.8	26.1	28.3	1.3	3.5
자유민주연합***	16.4	16.4	16.2	19.6	−0.2	3.2
2000년(제16대)						
한나라당*	39.0	39.0	49.3	45.7	10.4	6.7
새천년민주당**	35.9	35.9	42.3	41.3	6.4	5.4
자유민주연합***	9.8	9.8	5.3	10.9	−4.5	1.0
2004년(제17대)						
열린우리당*	42.0	38.3	53.1	41.1	11.1	2.8
한나라당**	37.9	35.8	41.2	37.5	3.3	1.7
민주노동당***	4.3	13.0	0.8	14.3	−3.5	1.3
2008년(제18대)						
한나라당*	43.4	37.5	53.5	39.3	10.1	1.8
통합민주당**	28.9	25.2	26.9	26.8	−2.0	1.6
자유선진당***	5.7	6.8	5.7	7.1	0.0	0.3
2012년(제19대)						
새누리당*	43.3	41.9	51.6	46.3	1.4	5.3
민주통합당**	37.9	35.7	43.1	38.9	2.2	4.2
통합진보당***	6.0	10.1	2.8	11.1	−4.1	−8.3

출처: 1963년부터 1996년까지는 국회사무처(2000). 2000년부터 2008년까지는 중앙선거관리위원회 홈페이지 및 국회사무처(2008), 2012년은 주간경향(2012년 4월 24일자, 총득표수 분석하면 '대선은 박빙').

주: 국회 의석수를 기준으로 * 원내 제1당, ** 원내 제2당, *** 원내 제3당

<A2. 헌법 제9호>

대한민국헌법

[시행 1980.10.27] [헌법 제9호, 1980.10.27, 전부개정]

제5민주공화국의 출발에 즈음하여 정의·인도와 동포애로써 민족의 단결을 공고히 하고, 모든 사회적 폐습과 불의를 타파하며, 자유민주적 기본질서를 더욱 확고히 하여 정치·경제·사회·문화의 모든 영역에 있어서 각인의 기회를 균등히 하고, 능력을 최고도로 발휘하게 하며, 자유와 권리에 따르는 책임과 의무를 완수하게 하여, 안으로는 국민생활의 균등한 향상을 기하고 밖으로는 항구적인 세계평화와 인류공영에 이바지함으로써 우리들과 우리들의 자손의 안전과 자유와 행복을 영원히 확보하는 새로운 역사를 창조할 것을 다짐하면서 1948년 7월 12일에 제정되고 1960년 6월 15일, 1962년 12월 26일과 1972년 12월 27일에 개정된 헌법을 이제 국민투표에 의하여 개정한다.

제1장 총강

제1조 ① 대한민국은 민주공화국이다.
② 대한민국의 주권은 국민에게 있고, 모든 권력은 국민으로부터 나온다.

제2조 ① 대한민국의 국민의 요건은 법률로 정한다.
② 재외국민은 국가의 보호를 받는다.

제3조 대한민국의 영토는 한반도와 부속도서로 한다.

제4조 ① 대한민국은 국제평화의 유지에 노력하고 침략적 전쟁을 부인한다.
② 국군은 국가의 안전보장과 국토방위의 신성한 의무를 수행함을 사명으로 한다.

제5조 ① 헌법에 의하여 체결·공포된 조약과 일반적으로 승인된 국제법규는 국내법과 같은 효력을 가진다.
② 외국인에 대하여는 국제법과 조약에 정한 바에 의하여 그 지위를 보장한다.

제6조 ① 공무원은 국민전체에 대한 봉사자이며, 국민에 대하여 책임을 진다.
② 공무원의 신분과 정치적 중립성은 법률이 정하는 바에 의하여 보장된다.

제7조 ① 정당의 설립은 자유이며, 복수정당제는 보장된다.

② 정당은 그 조직과 활동이 민주적이어야 하며, 국민의 정치적 의사형성에 참여하는데 필요한 조직을 가져야 한다.

③ 정당은 법률이 정하는 바에 의하여 국가의 보호를 받으며, 국가는 법률이 정하는 바에 의하여 정당의 운영에 필요한 자금을 보조할 수 있다.

④ 정당의 목적이나 활동이 민주적 기본질서에 위배될 때에는 정부는 헌법위원회에 그 해산을 제소할 수 있고, 정당은 헌법위원회의 결정에 의하여 해산된다.

제8조 국가는 전통문화의 계승·발전과 민족문화의 창달에 노력하여야 한다.

제2장 국민의 권리와 의무

제9조 모든 국민은 인간으로서의 존엄과 가치를 가지며, 행복을 추구할 권리를 가진다. 국가는 개인이 가지는 불가침의 기본적 인권을 확인하고 이를 보장할 의무를 진다.

제10조 ① 모든 국민은 법 앞에 평등하다. 누구든지 성별·종교 또는 사회적 신분에 의하여 정치적·경제적·사회적·문화적 생활의 모든 영역에 있어서 차별을 받지 아니한다.

② 사회적 특수계급의 제도는 인정되지 아니하며, 어떠한 형태로도 이를 창설할 수 없다.

③ 훈장등의 영전은 이를 받은 자에게만 효력이 있고, 어떠한 특권도 이에 따르지 아니한다.

제11조 ① 모든 국민은 신체의 자유를 가진다. 누구든지 법률에 의하지 아니하고는 체포·구금·압수·수색·심문·처벌과 보안처분을 받지 아니하며, 형의 선고에 의하지 아니하고는 강제노역을 당하지 아니한다.

② 모든 국민은 고문을 받지 아니하며, 형사상 자기에게 불리한 진술을 강요당하지 아니한다.

③ 체포·구금·압수·수색에는 검사의 신청에 의하여 법관이 발부한 영장을 제시하여야 한다. 다만, 현행범인인 경우와 장기 3년 이상의 형에 해당하는 죄를 범하고 도피 또는 증거인멸의 염려가 있을 때에는 사후에 영장을 청구할 수 있다.

④ 누구든지 체포·구금을 당한 때에는 즉시 변호인의 조력을 받을 권리를 가진다. 다만, 법률이 정하는 경우에 형사피고인이 스스로 변호인을 구할 수 없

을 때에는 국가가 변호인을 붙인다.

⑤ 누구든지 체포·구금을 당한 때에는 법률이 정하는 바에 의하여 적부의 심사를 법원에 청구할 권리를 가진다.

⑥ 피고인의 자백이 고문·폭행·협박·구속의 부당한 장기화 또는 기망 기타의 방법에 의하여 자의로 진술된 것이 아니라고 인정될 때 또는 정식재판에 있어서 피고인의 자백이 그에게 불리한 유일한 증거일 때에는 이를 유죄의 증거로 삼거나 이를 이유로 처벌할 수 없다.

제12조 ① 모든 국민은 행위시의 법률에 의하여 범죄를 구성하지 아니하는 행위로 소추되지 아니하며, 동일한 범죄에 대하여 거듭 처벌받지 아니한다.

② 모든 국민은 소급입법에 의하여 삼정권의 제한 또는 재산권의 박탈을 받지 아니한다.

③ 모든 국민은 자기의 행위가 아닌 친족의 행위로 인하여 불이익한 처우를 받지 아니한다.

제13조 모든 국민은 거주·이전의 자유를 가진다.

제14조 모든 국민은 직업선택의 자유를 가진다.

제15조 모든 국민은 주거의 자유를 침해받지 아니한다. 주거에 대한 압수나 수색에는 검사의 신청에 의하여 법관이 발부한 영장을 제시하여야 한다.

제16조 모든 국민은 사생활의 비밀과 자유를 침해받지 아니한다.

제17조 모든 국민은 통신의 비밀을 침해받지 아니한다.

제18조 모든 국민은 양심의 자유를 가진다.

제19조 ① 모든 국민은 종교의 자유를 가진다.

② 국교는 인정되지 아니하며, 종교와 정치는 분리된다.

제20조 ① 모든 국민은 언론·출판의 자유와 집회·결사의 자유를 가진다.

② 언론·출판은 타인의 명예나 권리 또는 공중도덕이나 사회윤리를 침해하여서는 아니된다. 언론·출판이 타인의 명예나 권리를 침해한 때에는 피해자는 이에 대한 피해의 배상을 청구할 수 있다.

제21조 ① 모든 국민은 학문과 예술의 자유를 가진다.

② 저작자·발명가와 예술가의 권리는 법률로써 보호한다.

제22조 ① 모든 국민의 재산권은 보장된다. 그 내용과 한계는 법률로 정한다.Z

② 재산권의 행사는 공공복리에 적합하도록 하여야 한다.

③ 공공필요에 의한 재산권의 수용·사용 또는 제한은 법률로써 하되, 보상을 지급하여야 한다. 보상은 공익 및 관계자의 이익을 정당하게 형량하여 법률

로 정한다.

제23조 모든 국민은 20세가 되면 법률이 정하는 바에 의하여 선거권을 가진다.

제24조 모든 국민은 법률이 정하는 바에 의하여 공무담임권을 가진다.

제25조 ① 모든 국민은 법률이 정하는 바에 의하여 국가기관에 문서로 청원할 권리를 가진다.

② 국가는 청원에 대하여 심사할 의무를 진다.

제26조 ① 모든 국민은 헌법과 법률에 정한 법관에 의하여 법률에 의한 재판을 받을 권리를 가진다.

② 군인 또는 군무원이 아닌 국민은 대한민국의 영역 안에서는 중대한 군사상 기밀·초병·초소·유해음식물공급·포로·군용물·군사시설에 관한 죄 중 법률에 정한 경우와, 비상계엄이 선포되거나 대통령이 법원의 권한에 관하여 비상조치를 한 경우를 제외하고는 군법회의의 재판을 받지 아니한다.

③ 모든 국민은 신속한 재판을 받을 권리를 가진다. 형사피고인은 상당한 이유가 없는 한 지체없이 공개재판을 받을 권리를 가진다.

④ 형사피고인은 유죄의 판결이 확정될 때까지는 무죄로 추정된다.

제27조 형사피고인으로서 구금되었던 자가 무죄판결을 받은 때에는 법률이 정하는 바에 의하여 국가에 정당한 보상을 청구할 수 있다.

제28조 ① 공무원의 직무상 불법행위로 손해를 받은 국민은 법률이 정하는 바에 의하여 국가 또는 공공단체에 정당한 배상을 청구할 수 있다. 그러나, 공무원 자신의 책임은 면제되지 아니한다.

② 군인·군무원·경찰공무원 기타 법률로 정하는 자가 전투·훈련등 직무집행과 관련하여 받은 손해에 대하여는 법률이 정하는 보상외에 국가 또는 공공단체에 공무원의 직무상 불법행위로 인한 배상은 청구할 수 없다.

제29조 ① 모든 국민은 능력에 따라 균등하게 교육을 받을 권리를 가진다.

② 모든 국민은 그 보호하는 자녀에게 적어도 초등교육과 법률이 정하는 교육을 받게 할 의무를 진다.

③ 의무교육은 무상으로 한다.

④ 교육의 자주성·전문성 및 정치적 중립성은 법률이 정하는 바에 의하여 보장된다.

⑤ 국가는 평생교육을 진흥하여야 한다.

⑥ 학교교육 및 평생교육을 포함한 교육제도와 그 운영, 교육재정 및 교원의 지위에 관한 기본적인 사항은 법률로 정한다.

제30조 ① 모든 국민은 근로의 권리를 가진다. 국가는 사회적·경제적 방법으로 근로자의 고용의 증진과 적정임금의 보장에 노력하여야 한다.

② 모든 국민은 근로의 의무를 진다. 국가는 근로의 의무의 내용과 조건을 민주주의원칙에 따라 법률로 정한다.

③ 근로조건의 기준은 인간의 존엄성을 보장하도록 법률로 정한다.

④ 여자와 소년의 근로는 특별한 보호를 받는다.

⑤ 국가유공자·상이군경 및 전몰군경의 유가족은 법률이 정하는 바에 의하여 우선적으로 근로의 기회를 부여받는다.

제31조 ① 근로자는 근로조건의 향상을 위하여 자주적인 단결권·단체교섭권 및 단체행동권을 가진다. 다만, 단체행동권의 행사는 법률이 정하는 바에 의한다.

② 공무원인 근로자는 법률로 인정된 자를 제외하고는 단결권·단체교섭권 및 단체행동권을 가질 수 없다.

③ 국가·지방자치단체·국공영기업체·방위산업체·공익사업체 또는 국민경제에 중대한 영향을 미치는 사업체에 종사하는 근로자의 단체행동권은 법률이 정하는 바에 의하여 이를 제한하거나 인정하지 아니할 수 있다.

제32조 ① 모든 국민은 인간다운 생활을 할 권리를 가진다.

② 국가는 사회보장·사회복지의 증진에 노력할 의무를 진다.

③ 생활능력이 없는 국민은 법률이 정하는 바에 의하여 국가의 보호를 받는다.

제33조 모든 국민은 깨끗한 환경에서 생활할 권리를 가지며, 국가와 국민은 환경보전을 위하여 노력하여야 한다.

제34조 ① 혼인과 가족생활은 개인의 존엄과 양성의 평등을 기초로 성립되고 유지되어야 한다.

② 모든 국민은 보건에 관하여 국가의 보호를 받는다.

제35조 ① 국민의 자유와 권리는 헌법에 열거되지 아니한 이유로 경시되지 아니한다.

② 국민의 모든 자유와 권리는 국가안전보장·질서유지 또는 공공복리를 위하여 필요한 경우에 한하여 법률로써 제한할 수 있으며, 제한하는 경우에도 자유와 권리의 본질적인 내용을 침해할 수 없다.

제36조 모든 국민은 법률이 정하는 바에 의하여 납세의 의무를 진다.

제37조 ① 모든 국민은 법률이 정하는 바에 의하여 국방의 의무를 진다.

② 누구든지 병역의무의 이행으로 불이익한 처우를 받지 아니한다.

제3장 정부

제1절 대통령

제38조 ① 대통령은 국가의 원수이며, 외국에 대하여 국가를 대표한다.
② 대통령은 국가의 독립·영토의 보전·국가의 계속성과 헌법을 수호할 책무를 진다.
③ 대통령은 조국의 평화적 통일을 위한 성실한 의무를 진다.
④ 행정권은 대통령을 수반으로 하는 정부에 속한다.

제39조 ① 대통령은 대통령선거인단에서 무기명투표로 선거한다.
② 대통령에 입후보하려는 자는 정당의 추천 또는 법률이 정하는 수의 대통령선거인의 추천을 받아야 한다.
③ 대통령선거인단에서 재적대통령선거인 과반수의 찬성을 얻은 자를 대통령당선자로 한다.
④ 제3항의 득표자가 없을 때에는 2차투표를 하고, 2차투표에도 제3항의 득표자가 없을 때에는 최고득표자가 1인이면 최고득표자와 차점자에 대하여, 최고득표자가 2인 이상이면 최고득표자에 대하여 결선투표를 함으로써 다수득표자를 대통령당선자로 한다.
⑤ 대통령의 선거에 관한 사항은 법률로 정한다.

제40조 ① 대통령선거인단은 국민의 보통·평등·직접·비밀선거에 의하여 선출된 대통령선거인으로 구성한다.
② 대통령선거인의 수는 법률로 정하되, 5,000인 이상으로 한다.
③ 대통령선거인의 선거에 관한 사항은 법률로 정한다.

제41조 ① 대통령선거인으로 선출될 수 있는 자는 국회의원의 피선거권이 있고, 선거일 현재 30세에 달하여야 한다. 다만, 국회의원과 공무원은 대통령선거인이 될 수 없다.
② 대통령선거인은 현행범인인 경우를 제외하고는 체포 또는 구금되지 아니한다.
③ 대통령선거인은 정당에 소속할 수 있다.
④ 대통령선거인은 선거인이 된 후 처음 실시되는 국회의원의 선거에 있어서 국회의원으로 선출될 수 없다.
⑤ 대통령선거인은 당해 대통령선거인단이 선거한 대통령의 임기개시일까지 그 신분을 가진다.

제42조 대통령으로 선거될 수 있는 자는 국회의원의 피선거권이 있고, 선거일 현재 계속하여 5년 이상 국내에 거주하고 40세에 달하여야 한다. 이 경우에 공무로 외국에 파견된 기간은 국내거주기간으로 본다.

제43조 ① 대통령의 임기가 만료되는 때에는 대통령선거인단은 늦어도 임기만료 30일전에 후임자를 선거한다.

② 대통령이 궐위된 때에는 새로이 대통령선거인단을 구성하여 3월 이내에 후임자를 선거한다.

제44조 대통령은 취임에 즈음하여 다음의 선서를 한다.

"나는 헌법을 준수하고 국가를 보위하며 민족문화의 발전 및 국민의 자유와 복리의 증진에 노력하고 조국의 평화적 통일을 위하여 대통령으로서의 직책을 성실히 수행할 것을 국민 앞에 엄숙히 선서합니다."

제45조 대통령의 임기는 7년으로 하며, 중임할 수 없다.

제46조 대통령이 궐위되거나 사고로 인하여 직무를 수행할 수 없을 때에는 국무총리, 법률에 정한 국무위원의 순위로 그 권한을 대행한다.

제47조 대통령은 필요하다고 인정할 때에는 외교·국방·통일 기타 국가안위에 관한 중요정책을 국민투표에 붙일 수 있다.

제48조 대통령은 조약을 체결·비준하고, 외교사절을 신임·접수 또는 파견하며, 선전포고와 강화를 한다.

제49조 ① 대통령은 헌법과 법률이 정하는 바에 의하여 국군을 통수한다.

② 국군의 조직과 편성은 법률로 정한다.

제50조 대통령은 법률에서 구체적으로 범위를 정하여 위임받은 사항과 법률을 집행하기 위하여 필요한 사항에 관하여 대통령령을 발할 수 있다.

제51조 ① 대통령은 천재·지변 또는 중대한 재정·경제상의 위기에 처하거나, 국가의 안전을 위협하는 교전상태나 그에 준하는 중대한 비상사태에 처하여 국가를 보위하기 위하여 급속한 조치를 할 필요가 있다고 판단할 때에는 내정·외교·국방·경제·재정·사법 등 국정전반에 걸쳐 필요한 비상조치를 할 수 있다.

② 대통령은 제1항의 경우에 필요하다고 인정할 때에는 헌법에 규정되어 있는 국민의 자유와 권리를 잠정적으로 정지할 수 있고, 정부나 법원의 권한에 관하여 특별한 조치를 할 수 있다.

③ 제1항과 제2항의 조치를 한 때에는 대통령은 지체없이 국회에 통고하여 승인을 얻어야 하며, 승인을 얻지 못한 때에는 그때부터 그 조치는 효력을 상

실한다.

④ 제1항과 제2항의 조치는 그 목적을 달성할 수 있는 최단기간내에 한정되어야 하고, 그 원인이 소멸한 때에는 대통령은 지체없이 이를 해제하여야 한다.

⑤ 국회가 재적의원 과반수의 찬성으로 비상조치의 해제를 요구한 때에는 대통령은 이를 해제하여야 한다.

제52조 ① 대통령은 전시·사변 또는 이에 준하는 국가비상사태에 있어서 병력으로써 군사상의 필요에 응하거나 공공의 안녕질서를 유지할 필요가 있을 때에는 법률이 정하는 바에 의하여 계엄을 선포할 수 있다.

② 계엄은 비상계엄과 경비계엄으로 한다.

③ 비상계엄이 선포된 때에는 법률이 정하는 바에 의하여 영장제도, 언론·출판·집회·결사의 자유, 정부나 법원의 권한에 관하여 특별한 조치를 할 수 있다.

④ 계엄을 선포한 때에는 대통령은 지체없이 국회에 통고하여야 한다.

⑤ 국회가 재적의원 과반수의 찬성으로 계엄의 해제를 요구한 때에는 대통령은 이를 해제하여야 한다.

제53조 대통령은 헌법과 법률이 정하는 바에 의하여 공무원을 임명한다.

제54조 ① 대통령은 법률이 정하는 바에 의하여 사면·감형·복권을 명할 수 있다.

② 일반사면을 명하려면 국회의 동의를 얻어야 한다.

③ 사면·감형·복권에 관한 사항은 법률로 정한다.

제55조 대통령은 법률이 정하는 바에 의하여 훈장 기타의 영전을 수여한다.

제56조 대통령은 국회에 출석하여 발언하거나 서한으로 의견을 표시할 수 있다.

제57조 ① 대통령은 국가의 안정 또는 국민전체의 이익을 위하여 필요하다고 판단할 상당한 이유가 있을 때에는 국회의장의 자문 및 국무회의의 심의를 거친 후 그 사유를 명시하여 국회를 해산할 수 있다. 다만, 국회가 구성된 후 1년 이내에는 해산할 수 없다.

② 대통령은 같은 사유로 2차에 걸쳐 국회를 해산할 수 없다.

③ 국회가 해산된 경우 국회의원 총선거는 해산된 날로부터 30일 이후 60일 이내에 실시한다.

제58조 대통령의 국법상 행위는 문서로써 하며, 이 문서에는 국무총리와 관계 국무위원이 부서한다. 군사에 관한 것도 또한 같다.

제59조 대통령은 국무총리·국무위원·행정각부의 장 기타 법률이 정하는 공사의 직을 겸할 수 없다.

제60조 대통령은 내란 또는 외환의 죄를 범한 경우를 제외하고는 재직중 형사상의

소추를 받지 아니한다.

제61조 전직대통령의 신분과 예우에 관하여는 법률로 정한다.

제2절 행정부

제1관 국무총리와 국무위원

제62조 ① 국무총리는 국회의 동의를 얻어 대통령이 임명한다.

② 국무총리는 대통령을 보좌하고, 행정에 관하여 대통령의 명을 받아 행정각부를 통할한다.

③ 군인은 현역을 면한 후가 아니면 국무총리로 임명될 수 없다.

제63조 ① 국무위원은 국무총리의 제청으로 대통령이 임명한다.

② 국무위원은 국정에 관하여 대통령을 보좌하며, 국무회의의 구성원으로서 국정을 심의한다.

③ 국무총리는 국무위원의 해임을 대통령에게 건의할 수 있다.

④ 군인은 현역을 면한 후가 아니면 국무위원으로 임명될 수 없다.

제2관 국무회의

제64조 ① 국무회의는 정부의 권한에 속하는 중요한 정책을 심의한다.

② 국무회의는 대통령·국무총리와 15인이상 30인이하의 국무위원으로 구성한다.

③ 대통령은 국무회의의 의장이 되고, 국무총리는 부의장이 된다.

제65조 다음 사항은 국무회의의 심의를 거쳐야 한다.

1. 국정의 기본계획과 정부의 일반정책
2. 선전·강화 기타 중요한 대외정책
3. 헌법개정안·국민투표안·조약안·법률안과 대통령령안
4. 예산안·결산·국유재산처분의 기본계획·국가의 부담이 될 계약 기타 재정에 관한 중요사항
5. 대통령의 비상조치 또는 계엄과 그 해제
6. 군사에 관한 중요사항
7. 국회의 해산
8. 국회의 임시회 집회의 요구
9. 영전수여
10. 사면·감형과 복권

11. 행정각부간의 권한의 획정
12. 정부안의 권한의 위임 또는 배정에 관한 기본계획
13. 국정처리상황의 평가·분석
14. 행정각부의 중요한 정책의 수립과 조정
15. 정당해산의 제소
16. 정부에 제출 또는 회부된 정부의 정책에 관계되는 청원의 심사
17. 합동참모의장·각군참모총장·검찰총장·국립대학교총장·대사 기타 법률에 정한 공무원과 국영기업체 관리자의 임명
18. 기타 대통령·국무총리 또는 국무위원이 제출한 사항

제66조 ① 국정의 중요한 사항에 관한 대통령의 자문에 응하기 위하여 국가원로로 구성되는 국정자문회의를 둘 수 있다.

② 국정자문회의의 의장은 직전대통령이 된다. 다만, 직전대통령이 없을 때에는 대통령이 지명한다.

③ 국정자문회의의 조직·직무범위 기타 필요한 사항은 법률로 정한다.

제67조 ① 국가안전보장에 관련되는 대외정책·군사정책과 국내정책의 수립에 관하여 국무회의의 심의에 앞서 대통령의 자문에 응하기 위하여 국가안전보장회의를 둔다.

② 국가안전보장회의는 대통령이 주재한다.

③ 국가안전보장회의의 조직·직무범위 기타 필요한 사항은 법률로 정한다.

제68조 ① 평화통일정책의 수립에 관한 대통령의 자문에 응하기 위하여 평화통일정책자문회의를 둘 수 있다.

② 평화통일정책자문회의의 조직·직무범위 기타 필요한 사항은 법률로 정한다.

제3관 행정각부

제69조 행정각부의 장은 국무위원 중에서 국무총리의 제청으로 대통령이 임명한다.

제70조 국무총리 또는 행정각부의 장은 소관사무에 관하여 법률이나 대통령의 위임 또는 직권으로 총리령 또는 부령을 발할 수 있다.

제71조 행정각부의 설치·조직과 직무범위는 법률로 정한다.

제4관 감사원

제72조 국가의 세입·세출의 결산, 국가 및 법률에 정한 단체의 회계검사와 행정기

관 및 공무원의 직무에 관한 감찰을 하기 위하여 대통령소속하에 감사원을 둔다.

제73조 ① 감사원은 원장을 포함한 5인 이상 11인 이하의 감사위원으로 구성한다.

② 원장은 국회의 동의를 얻어 대통령이 임명하고, 그 임기는 4년으로 하며, 1차에 한하여 중임할 수 있다.

③ 원장이 궐위된 경우에 임명된 후임자의 임기는 전임자의 잔임기간으로 한다.

④ 감사위원은 원장의 제청으로 대통령이 임명하고, 그 임기는 4년으로 하며, 1차에 한하여 중임할 수 있다.

제74조 감사원은 세입·세출의 결산을 매년 검사하여 대통령과 차연도 국회에 그 결과를 보고하여야 한다.

제75조 감사원의 조직·직무범위·감사위원의 자격·감사대상공무원의 범위 기타 필요한 사항은 법률로 정한다.

제4장 국회

제76조 입법권은 국회에 속한다.

제77조 ① 국회는 국민의 보통·평등·직접·비밀선거에 의하여 선출된 의원으로 구성한다.

② 국회의원의 수는 법률로 정하되, 200인 이상으로 한다.

③ 국회의원의 선거구와 비례대표제 기타 선거에 관한 사항은 법률로 정한다.

제78조 국회의원의 임기는 4년으로 한다.

제79조 국회의원은 법률이 정하는 직을 겸할 수 없다.

제80조 ① 국회의원은 현행범인인 경우를 제외하고는 회기중 국회의 동의없이 체포 또는 구금되지 아니한다.

② 국회의원이 회기전에 체포 또는 구금된 때에는 현행범인이 아닌 한 국회의 요구가 있으면 회기중 석방된다.

제81조 국회의원은 국회에서 직무상 행한 발언과 표결에 관하여 국회외에서 책임을 지지 아니한다.

제82조 ① 국회의원은 청렴의 의무가 있다.

② 국회의원은 국가이익을 우선하여 양심에 따라 직무를 행한다.

③ 국회의원은 그 지위를 남용하여 국가·공공단체 또는 기업체와의 계약이나 그 처분에 의하여 재산상의 권리·이익 또는 직위를 취득하거나 타인을 위

하여 그 취득을 알선할 수 없다.

제83조 ① 국회의 정기회는 법률이 정하는 바에 의하여 매년 1회 집회되며, 국회의 임시회는 대통령 또는 국회재적의원 3분의 1이상의 요구에 의하여 집회된다.

② 정기회의 회기는 90일을, 임시회의 회기는 30일을 초과할 수 없다.

③ 국회는 정기회·임시회를 합하여 년 150일을 초과하여 개회할 수 없다. 다만, 대통령이 집회를 요구한 임시회의 일수는 이에 산입하지 아니한다.

④ 대통령이 임시회의 집회를 요구할 때에는 기간과 집회요구의 이유를 명시하여야 한다.

⑤ 대통령의 요구에 의하여 집회된 임시회에서는 정부가 제출한 의안에 한하여 처리하며, 국회는 대통령이 집회요구시에 정한 기간에 한하여 개회한다.

제84조 국회는 의장 1인과 부의장 2인을 선거한다.

제85조 국회는 헌법 또는 법률에 특별한 규정이 없는 한 그 재적의원 과반수의 출석과 출석의원 과반수의 찬성으로 의결한다. 가부동수인 때에는 부결된 것으로 본다.

제86조 ① 국회의 회의는 공개한다. 다만, 출석의원 과반수의 찬성이 있거나 의장이 국가의 안전보장을 위하여 필요하다고 인정할 때에는 공개하지 아니할 수 있다.

② 공개하지 아니한 회의의 내용은 공표되어서는 아니된다.

제87조 국회에 제출된 법률안 기타의 의안은 회기중에 의결되지 못한 이유로 폐기되지 아니한다. 다만, 국회의원의 임기가 만료되거나 국회가 해산된 때에는 예외로 한다.

제88조 국회의원과 정부는 법률안을 제출할 수 있다.

제89조 ① 국회에서 의결된 법률안은 정부에 이송되어 15일 이내에 대통령이 공포한다.

② 법률안에 이의가 있을 때에는 대통령은 제1항의 기간 내에 이의서를 붙여 국회로 환부하고, 그 재의를 요구할 수 있다. 국회의 폐회중에도 또한 같다.

③ 대통령은 법률안의 일부에 대하여 또는 법률안을 수정하여 재의를 요구할 수 없다.

④ 재의의 요구가 있을 때에는 국회는 재의에 붙이고, 재적의원 과반수의 출석과 출석의원3분의 2이상의 찬성으로 전과 같은 의결을 하면 그 법률안은 법률로서 확정된다.

⑤ 대통령이 제1항의 기간 내에 공포나 재의의 요구를 하지 아니한 때에도

그 법률안은 법률로서 확정된다.

⑥ 대통령은 제4항과 제5항의 규정에 의하여 확정된 법률을 지체없이 공포하여야 한다. 제5항에 의하여 법률이 확정된 후 또는 제4항에 의한 확정법률이 정부에 이송된 후 5일 이내에 대통령이 공포하지 아니할 때에는 국회의장이 이를 공포한다.

⑦ 법률은 특별한 규정이 없는 한 공포한 날로부터 20일을 경과함으로써 효력을 발생한다.

제90조 ① 국회는 국가의 예산안을 심의·확정한다.

② 정부는 회계연도마다 예산안을 편성하여 회계연도 개시 90일전까지 국회에 제출하고, 국회는 회계연도 개시 30일전까지 이를 의결하여야 한다.

③ 새로운 회계연도가 개시될 때까지 예산안이 의결되지 못한 때에는 정부는 국회에서 예산안이 의결될 때까지 다음의 목적을 위한 경비는 전연도 예산에 준하여 집행할 수 있다.

1. 헌법이나 법률에 의하여 설치된 기관 또는 시설의 유지·운영
2. 법률상 지출의무의 이행
3. 이미 예산으로 승인된 사업의 계속

제91조 ① 한 회계연도를 넘어 계속하여 지출할 필요가 있을 때에는 정부는 연한을 정하여 계속비로서 국회의 의결을 얻어야 한다.

② 예비비는 총액으로 국회의 의결을 얻어야 한다. 예비비의 지출은 차기국회의 승인을 얻어야 한다.

제92조 정부는 예산에 변경을 가할 필요가 있을 때에는 추가경정예산안을 편성하여 국회에 제출할 수 있다.

제93조 국회는 정부의 동의없이 정부가 제출한 지출예산 각항의 금액을 증가하거나 새 비목을 설치할 수 없다.

제94조 국채를 모집하거나 예산외에 국가의 부담이 될 계약을 체결하려 할 때에는 정부는 미리 국회의 의결을 얻어야 한다.

제95조 조세의 종목과 세율은 법률로 정한다.

제96조 ① 국회는 상호원조 또는 안전보장에 관한 조약, 중요한 국제조직에 관한 조약, 우호통상항해조약, 주권의 제약에 관한 조약, 강화조약, 국가나 국민에게 중대한 재정적 부담을 지우는 조약 또는 입법사항에 관한 조약의 체결·비준에 대한 동의권을 가진다.

② 선전포고, 국군의 외국에의 파견 또는 외국군대의 대한민국영역안에서의

주류에 대하여도 국회는 동의권을 가진다.

제97조 국회는 특정한 국정사안에 관하여 조사할 수 있으며, 그에 직접 관련된 서류의 제출, 증인의 출석과 증언이나 의견의 진술을 요구할 수 있다. 다만, 재판과 진행중인 범죄수사·소추에 간섭할 수 없다.

제98조 ① 국무총리·국무위원 또는 정부위원은 국회나 그 위원회에 출석하여 국정처리상황을 보고하거나 의견을 진술하고 질문에 응답할 수 있다.

② 국회나 그 위원회의 요구가 있을 때에는 국무총리·국무위원 또는 정부위원은 출석·답변하여야 하며, 국무총리 또는 국무위원이 출석요구를 받은 때에는 국무위원 또는 정부위원으로 하여금 출석·답변하게 할 수 있다.

제99조 ① 국회는 국무총리 또는 국무위원에 대하여 개별적으로 그 해임을 의결할 수 있다. 다만, 국무총리에 대한 해임의결은 국회가 임명동의를 한 후 1년 이내에는 할 수 없다.

② 제1항의 해임의결은 국회재적의원 3분의 1이상의 발의에 의하여 국회재적의원 과반수의 찬성이 있어야 한다.

③ 제2항의 의결이 있을 때에는 대통령은 국무총리 또는 당해 국무위원을 해임하여야 한다. 다만, 국무총리에 대한 해임의결이 있을 때에는 대통령은 국무총리와 국무위원 전원을 해임하여야 한다.

제100조 ① 국회는 법률에 저촉되지 아니하는 범위안에서 의사와 내부규율에 관한 규칙을 제정할 수 있다.

② 국회는 의원의 자격을 심사하며, 의원을 징계할 수 있다.

③ 의원을 제명하려면 국회재적의원 3분의 2이상의 찬성이 있어야 한다.

④ 제2항과 제3항의 처분에 대하여는 법원에 제소할 수 없다.

제101조 ① 대통령·국무총리·국무위원·행정각부의 장·헌법위원회 위원·법관·중앙선거관리위원회 위원·감사위원 기타 법률에 정한 공무원이 그 직무집행에 있어서 헌법이나 법률을 위배한 때에는 국회는 탄핵의 소추를 의결할 수 있다.

② 제1항의 탄핵소추는 국회재적의원 3분의 1이상의 발의가 있어야 하며, 그 의결은 국회재적의원 과반수의 찬성이 있어야 한다. 다만, 대통령에 대한 탄핵소추는 국회재적의원 과반수의 발의와 국회재적의원 3분의 2이상의 찬성이 있어야 한다.

③ 탄핵소추의 의결을 받은 자는 탄핵결정이 있을 때까지 그 권한행사가 정지된다.

④ 탄핵결정은 공직으로부터 파면함에 그친다. 그러나, 이에 의하여 민사상이나 형사상의 책임이 면제되지는 아니한다.

제5장 법원

제102조 ① 사법권은 법관으로 구성된 법원에 속한다.

② 법원은 최고법원인 대법원과 각급 법원으로 조직된다.

③ 법관의 자격은 법률로 정한다.

제103조 ① 대법원에 부를 둘 수 있다.

② 대법원에 행정·조세·노동·군사 등을 전담하는 부를 둘 수 있다.

③ 대법원에 대법원판사를 둔다. 다만, 법률이 정하는 바에 의하여 대법원판사가 아닌 법관을 둘 수 있다.

④ 대법원과 각급 법원의 조직은 법률로 정한다.

제104조 법관은 헌법과 법률에 의하여 그 양심에 따라 독립하여 심판한다.

제105조 ① 대법원장은 국회의 동의를 얻어 대통령이 임명한다.

② 대법원판사는 대법원장의 제청에 의하여 대통령이 임명한다.

③ 대법원장과 대법원판사가 아닌 법관은 대법원장이 임명한다.

제106조 ① 대법원장의 임기는 5년으로 하며, 중임할 수 없다.

② 대법원판사의 임기는 5년으로 하며, 법률이 정하는 바에 의하여 연임할 수 있다.

③ 대법원장과 대법원판사가 아닌 법관의 임기는 10년으로 하며, 법률이 정하는 바에 의하여 연임할 수 있다.

④ 법관의 정년은 법률로 정한다.

제107조 ① 법관은 탄핵 또는 형벌에 의하지 아니하고는 파면되지 아니하며, 징계처분에 의하지 아니하고는 정직·감봉 또는 불리한 처분을 받지 아니한다.

② 법관이 중대한 심신상의 장해로 직무를 수행할 수 없을 때에는 법률이 정하는 바에 의하여 퇴직하게 할 수 있다.

제108조 ① 법률이 헌법에 위반되는 여부가 재판의 전제가 된 경우에 법원은 법률이 헌법에 위반되는 것으로 인정할 때에는 헌법위원회에 제청하여 그 결정에 의하여 재판한다.

② 명령·규칙·처분이 헌법이나 법률에 위반되는 여부가 재판의 전제가 된 경우에는 대법원은 이를 최종적으로 심사할 권한을 가진다.

③ 재판의 전심절차로서 행정심판을 할 수 있다. 행정심판의 절차는 법률로 정하되, 사법절차가 준용되어야 한다.

제109조 대법원은 법률에 저촉되지 아니하는 범위안에서 소송에 관한 절차, 법원의 내부규율과 사무처리에 관한 규칙을 제정할 수 있다.

제110조 재판의 심리와 판결은 공개한다. 다만, 심리는 국가의 안전보장 또는 안녕질서를 방해하거나 선량한 풍속을 해할 염려가 있을 때에는 법원의 결정으로 공개하지 아니할 수 있다.

제111조 ① 군사재판을 관할하기 위하여 특별법원으로서 군법회의를 둘 수 있다.

② 군법회의의 상고심은 대법원에서 관할한다.

③ 군법회의의 조직·권한 및 재판관의 자격은 법률로 정한다.

④ 비상계엄하의 군사재판은 군인·군무원의 범죄나 군사에 관한 간첩죄의 경우와, 초병·초소·유해음식물공급·포로에 관한 죄중 법률에 정한 경우에 한하여 단심으로 할 수 있다.

제6장 헌법위원회

제112조 ① 헌법위원회는 다음 사항을 심판한다.

1. 법원의 제청에 의한 법률의 위헌여부
2. 탄 핵
3. 정당의 해산

② 헌법위원회는 9인의 위원으로 구성하며, 위원은 대통령이 임명한다.

③ 제2항의 위원중 3인은 국회에서 선출하는 자를, 3인은 대법원장이 지명하는 자를 임명한다.

④ 헌법위원회의 위원장은 위원중에서 대통령이 임명한다.

제113조 ① 헌법위원회 위원의 임기는 6년으로 하며, 법률이 정하는 바에 의하여 연임할 수 있다.

② 헌법위원회 위원은 정당에 가입하거나 정치에 관여할 수 없다.

③ 헌법위원회 위원은 탄핵 또는 형벌에 의하지 아니하고는 파면되지 아니한다.

④ 헌법위원회 위원의 자격은 법률로 정한다.

제114조 ① 헌법위원회에서 법률의 위헌결정, 탄핵의 결정 또는 정당해산의 결정을 할 때에는 위원 6인 이상의 찬성이 있어야 한다.

② 헌법위원회의 조직과 운영 기타 필요한 사항은 법률로 정한다.

제7장 선거관리

제115조 ① 선거와 국민투표의 공정한 관리 및 정당에 관한 사무를 처리하기 위하여 선거관리위원회를 둔다.

② 중앙선거관리위원회는 대통령이 임명하는 3인, 국회에서 선출하는 3인과 대법원장이 지명하는 3인의 위원으로 구성한다. 위원장은 위원중에서 호선한다.

③ 위원의 임기는 5년으로 한다.

④ 위원은 정당에 가입하거나 정치에 관여할 수 없다.

⑤ 위원은 탄핵 또는 형벌에 의하지 아니하고는 파면되지 아니한다.

⑥ 중앙선거관리위원회는 법령의 범위안에서 선거관리·국민투표관리 또는 정당사무에 관한 규칙을 제정할 수 있다.

⑦ 각급 선거관리위원회의 조직·직무범위 기타 필요한 사항은 법률로 정한다.

제116조 ① 각급 선거관리위원회는 선거인명부의 작성 등 선거사무에 관하여 관계 행정기관에 필요한 지시를 할 수 있다.

② 제1항의 지시를 받은 당해 행정기관은 이에 응하여야 한다.

제117조 ① 선거운동은 각급 선거관리위원회의 관리하에 법률이 정하는 범위안에서 하되, 균등한 기회가 보장되어야 한다.

② 선거에 관한 경비는 법률이 정하는 경우를 제외하고는 정당 또는 후보자에게 부담시킬 수 없다.

제8장 지방자치

제118조 ① 지방자치단체는 주민의 복리에 관한 사무를 처리하고 재산을 관리하며, 법령의 범위안에서 자치에 관한 규정을 제정할 수 있다.

② 지방자치단체의 종류는 법률로 정한다.

제119조 ① 지방자치단체에 의회를 둔다.

② 지방의회의 조직·권한·의원선거와 지방자치단체의 장의 선임방법 기타 지방자치단체의 조직과 운영에 관한 사항은 법률로 정한다.

제9장 경제

제120조 ① 대한민국의 경제질서는 개인의 경제상의 자유와 창의를 존중함을 기

본으로 한다.

② 국가는 모든 국민에게 생활의 기본적 수요를 충족시키는 사회정의의 실현과 균형있는 국민경제의 발전을 위하여 필요한 범위안에서 경제에 관한 규제와 조정을 한다.

③ 독과점의 폐단은 적절히 규제·조정한다.

제121조 ① 광물 기타 중요한 지하자원·수산자원·수력과 경제상 이용할 수 있는 자연력은 법률이 정하는 바에 의하여 일정한 기간 그 채취·개발 또는 이용을 특허할 수 있다.

② 국토와 자원은 국가의 보호를 받으며, 국가는 그 균형있는 개발과 이용을 위하여 필요한 계획을 수립한다.

제122조 농지의 소작제도는 법률이 정하는 바에 의하여 금지된다. 다만, 농업생산성의 제고와 농지의 합리적인 이용을 위한 임대차 및 위탁경영은 법률이 정하는 바에 의하여 인정된다.

제123조 국가는 농지와 산지 기타 국토의 효율적이고 균형있는 이용·개발과 보전을 위하여 법률이 정하는 바에 의하여 그에 관한 필요한 제한과 의무를 과할 수 있다.

제124조 ① 국가는 농민·이민의 자조를 기반으로 하는 농어촌개발을 위하여 필요한 계획을 수립하며, 지역사회의 균형있는 발전을 기한다.

② 국가는 중소기업의 사업활동을 보호·육성하여야 한다.

③ 국가는 농민·어민과 중소기업의 자조조직을 육성하여야 하며, 그 정치적 중립성을 보장한다.

제125조 국가는 건전한 소비행위를 계도하고 생산품의 품질향상을 촉구하기 위한 소비자보호운동을 법률이 정하는 바에 의하여 보장한다.

제126조 국가는 대외무역을 육성하며, 이를 규제·조정할 수 있다.

제127조 국방상 또는 국민경제상 긴절한 필요로 인하여 법률에 정한 경우를 제외하고는, 사영기업을 국유 또는 공유로 이전하거나 그 경영을 통제 또는 관리할 수 없다.

제128조 ① 국가는 국민경제의 발전에 노력하고 과학기술을 창달·진흥하여야 한다.

② 국가는 국가표준제도를 확립한다.

③ 대통령은 제1항의 목적을 달성하기 위하여 필요한 자문기구를 둘 수 있다.

제10장 헌법개정

제129조 ① 헌법개정은 대통령 또는 국회재적의원 과반수의 발의로 제안된다.

② 대통령의 임기연장 또는 중임변경을 위한 헌법개정은 그 헌법개정제안 당시의 대통령에 대하여는 효력이 없다.

제130조 제안된 헌법개정안은 대통령이 20일이상의 기간 이를 공고하여야 한다.

제131조 ①국회는 헌법개정안이 공고된 날로부터 60일 이내에 의결하여야 하며, 국회의 의결은 재적의원 3분의 2이상의 찬성을 얻어야 한다.

②헌법개정안은 국회가 의결한 후 30일 이내에 국민투표에 붙여 국회의원 선거권자 과반수의 투표와 투표자 과반수의 찬성을 얻어야 한다.

③헌법개정안이 제2항의 찬성을 얻은 때에는 헌법개정은 확정되며, 대통령은 즉시 이를 공포하여야 한다.

부칙 <제9호, 1980.10.27>

제1조 이 헌법은 공포한 날로부터 시행한다.

제2조 이 헌법에 의한 최초의 대통령과 국회의원의 선거는 1981년 6월 30일까지 실시한다.

제3조 이 헌법 시행당시의 대통령의 임기는 이 헌법에 의한 최초의 대통령이 선출됨과 동시에 종료된다.

제4조 이 헌법 시행과 동시에 이 헌법 시행당시의 통일주체국민회의는 폐지되고 그 대의원의 임기도 종료된다.

제5조 ① 이 헌법 시행당시의 국회의원의 임기는 이 헌법시행과 동시에 종료된다.

② 이 헌법에 의하여 선거된 최초의 국회의원의 임기는 국회의 최초의 집회일로부터 개시된다.

제6조 ① 국가보위입법회의는 이 헌법에 의한 국회의 최초의 집회일 전일까지 존속하며, 이 헌법시행일로부터 이 헌법에 의한 국회의 최초의 집회일 전일까지 국회의 권한을 대행한다.

② 국가보위입법회의는 각계의 대표자로 구성하되, 그 조직과 운영 기타 필요한 사항은 법률로 정한다.

③ 국가보위입법회의가 제정한 법률과 이에 따라 행하여진 재판 및 예산 기타 처분등은 그 효력을 지속하며, 이 헌법 기타의 이유로 제소하거나 이의를 할 수 없다.

④ 국가보위입법회의는 정치풍토의 쇄신과 도의정치의 구현을 위하여 이 헌법시행일이전의 정치적 또는 사회적 부패나 혼란에 현저한 책임이 있는 자에 대한 정치활동을 규제하는 률을 제정할 수 있다.

제7조 새로운 정치질서의 확립을 위하여 이 헌법 시행과 동시에 이 헌법 시행당시의 정당은 당연히 해산된다. 다만, 늦어도 이 헌법에 의한 최초의 대통령선거일 3월이전까지는 새로운 정당의 설립이 보장된다.

제8조 ① 이 헌법에 의하여 선거방법이나 임명권자가 변경된 공무원과 대법원장·대법원판사·감사원장·감사위원·헌법위원회위원은 이 헌법에 의하여 후임자가 선임될 때까지 그 직무를 행하며, 이 경우 전임자인 공무원의 임기는 후임자가 선임되는 전일까지로 한다.

② 이 헌법중 공무원의 임기 또는 중임제한에 관한 규정은 이 헌법에 의하여 그 공무원이 최초로 선출 또는 임명된 때로부터 적용한다.

제9조 이 헌법 시행당시의 법령과 조약은 이 헌법에 위배되지 아니하는 한 그 효력을 지속한다.

제10조 이 헌법에 의한 지방의회는 지방자치단체의 재정자립도를 감안하여 순차적으로 구성하되, 그 구성시기는 법률로 정한다.

<A3. 헌법 제10호>

대한민국헌법

[시행 1988.2.25] [헌법 제10호, 1987.10.29, 전부개정]

제·사회·문화의 모든 영역에 있어서 각인의 기회를 균등히 하고, 능력을 최고도로 발휘하게 하며, 자유와 권리에 따르는 책임과 의무를 완수하게 하여, 안으로는 국민생활의 균등한 향상을 기하고 밖으로는 항구적인 세계평화와 인류공영에 이바지함으로써 우리들과 우리들의 자손의 안전과 자유와 행복을 영원히 확보할 것을 다짐하면서 1948년 7월 12일에 제정되고 8차에 걸쳐 개정된 헌법을 이제 국회의 의결을 거쳐 국민투표에 의하여 개정한다.

제1장 총강

제1조 ① 대한민국은 민주공화국이다.

② 대한민국의 주권은 국민에게 있고, 모든 권력은 국민으로부터 나온다.

제2조 ① 대한민국의 국민이 되는 요건은 법률로 정한다.

② 국가는 법률이 정하는 바에 의하여 재외국민을 보호할 의무를 진다.

제3조 대한민국의 영토는 한반도와 그 부속도서로 한다.

제4조 대한민국은 통일을 지향하며, 자유민주적 기본질서에 입각한 평화적 통일 정책을 수립하고 이를 추진한다.

제5조 ① 대한민국은 국제평화의 유지에 노력하고 침략적 전쟁을 부인한다.

② 국군은 국가의 안전보장과 국토방위의 신성한 의무를 수행함을 사명으로 하며, 그 정치적 중립성은 준수된다.

제6조 ① 헌법에 의하여 체결·공포된 조약과 일반적으로 승인된 국제법규는 국내법과 같은 효력을 가진다.

② 외국인은 국제법과 조약이 정하는 바에 의하여 그 지위가 보장된다.

제7조 ① 공무원은 국민전체에 대한 봉사자이며, 국민에 대하여 책임을 진다.

② 공무원의 신분과 정치적 중립성은 법률이 정하는 바에 의하여 보장된다.

제8조 ① 정당의 설립은 자유이며, 복수정당제는 보장된다.

② 정당은 그 목적·조직과 활동이 민주적이어야 하며, 국민의 정치적 의사형성에 참여하는데 필요한 조직을 가져야 한다.

③ 정당은 법률이 정하는 바에 의하여 국가의 보호를 받으며, 국가는 법률이 정하는 바에 의하여 정당운영에 필요한 자금을 보조할 수 있다.

④ 정당의 목적이나 활동이 민주적 기본질서에 위배될 때에는 정부는 헌법재판소에 그 해산을 제소할 수 있고, 정당은 헌법재판소의 심판에 의하여 해산된다.

제9조 국가는 전통문화의 계승·발전과 민족문화의 창달에 노력하여야 한다.

제2장 국민의 권리와 의무

제10조 모든 국민은 인간으로서의 존엄과 가치를 가지며, 행복을 추구할 권리를 가진다. 국가는 개인이 가지는 불가침의 기본적 인권을 확인하고 이를 보장할 의무를 진다.

제11조 ① 모든 국민은 법 앞에 평등하다. 누구든지 성별·종교 또는 사회적 신분에 의하여 정치적·경제적·사회적·문화적 생활의 모든 영역에 있어서 차별을 받지 아니한다.

② 사회적 특수계급의 제도는 인정되지 아니하며, 어떠한 형태로도 이를 창설할 수 없다.

③ 훈장등의 영전은 이를 받은 자에게만 효력이 있고, 어떠한 특권도 이에 따르지 아니한다.

제12조 ① 모든 국민은 신체의 자유를 가진다. 누구든지 법률에 의하지 아니하고는 체포·구속·압수·수색 또는 심문을 받지 아니하며, 법률과 적법한 절차에 의하지 아니하고는 처벌·보안처분 또는 강제노역을 받지 아니한다.

② 모든 국민은 고문을 받지 아니하며, 형사상 자기에게 불리한 진술을 강요당하지 아니한다.

③ 체포·구속·압수 또는 수색을 할 때에는 적법한 절차에 따라 검사의 신청에 의하여 법관이 발부한 영장을 제시하여야 한다. 다만, 현행범인인 경우와 장기 3년 이상의 형에 해당하는 죄를 범하고 도피 또는 증거인멸의 염려가 있을 때에는 사후에 영장을 청구할 수 있다.

④ 누구든지 체포 또는 구속을 당한 때에는 즉시 변호인의 조력을 받을 권리를 가진다. 다만, 형사피고인이 스스로 변호인을 구할 수 없을 때에는 법률이 정하는 바에 의하여 국가가 변호인을 붙인다.

⑤ 누구든지 체포 또는 구속의 이유와 변호인의 조력을 받을 권리가 있음을

고지받지 아니하고는 체포 또는 구속을 당하지 아니한다. 체포 또는 구속을 당한 자의 가족등 법률이 정하는 자에게는 그 이유와 일시·장소가 지체없이 통지되어야 한다.

⑥ 누구든지 체포 또는 구속을 당한 때에는 적부의 심사를 법원에 청구할 권리를 가진다.

⑦ 피고인의 자백이 고문·폭행·협박·구속의 부당한 장기화 또는 기망 기타의 방법에 의하여 자의로 진술된 것이 아니라고 인정될 때 또는 정식재판에 있어서 피고인의 자백이 그에게 불리한 유일한 증거일 때에는 이를 유죄의 증거로 삼거나 이를 이유로 처벌할 수 없다.

제13조 ① 모든 국민은 행위시의 법률에 의하여 범죄를 구성하지 아니하는 행위로 소추되지 아니하며, 동일한 범죄에 대하여 거듭 처벌받지 아니한다.

② 모든 국민은 소급입법에 의하여 참정권의 제한을 받거나 재산권을 박탈당하지 아니한다.

③ 모든 국민은 자기의 행위가 아닌 친족의 행위로 인하여 불이익한 처우를 받지 아니한다.

제14조 모든 국민은 거주·이전의 자유를 가진다.

제15조 모든 국민은 직업선택의 자유를 가진다.

제16조 모든 국민은 주거의 자유를 침해받지 아니한다. 주거에 대한 압수나 수색을 할 때에는 검사의 신청에 의하여 법관이 발부한 영장을 제시하여야 한다.

제17조 모든 국민은 사생활의 비밀과 자유를 침해받지 아니한다.

제18조 모든 국민은 통신의 비밀을 침해받지 아니한다.

제19조 모든 국민은 양심의 자유를 가진다.

제20조 ① 모든 국민은 종교의 자유를 가진다.

② 국교는 인정되지 아니하며, 종교와 정치는 분리된다.

제21조 ① 모든 국민은 언론·출판의 자유와 집회·결사의 자유를 가진다.

② 언론·출판에 대한 허가나 검열과 집회·결사에 대한 허가는 인정되지 아니한다.

③ 통신·방송의 시설기준과 신문의 기능을 보장하기 위하여 필요한 사항은 법률로 정한다.

④ 언론·출판은 타인의 명예나 권리 또는 공중도덕이나 사회윤리를 침해하여서는 아니된다. 언론·출판이 타인의 명예나 권리를 침해한 때에는 피해자는 이에 대한 피해의 배상을 청구할 수 있다.

제22조 ① 모든 국민은 학문과 예술의 자유를 가진다.
② 저작자·발명가·과학기술자와 예술가의 권리는 법률로써 보호한다.

제23조 ① 모든 국민의 재산권은 보장된다. 그 내용과 한계는 법률로 정한다.
② 재산권의 행사는 공공복리에 적합하도록 하여야 한다.
③ 공공필요에 의한 재산권의 수용·사용 또는 제한 및 그에 대한 보상은 법률로써 하되, 정당한 보상을 지급하여야 한다.

제24조 모든 국민은 법률이 정하는 바에 의하여 선거권을 가진다.

제25조 모든 국민은 법률이 정하는 바에 의하여 공무담임권을 가진다.

제26조 ① 모든 국민은 법률이 정하는 바에 의하여 국가기관에 문서로 청원할 권리를 가진다.
② 국가는 청원에 대하여 심사할 의무를 진다.

제27조 ① 모든 국민은 헌법과 법률이 정한 법관에 의하여 법률에 의한 재판을 받을 권리를 가진다.
② 군인 또는 군무원이 아닌 국민은 대한민국의 영역안에서는 중대한 군사상 기밀·초병·초소·유독음식물공급·포로·군용물에 관한 죄중 법률이 정한 경우와 비상계엄이 선포된 경우를 제외하고는 군사법원의 재판을 받지 아니한다.
③ 모든 국민은 신속한 재판을 받을 권리를 가진다. 형사피고인은 상당한 이유가 없는 한 지체없이 공개재판을 받을 권리를 가진다.
④ 형사피고인은 유죄의 판결이 확정될 때까지는 무죄로 추정된다.
⑤ 형사피해자는 법률이 정하는 바에 의하여 당해 사건의 재판절차에서 진술할 수 있다.

제28조 형사피의자 또는 형사피고인으로서 구금되었던 자가 법률이 정하는 불기소처분을 받거나 무죄판결을 받은 때에는 법률이 정하는 바에 의하여 국가에 정당한 보상을 청구할 수 있다.

제29조 ① 공무원의 직무상 불법행위로 손해를 받은 국민은 법률이 정하는 바에 의하여 국가 또는 공공단체에 정당한 배상을 청구할 수 있다. 이 경우 공무원 자신의 책임은 면제되지 아니한다.
② 군인·군무원·경찰공무원 기타 법률이 정하는 자가 전투·훈련등 직무집행과 관련하여 받은 손해에 대하여는 법률이 정하는 보상외에 국가 또는 공공단체에 공무원의 직무상 불법행위로 인한 배상은 청구할 수 없다.

제30조 타인의 범죄행위로 인하여 생명·신체에 대한 피해를 받은 국민은 법률이

정하는 바에 의하여 국가로부터 구조를 받을 수 있다.

제31조 ① 모든 국민은 능력에 따라 균등하게 교육을 받을 권리를 가진다.

② 모든 국민은 그 보호하는 자녀에게 적어도 초등교육과 법률이 정하는 교육을 받게 할 의무를 진다.

③ 의무교육은 무상으로 한다.

④ 교육의 자주성·전문성·정치적 중립성 및 대학의 자율성은 법률이 정하는 바에 의하여 보장된다.

⑤ 국가는 평생교육을 진흥하여야 한다.

⑥ 학교교육 및 평생교육을 포함한 교육제도와 그 운영, 교육재정 및 교원의 지위에 관한 기본적인 사항은 법률로 정한다.

제32조 ① 모든 국민은 근로의 권리를 가진다. 국가는 사회적·경제적 방법으로 근로자의 고용의 증진과 적정임금의 보장에 노력하여야 하며, 법률이 정하는 바에 의하여 최저임금제를 시행하여야 한다.

② 모든 국민은 근로의 의무를 진다. 국가는 근로의 의무의 내용과 조건을 민주주의원칙에 따라 법률로 정한다.

③ 근로조건의 기준은 인간의 존엄성을 보장하도록 법률로 정한다.

④ 여자의 근로는 특별한 보호를 받으며, 고용·임금 및 근로조건에 있어서 부당한 차별을 받지 아니한다.

⑤ 연소자의 근로는 특별한 보호를 받는다.

⑥ 국가유공자·상이군경 및 전몰군경의 유가족은 법률이 정하는 바에 의하여 우선적으로 근로의 기회를 부여받는다.

제33조 ① 근로자는 근로조건의 향상을 위하여 자주적인 단결권·단체교섭권 및 단체행동권을 가진다.

② 공무원인 근로자는 법률이 정하는 자에 한하여 단결권·단체교섭권 및 단체행동권을 가진다.

③ 법률이 정하는 주요방위산업체에 종사하는 근로자의 단체행동권은 법률이 정하는 바에 의하여 이를 제한하거나 인정하지 아니할 수 있다.

제34조 ① 모든 국민은 인간다운 생활을 할 권리를 가진다.

② 국가는 사회보장·사회복지의 증진에 노력할 의무를 진다.

③ 국가는 여자의 복지와 권익의 향상을 위하여 노력하여야 한다.

④ 국가는 노인과 청소년의 복지향상을 위한 정책을 실시할 의무를 진다.

⑤ 신체장애자 및 질병·노령 기타의 사유로 생활능력이 없는 국민은 법률이

정하는 바에 의하여 국가의 보호를 받는다.

⑥ 국가는 재해를 예방하고 그 위험으로부터 국민을 보호하기 위하여 노력하여야 한다.

제35조 ① 모든 국민은 건강하고 쾌적한 환경에서 생활할 권리를 가지며, 국가와 국민은 환경보전을 위하여 노력하여야 한다.

② 환경권의 내용과 행사에 관하여는 법률로 정한다.

③ 국가는 주택개발정책등을 통하여 모든 국민이 쾌적한 주거생활을 할 수 있도록 노력하여야 한다.

제36조 ① 혼인과 가족생활은 개인의 존엄과 양성의 평등을 기초로 성립되고 유지되어야 하며, 국가는 이를 보장한다.

② 국가는 모성의 보호를 위하여 노력하여야 한다.

③모든 국민은 보건에 관하여 국가의 보호를 받는다.

제37조 ① 국민의 자유와 권리는 헌법에 열거되지 아니한 이유로 경시되지 아니한다.

② 국민의 모든 자유와 권리는 국가안전보장·질서유지 또는 공공복리를 위하여 필요한 경우에 한하여 법률로써 제한할 수 있으며, 제한하는 경우에도 자유와 권리의 본질적인 내용을 침해할 수 없다.

제38조 모든 국민은 법률이 정하는 바에 의하여 납세의 의무를 진다.

제39조 ① 모든 국민은 법률이 정하는 바에 의하여 국방의 의무를 진다.

② 누구든지 병역의무의 이행으로 인하여 불이익한 처우를 받지 아니한다.

제3장 국회

제40조 입법권은 국회에 속한다.

제41조 ① 국회는 국민의 보통·평등·직접·비밀선거에 의하여 선출된 국회의원으로 구성한다.

② 국회의원의 수는 법률로 정하되, 200인 이상으로 한다.

③ 국회의원의 선거구와 비례대표제 기타 선거에 관한 사항은 법률로 정한다.

제42조 국회의원의 임기는 4년으로 한다.

제43조 국회의원은 법률이 정하는 직을 겸할 수 없다.

제44조 ① 국회의원은 현행범인인 경우를 제외하고는 회기중 국회의 동의없이 체포 또는 구금되지 아니한다.

② 국회의원이 회기전에 체포 또는 구금된 때에는 현행범인이 아닌 한 국회의 요구가 있으면 회기중 석방된다.

제45조 국회의원은 국회에서 직무상 행한 발언과 표결에 관하여 국회외에서 책임을 지지 아니한다.

제46조 ①국회의원은 청렴의 의무가 있다.

②국회의원은 국가이익을 우선하여 양심에 따라 직무를 행한다.

③국회의원은 그 지위를 남용하여 국가·공공단체 또는 기업체와의 계약이나 그 처분에 의하여 재산상의 권리·이익 또는 직위를 취득하거나 타인을 위하여 그 취득을 알선할 수 없다.

제47조 ① 국회의 정기회는 법률이 정하는 바에 의하여 매년 1회 집회되며, 국회의 임시회는 대통령 또는 국회재적의원 4분의 1 이상의 요구에 의하여 집회된다.

② 정기회의 회기는 100일을, 임시회의 회기는 30일을 초과할 수 없다.

③ 대통령이 임시회의 집회를 요구할 때에는 기간과 집회요구의 이유를 명시하여야 한다.

제48조 국회는 의장 1인과 부의장 2인을 선출한다.

제49조 국회는 헌법 또는 법률에 특별한 규정이 없는 한 재적의원 과반수의 출석과 출석의원 과반수의 찬성으로 의결한다. 가부동수인 때에는 부결된 것으로 본다.

제50조 ① 국회의 회의는 공개한다. 다만, 출석의원 과반수의 찬성이 있거나 의장이 국가의 안전보장을 위하여 필요하다고 인정할 때에는 공개하지 아니할 수 있다.

② 공개하지 아니한 회의내용의 공표에 관하여는 법률이 정하는 바에 의한다.

제51조 국회에 제출된 법률안 기타의 의안은 회기중에 의결되지 못한 이유로 폐기되지 아니한다. 다만, 국회의원의 임기가 만료된 때에는 그러하지 아니하다.

제52조 국회의원과 정부는 법률안을 제출할 수 있다.

제53조 ① 국회에서 의결된 법률안은 정부에 이송되어 15일 이내에 대통령이 공포한다.

② 법률안에 이의가 있을 때에는 대통령은 제1항의 기간내에 이의서를 붙여 국회로 환부하고, 그 재의를 요구할 수 있다. 국회의 폐회중에도 또한 같다.

③ 대통령은 법률안의 일부에 대하여 또는 법률안을 수정하여 재의를 요구할 수 없다.

④ 재의의 요구가 있을 때에는 국회는 재의에 붙이고, 재적의원과반수의 출석과 출석의원 3분의 2 이상의 찬성으로 전과 같은 의결을 하면 그 법률안은 법률로서 확정된다.

⑤ 대통령이 제1항의 기간내에 공포나 재의의 요구를 하지 아니한 때에도 그 법률안은 법률로서 확정된다.

⑥ 대통령은 제4항과 제5항의 규정에 의하여 확정된 법률을 지체없이 공포하여야 한다. 제5항에 의하여 법률이 확정된 후 또는 제4항에 의한 확정법률이 정부에 이송된 후 5일 이내에 대통령이 공포하지 아니할 때에는 국회의장이 이를 공포한다.

⑦ 법률은 특별한 규정이 없는 한 공포한 날로부터 20일을 경과함으로써 효력을 발생한다.

제54조 ① 국회는 국가의 예산안을 심의·확정한다.

② 정부는 회계연도마다 예산안을 편성하여 회계연도 개시 90일전까지 국회에 제출하고, 국회는 회계연도 개시 30일전까지 이를 의결하여야 한다.

③ 새로운 회계연도가 개시될 때까지 예산안이 의결되지 못한 때에는 정부는 국회에서 예산안이 의결될 때까지 다음의 목적을 위한 경비는 전년도 예산에 준하여 집행할 수 있다.

1. 헌법이나 법률에 의하여 설치된 기관 또는 시설의 유지·운영
2. 법률상 지출의무의 이행
3. 이미 예산으로 승인된 사업의 계속

제55조 ① 한 회계연도를 넘어 계속하여 지출할 필요가 있을 때에는 정부는 연한을 정하여 계속비로서 국회의 의결을 얻어야 한다.

② 예비비는 총액으로 국회의 의결을 얻어야 한다. 예비비의 지출은 차기국회의 승인을 얻어야 한다.

제56조 정부는 예산에 변경을 가할 필요가 있을 때에는 추가경정예산안을 편성하여 국회에 제출할 수 있다.

제57조 국회는 정부의 동의없이 정부가 제출한 지출예산 각항의 금액을 증가하거나 새 비목을 설치할 수 없다.

제58조 국채를 모집하거나 예산외에 국가의 부담이 될 계약을 체결하려 할 때에는 정부는 미리 국회의 의결을 얻어야 한다.

제59조 조세의 종목과 세율은 법률로 정한다.

제60조 ① 국회는 상호원조 또는 안전보장에 관한 조약, 중요한 국제조직에 관한

조약, 우호통상항해조약, 주권의 제약에 관한 조약, 강화조약, 국가나 국민에게 중대한 재정적 부담을 지우는 조약 또는 입법사항에 관한 조약의 체결·비준에 대한 동의권을 가진다.

② 국회는 선전포고, 국군의 외국에의 파견 또는 외국군대의 대한민국 영역 안에서의 주류에 대한 동의권을 가진다.

제61조 ① 국회는 국정을 감사하거나 특정한 국정사안에 대하여 조사할 수 있으며, 이에 필요한 서류의 제출 또는 증인의 출석과 증언이나 의견의 진술을 요구할 수 있다.

② 국정감사 및 조사에 관한 절차 기타 필요한 사항은 법률로 정한다.

제62조 ① 국무총리·국무위원 또는 정부위원은 국회나 그 위원회에 출석하여 국정처리상황을 보고하거나 의견을 진술하고 질문에 응답할 수 있다.

② 국회나 그 위원회의 요구가 있을 때에는 국무총리·국무위원 또는 정부위원은 출석·답변하여야 하며, 국무총리 또는 국무위원이 출석요구를 받은 때에는 국무위원 또는 정부위원으로 하여금 출석·답변하게 할 수 있다.

제63조 ① 국회는 국무총리 또는 국무위원의 해임을 대통령에게 건의할 수 있다.

② 제1항의 해임건의는 국회재적의원 3분의 1 이상의 발의에 의하여 국회재적의원 과반수의 찬성이 있어야 한다.

제64조 ① 국회는 법률에 저촉되지 아니하는 범위안에서 의사와 내부규율에 관한 규칙을 제정할 수 있다.

② 국회는 의원의 자격을 심사하며, 의원을 징계할 수 있다.

③ 의원을 제명하려면 국회재적의원 3분의 2 이상의 찬성이 있어야 한다.

④ 제2항과 제3항의 처분에 대하여는 법원에 제소할 수 없다.

제65조 ① 대통령·국무총리·국무위원·행정각부의 장·헌법재판소 재판관·법관·중앙선거관리위원회 위원·감사원장·감사위원 기타 법률이 정한 공무원이 그 직무집행에 있어서 헌법이나 법률을 위배한 때에는 국회는 탄핵의 소추를 의결할 수 있다.

② 제1항의 탄핵소추는 국회재적의원 3분의 1 이상의 발의가 있어야 하며, 그 의결은 국회재적의원 과반수의 찬성이 있어야 한다. 다만, 대통령에 대한 탄핵소추는 국회재적의원 과반수의 발의와 국회재적의원 3분의 2 이상의 찬성이 있어야 한다.

③ 탄핵소추의 의결을 받은 자는 탄핵심판이 있을 때까지 그 권한행사가 정지된다.

④ 탄핵결정은 공직으로부터 파면함에 그친다. 그러나, 이에 의하여 민사상이나 형사상의 책임이 면제되지는 아니한다.

제4장 정부

제1절 대통령

제66조 ① 대통령은 국가의 원수이며, 외국에 대하여 국가를 대표한다.

② 대통령은 국가의 독립·영토의 보전·국가의 계속성과 헌법을 수호할 책무를 진다.

③ 대통령은 조국의 평화적 통일을 위한 성실한 의무를 진다.

④ 행정권은 대통령을 수반으로 하는 정부에 속한다.

제67조 ① 대통령은 국민의 보통·평등·직접·비밀선거에 의하여 선출한다.

② 제1항의 선거에 있어서 최고득표자가 2인 이상인 때에는 국회의 재적의원 과반수가 출석한 공개회의에서 다수표를 얻은 자를 당선자로 한다.

③ 대통령후보자가 1인일 때에는 그 득표수가 선거권자 총수의 3분의 1 이상이 아니면 대통령으로 당선될 수 없다.

④ 대통령으로 선거될 수 있는 자는 국회의원의 피선거권이 있고 선거일 현재 40세에 달하여야 한다.

⑤ 대통령의 선거에 관한 사항은 법률로 정한다.

제68조 ① 대통령의 임기가 만료되는 때에는 임기만료 70일 내지 40일전에 후임자를 선거한다.

② 대통령이 궐위된 때 또는 대통령 당선자가 사망하거나 판결 기타의 사유로 그 자격을 상실한 때에는 60일 이내에 후임자를 선거한다.

제69조 대통령은 취임에 즈음하여 다음의 선서를 한다.

"나는 헌법을 준수하고 국가를 보위하며 조국의 평화적 통일과 국민의 자유와 복리의 증진 및 민족문화의 창달에 노력하여 대통령으로서의 직책을 성실히 수행할 것을 국민 앞에 엄숙히 선서합니다."

제70조 대통령의 임기는 5년으로 하며, 중임할 수 없다.

제71조 대통령이 궐위되거나 사고로 인하여 직무를 수행할 수 없을 때에는 국무총리, 법률이 정한 국무위원의 순서로 그 권한을 대행한다.

제72조 대통령은 필요하다고 인정할 때에는 외교·국방·통일 기타 국가안위에 관한 중요정책을 국민투표에 붙일 수 있다.

제73조 대통령은 조약을 체결·비준하고, 외교사절을 신임·접수 또는 파견하며, 선전포고와 강화를 한다.

제74조 ① 대통령은 헌법과 법률이 정하는 바에 의하여 국군을 통수한다.

② 국군의 조직과 편성은 법률로 정한다.

제75조 대통령은 법률에서 구체적으로 범위를 정하여 위임받은 사항과 법률을 집행하기 위하여 필요한 사항에 관하여 대통령령을 발할 수 있다.

제76조 ① 대통령은 내우·외환·천재·지변 또는 중대한 재정·경제상의 위기에 있어서 국가의 안전보장 또는 공공의 안녕질서를 유지하기 위하여 긴급한 조치가 필요하고 국회의 집회를 기다릴 여유가 없을 때에 한하여 최소한으로 필요한 재정·경제상의 처분을 하거나 이에 관하여 법률의 효력을 가지는 명령을 발할 수 있다.

② 대통령은 국가의 안위에 관계되는 중대한 교전상태에 있어서 국가를 보위하기 위하여 긴급한 조치가 필요하고 국회의 집회가 불가능한 때에 한하여 법률의 효력을 가지는 명령을 발할 수 있다.

③ 대통령은 제1항과 제2항의 처분 또는 명령을 한 때에는 지체없이 국회에 보고하여 그 승인을 얻어야 한다.

④ 제3항의 승인을 얻지 못한 때에는 그 처분 또는 명령은 그때부터 효력을 상실한다. 이 경우 그 명령에 의하여 개정 또는 폐지되었던 법률은 그 명령이 승인을 얻지 못한 때부터 당연히 효력을 회복한다.

⑤ 대통령은 제3항과 제4항의 사유를 지체없이 공포하여야 한다.

제77조 ① 대통령은 전시·사변 또는 이에 준하는 국가비상사태에 있어서 병력으로써 군사상의 필요에 응하거나 공공의 안녕질서를 유지할 필요가 있을 때에는 법률이 정하는 바에 의하여 계엄을 선포할 수 있다.

② 계엄은 비상계엄과 경비계엄으로 한다.

③ 비상계엄이 선포된 때에는 법률이 정하는 바에 의하여 영장제도, 언론·출판·집회·결사의 자유, 정부나 법원의 권한에 관하여 특별한 조치를 할 수 있다.

④ 계엄을 선포한 때에는 대통령은 지체없이 국회에 통고하여야 한다.

⑤ 국회가 재적의원 과반수의 찬성으로 계엄의 해제를 요구한 때에는 대통령은 이를 해제하여야 한다.

제78조 대통령은 헌법과 법률이 정하는 바에 의하여 공무원을 임면한다.

제79조 ① 대통령은 법률이 정하는 바에 의하여 사면·감형 또는 복권을 명할 수 있다.

② 일반사면을 명하려면 국회의 동의를 얻어야 한다.

③ 사면·감형 및 복권에 관한 사항은 법률로 정한다.

제80조 대통령은 법률이 정하는 바에 의하여 훈장 기타의 영전을 수여한다.

제81조 대통령은 국회에 출석하여 발언하거나 서한으로 의견을 표시할 수 있다.

제82조 대통령의 국법상 행위는 문서로써 하며, 이 문서에는 국무총리와 관계 국무위원이 부서한다. 군사에 관한 것도 또한 같다.

제83조 대통령은 국무총리·국무위원·행정각부의 장 기타 법률이 정하는 공사의 직을 겸할 수 없다.

제84조 대통령은 내란 또는 외환의 죄를 범한 경우를 제외하고는 재직중 형사상의 소추를 받지 아니한다.

제85조 전직대통령의 신분과 예우에 관하여는 법률로 정한다.

제2절 행정부

제1관 국무총리와 국무위원

제86조 ① 국무총리는 국회의 동의를 얻어 대통령이 임명한다.

② 국무총리는 대통령을 보좌하며, 행정에 관하여 대통령의 명을 받아 행정각부를 통할한다.

③ 군인은 현역을 면한 후가 아니면 국무총리로 임명될 수 없다.

제87조 ① 국무위원은 국무총리의 제청으로 대통령이 임명한다.

② 국무위원은 국정에 관하여 대통령을 보좌하며, 국무회의의 구성원으로서 국정을 심의한다.

③ 국무총리는 국무위원의 해임을 대통령에게 건의할 수 있다.

④ 군인은 현역을 면한 후가 아니면 국무위원으로 임명될 수 없다.

제2관 국무회의

제88조 ① 국무회의는 정부의 권한에 속하는 중요한 정책을 심의한다.

② 국무회의는 대통령·국무총리와 15인 이상 30인 이하의 국무위원으로 구성한다.

③ 대통령은 국무회의의 의장이 되고, 국무총리는 부의장이 된다.

제89조 다음 사항은 국무회의의 심의를 거쳐야 한다.

1. 국정의 기본계획과 정부의 일반정책
2. 선전·강화 기타 중요한 대외정책

3. 헌법개정안·국민투표안·조약안·법률안 및 대통령령안
4. 예산안·결산·국유재산처분의 기본계획·국가의 부담이 될 계약 기타 재정에 관한 중요사항
5. 대통령의 긴급명령·긴급재정경제처분 및 명령 또는 계엄과 그 해제
6. 군사에 관한 중요사항
7. 국회의 임시회 집회의 요구
8. 영전수여
9. 사면·감형과 복권
10. 행정각부간의 권한의 획정
11. 정부안의 권한의 위임 또는 배정에 관한 기본계획
12. 국정처리상황의 평가·분석
13. 행정각부의 중요한 정책의 수립과 조정
14. 정당해산의 제소
15. 정부에 제출 또는 회부된 정부의 정책에 관계되는 청원의 심사
16. 검찰총장·합동참모의장·각군참모총장·국립대학교총장·대사 기타 법률이 정한 공무원과 국영기업체관리자의 임명
17. 기타 대통령·국무총리 또는 국무위원이 제출한 사항

제90조 ① 국정의 중요한 사항에 관한 대통령의 자문에 응하기 위하여 국가원로로 구성되는 국가원로자문회의를 둘 수 있다.

② 국가원로자문회의의 의장은 직전대통령이 된다. 다만, 직전대통령이 없을 때에는 대통령이 지명한다.

③ 국가원로자문회의의 조직·직무범위 기타 필요한 사항은 법률로 정한다.

제91조 ① 국가안전보장에 관련되는 대외정책·군사정책과 국내정책의 수립에 관하여 국무회의의 심의에 앞서 대통령의 자문에 응하기 위하여 국가안전보장회의를 둔다.

② 국가안전보장회의는 대통령이 주재한다.

③ 국가안전보장회의의 조직·직무범위 기타 필요한 사항은 법률로 정한다.

제92조 ① 평화통일정책의 수립에 관한 대통령의 자문에 응하기 위하여 민주평화통일자문회의를 둘 수 있다.

② 민주평화통일자문회의의 조직·직무범위 기타 필요한 사항은 법률로 정한다.

제93조 ① 국민경제의 발전을 위한 중요정책의 수립에 관하여 대통령의 자문에 응

하기 위하여 국민경제자문회의를 둘 수 있다.

② 국민경제자문회의의 조직·직무범위 기타 필요한 사항은 법률로 정한다.

제3관 행정각부

제94조 행정각부의 장은 국무위원 중에서 국무총리의 제청으로 대통령이 임명한다.

제95조 국무총리 또는 행정각부의 장은 소관사무에 관하여 법률이나 대통령령의 위임 또는 직권으로 총리령 또는 부령을 발할 수 있다.

제96조 행정각부의 설치·조직과 직무범위는 법률로 정한다.

제4관 감사원

제97조 국가의 세입·세출의 결산, 국가 및 법률이 정한 단체의 회계검사와 행정기관 및 공무원의 직무에 관한 감찰을 하기 위하여 대통령 소속하에 감사원을 둔다.

제98조 ① 감사원은 원장을 포함한 5인 이상 11인 이하의 감사위원으로 구성한다.

② 원장은 국회의 동의를 얻어 대통령이 임명하고, 그 임기는 4년으로 하며, 1차에 한하여 중임할 수 있다.

③ 감사위원은 원장의 제청으로 대통령이 임명하고, 그 임기는 4년으로 하며, 1차에 한하여 중임할 수 있다.

제99조 감사원은 세입·세출의 결산을 매년 검사하여 대통령과 차년도국회에 그 결과를 보고하여야 한다.

제100조 감사원의 조직·직무범위·감사위원의 자격·감사대상공무원의 범위 기타 필요한 사항은 법률로 정한다.

제5장 법원

제101조 ① 사법권은 법관으로 구성된 법원에 속한다.

② 법원은 최고법원인 대법원과 각급법원으로 조직된다.

③ 법관의 자격은 법률로 정한다.

제102조 ① 대법원에 부를 둘 수 있다.

② 대법원에 대법관을 둔다. 다만, 법률이 정하는 바에 의하여 대법관이 아닌 법관을 둘 수 있다.

③ 대법원과 각급법원의 조직은 법률로 정한다.

제103조 법관은 헌법과 법률에 의하여 그 양심에 따라 독립하여 심판한다.

제104조 ① 대법원장은 국회의 동의를 얻어 대통령이 임명한다.

② 대법관은 대법원장의 제청으로 국회의 동의를 얻어 대통령이 임명한다.

③ 대법원장과 대법관이 아닌 법관은 대법관회의의 동의를 얻어 대법원장이 임명한다.

제105조 ① 대법원장의 임기는 6년으로 하며, 중임할 수 없다.

② 대법관의 임기는 6년으로 하며, 법률이 정하는 바에 의하여 연임할 수 있다.

③ 대법원장과 대법관이 아닌 법관의 임기는 10년으로 하며, 법률이 정하는 바에 의하여 연임할 수 있다.

④ 법관의 정년은 법률로 정한다.

제106조 ① 법관은 탄핵 또는 금고 이상의 형의 선고에 의하지 아니하고는 파면되지 아니하며, 징계처분에 의하지 아니하고는 정직·감봉 기타 불리한 처분을 받지 아니한다.

② 법관이 중대한 심신상의 장해로 직무를 수행할 수 없을 때에는 법률이 정하는 바에 의하여 퇴직하게 할 수 있다.

제107조 ① 법률이 헌법에 위반되는 여부가 재판의 전제가 된 경우에는 법원은 헌법재판소에 제청하여 그 심판에 의하여 재판한다.

② 명령·규칙 또는 처분이 헌법이나 법률에 위반되는 여부가 재판의 전제가 된 경우에는 대법원은 이를 최종적으로 심사할 권한을 가진다.

③ 재판의 전심절차로서 행정심판을 할 수 있다. 행정심판의 절차는 법률로 정하되, 사법절차가 준용되어야 한다.

제108조 대법원은 법률에 저촉되지 아니하는 범위안에서 소송에 관한 절차, 법원의 내부규율과 사무처리에 관한 규칙을 제정할 수 있다.

제109조 재판의 심리와 판결은 공개한다. 다만, 심리는 국가의 안전보장 또는 안녕질서를 방해하거나 선량한 풍속을 해할 염려가 있을 때에는 법원의 결정으로 공개하지 아니할 수 있다.

제110조 ① 군사재판을 관할하기 위하여 특별법원으로서 군사법원을 둘 수 있다.

② 군사법원의 상고심은 대법원에서 관할한다.

③ 군사법원의 조직·권한 및 재판관의 자격은 법률로 정한다.

④ 비상계엄하의 군사재판은 군인·군무원의 범죄나 군사에 관한 간첩죄의 경우와 초병·초소·유독음식물공급·포로에 관한 죄중 법률이 정한 경우에 한하여 단심으로 할 수 있다. 다만, 사형을 선고한 경우에는 그러하지 아니하다.

제6장 헌법재판소

제111조 ①헌법재판소는 다음 사항을 관장한다.

1. 법원의 제청에 의한 법률의 위헌여부 심판
2. 탄핵의 심판
3. 정당의 해산 심판
4. 국가기관 상호간, 국가기관과 지방자치단체간 및 지방자치단체 상호간의 권한쟁의에 관한 심판
5. 법률이 정하는 헌법소원에 관한 심판

② 헌법재판소는 법관의 자격을 가진 9인의 재판관으로 구성하며, 재판관은 대통령이 임명한다.

③ 제2항의 재판관중 3인은 국회에서 선출하는 자를, 3인은 대법원장이 지명하는 자를 임명한다.

④ 헌법재판소의 장은 국회의 동의를 얻어 재판관중에서 대통령이 임명한다.

제112조 ① 헌법재판소 재판관의 임기는 6년으로 하며, 법률이 정하는 바에 의하여 연임할 수 있다.

② 헌법재판소 재판관은 정당에 가입하거나 정치에 관여할 수 없다.

③ 헌법재판소 재판관은 탄핵 또는 금고 이상의 형의 선고에 의하지 아니하고는 파면되지 아니한다.

제113조 ① 헌법재판소에서 법률의 위헌결정, 탄핵의 결정, 정당해산의 결정 또는 헌법소원에 관한 인용결정을 할 때에는 재판관 6인 이상의 찬성이 있어야 한다.

② 헌법재판소는 법률에 저촉되지 아니하는 범위안에서 심판에 관한 절차, 내부규율과 사무처리에 관한 규칙을 제정할 수 있다.

③헌법재판소의 조직과 운영 기타 필요한 사항은 법률로 정한다.

제7장 선거관리

제114조 ① 선거와 국민투표의 공정한 관리 및 정당에 관한 사무를 처리하기 위하여 선거관리위원회를 둔다.

② 중앙선거관리위원회는 대통령이 임명하는 3인, 국회에서 선출하는 3인과 대법원장이 지명하는 3인의 위원으로 구성한다. 위원장은 위원중에서 호선한다.

③ 위원의 임기는 6년으로 한다.

④ 위원은 정당에 가입하거나 정치에 관여할 수 없다.

⑤ 위원은 탄핵 또는 금고 이상의 형의 선고에 의하지 아니하고는 파면되지 아니한다.

⑥ 중앙선거관리위원회는 법령의 범위안에서 선거관리·국민투표관리 또는 정당사무에 관한 규칙을 제정할 수 있으며, 법률에 저촉되지 아니하는 범위안에서 내부규율에 관한 규칙을 제정할 수 있다.

⑦ 각급 선거관리위원회의 조직·직무범위 기타 필요한 사항은 법률로 정한다.

제115조 ① 각급 선거관리위원회는 선거인명부의 작성등 선거사무와 국민투표사무에 관하여 관계 행정기관에 필요한 지시를 할 수 있다.

② 제1항의 지시를 받은 당해 행정기관은 이에 응하여야 한다.

제116조 ① 선거운동은 각급 선거관리위원회의 관리하에 법률이 정하는 범위안에서 하되, 균등한 기회가 보장되어야 한다.

② 선거에 관한 경비는 법률이 정하는 경우를 제외하고는 정당 또는 후보자에게 부담시킬 수 없다.

제8장 지방자치

제117조 ① 지방자치단체는 주민의 복리에 관한 사무를 처리하고 재산을 관리하며, 법령의 범위안에서 자치에 관한 규정을 제정할 수 있다.

② 지방자치단체의 종류는 법률로 정한다.

제118조 ① 지방자치단체에 의회를 둔다.

② 지방의회의 조직·권한·의원선거와 지방자치단체의 장의 선임방법 기타 지방자치단체의 조직과 운영에 관한 사항은 법률로 정한다.

제9장 경제

제119조 ① 대한민국의 경제질서는 개인과 기업의 경제상의 자유와 창의를 존중함을 기본으로 한다.

② 국가는 균형있는 국민경제의 성장 및 안정과 적정한 소득의 분배를 유지하고, 시장의 지배와 경제력의 남용을 방지하며, 경제주체간의 조화를 통한 경제의 민주화를 위하여 경제에 관한 규제와 조정을 할 수 있다.

제120조 ① 광물 기타 중요한 지하자원·수산자원·수력과 경제상 이용할 수 있는

자연력은 법률이 정하는 바에 의하여 일정한 기간 그 채취·개발 또는 이용을 특허할 수 있다.

② 국토와 자원은 국가의 보호를 받으며, 국가는 그 균형있는 개발과 이용을 위하여 필요한 계획을 수립한다.

제121조 ① 국가는 농지에 관하여 경자유전의 원칙이 달성될 수 있도록 노력하여야 하며, 농지의 소작제도는 금지된다.

② 농업생산성의 제고와 농지의 합리적인 이용을 위하거나 불가피한 사정으로 발생하는 농지의 임대차와 위탁경영은 법률이 정하는 바에 의하여 인정된다.

제122조 국가는 국민 모두의 생산 및 생활의 기반이 되는 국토의 효율적이고 균형있는 이용·개발과 보전을 위하여 법률이 정하는 바에 의하여 그에 관한 필요한 제한과 의무를 과할 수 있다.

제123조 ① 국가는 농업 및 어업을 보호·육성하기 위하여 농·어촌종합개발과 그 지원등 필요한 계획을 수립·시행하여야 한다.

② 국가는 지역간의 균형있는 발전을 위하여 지역경제를 육성할 의무를 진다.

③ 국가는 중소기업을 보호·육성하여야 한다.

④ 국가는 농수산물의 수급균형과 유통구조의 개선에 노력하여 가격안정을 도모함으로써 농·어민의 이익을 보호한다.

⑤ 국가는 농·어민과 중소기업의 자조조직을 육성하여야 하며, 그 자율적 활동과 발전을 보장한다.

제124조 국가는 건전한 소비행위를 계도하고 생산품의 품질향상을 촉구하기 위한 소비자보호운동을 법률이 정하는 바에 의하여 보장한다.

제125조 국가는 대외무역을 육성하며, 이를 규제·조정할 수 있다.

제126조 국방상 또는 국민경제상 긴절한 필요로 인하여 법률이 정하는 경우를 제외하고는, 사영기업을 국유 또는 공유로 이전하거나 그 경영을 통제 또는 관리할 수 없다.

제127조 ① 국가는 과학기술의 혁신과 정보 및 인력의 개발을 통하여 국민경제의 발전에 노력하여야 한다.

② 국가는 국가표준제도를 확립한다.

③ 대통령은 제1항의 목적을 달성하기 위하여 필요한 자문기구를 둘 수 있다.

제10장 헌법개정

제128조 ① 헌법개정은 국회재적의원 과반수 또는 대통령의 발의로 제안된다.

② 대통령의 임기연장 또는 중임변경을 위한 헌법개정은 그 헌법개정 제안 당시의 대통령에 대하여는 효력이 없다.

제129조 제안된 헌법개정안은 대통령이 20일 이상의 기간 이를 공고하여야 한다.

제130조 ① 국회는 헌법개정안이 공고된 날로부터 60일 이내에 의결하여야 하며, 국회의 의결은 재적의원 3분의 2 이상의 찬성을 얻어야 한다.

② 헌법개정안은 국회가 의결한 후 30일 이내에 국민투표에 붙여 국회의원 선거권자 과반수의 투표와 투표자 과반수의 찬성을 얻어야 한다.

③ 헌법개정안이 제2항의 찬성을 얻은 때에는 헌법개정은 확정되며, 대통령은 즉시 이를 공포하여야 한다.

부칙 <제10호, 1987.10.29>

제1조 이 헌법은 1988년 2월 25일부터 시행한다. 다만, 이 헌법을 시행하기 위하여 필요한 법률의 제정·개정과 이 헌법에 의한 대통령 및 국회의원의 선거 기타 이 헌법시행에 관한 준비는 이 헌법시행 전에 할 수 있다.

제2조 ① 이 헌법에 의한 최초의 대통령선거는 이 헌법시행일 40일 전까지 실시한다.

② 이 헌법에 의한 최초의 대통령의 임기는 이 헌법시행일로부터 개시한다.

제3조 ① 이 헌법에 의한 최초의 국회의원선거는 이 헌법공포일로부터 6월 이내에 실시하며, 이 헌법에 의하여 선출된 최초의 국회의원의 임기는 국회의원선거 후 이 헌법에 의한 국회의 최초의 집회일로부터 개시한다.

② 이 헌법공포 당시의 국회의원의 임기는 제1항에 의한 국회의 최초의 집회일 전일까지로 한다.

제4조 ① 이 헌법시행 당시의 공무원과 정부가 임명한 기업체의 임원은 이 헌법에 의하여 임명된 것으로 본다. 다만, 이 헌법에 의하여 선임방법이나 임명권자가 변경된 공무원과 대법원장 및 감사원장은 이 헌법에 의하여 후임자가 선임될 때까지 그 직무를 행하며, 이 경우 전임자인 공무원의 임기는 후임자가 선임되는 전일까지로 한다.

② 이 헌법시행 당시의 대법원장과 대법원판사가 아닌 법관은 제1항 단서의 규정에 불구하고 이 헌법에 의하여 임명된 것으로 본다.

③이 헌법중 공무원의 임기 또는 중임제한에 관한 규정은 이 헌법에 의하여

그 공무원이 최초로 선출 또는 임명된 때로부터 적용한다.

제5조 이 헌법시행 당시의 법령과 조약은 이 헌법에 위배되지 아니하는 한 그 효력을 지속한다.

제6조 이 헌법시행 당시에 이 헌법에 의하여 새로 설치될 기관의 권한에 속하는 직무를 행하고 있는 기관은 이 헌법에 의하여 새로운 기관이 설치될 때까지 존속하며 그 직무를 행한다.

<A4. 제5공화국의 사건사 연표>

일자	사건사명	내용
1979.10.26	10·26 사건	박정희 대통령의 피살과 전두환 세력 부각
1979.12.12	12·12군사반란	전두환 세력의 정권 장악 시도가 체계화된 사건
1980.5.18	5·18 광주민주화 운동 무력진압	민주주의 세력의 저항 및 이에 대한 실패
1980.8.16	최규하 대통령 사임	최규하 대통령의 사임과 전두환 정권의 태동
1980.8.27	제11대 대통령선거	전두환 정권의 형식화가 갖추어진 대통령 선거
1980.10.15	제5차 국민투표	제12대 대통령선거을 위한 법적 장비 완료
1980.11.5	정치풍토 쇄신을 위한 특별조치법 제정	기존 정치인 567명에 대한 정치활동을 1988년 6월 30일까지 일체 금지
1981.1.29	국회의원선거법제정	권위주의 체제 유지를 위한 국회의원선거법 개정. 국회의원 선출방식: 중대선거구제(도시지역에서의 여당 후보 당선을 위해), 전국구 제도 부활(지역구 의원 정수의 2분의 1; 제1당에게 전국구 전체의석의 3분의 2를 우선적으로 배분)
1981.2.25	제12대 대통령선거	전두환 권위주의 체제의 공고화
1981.3.25	제11대 국회의원선거	임기(1981.04.11~1985.04.10)의 국회의원 선출; 다수당은 민주정의당
1985.2.12	제12대 국회의원선거	유화조치 이후의 선거. 임기(1985.04.11~1988.05.29)의 국회의원 선출; 다수당은 민주정의당이나 야당인 신한민주당의 강세가 나타남.
1987.4.13	4·13 호헌조치	헌법개정에 반대하는 지배세력의 조치
1987.6.29	6·29 선언	단임제, 직선제 대통령 선거를 골자로 하는 선언
1987.10.17	국민투표	5년 단임의 대통령 직선제를 골자로 하는 새 헌법안이 국회에서 가결, 10월 27일 국민투표를 통해 확정
1987.12.16	제13대 대통령 선거	직선제 대통령 선거, 김대중·김영삼 단일화 실패, 노태우 민주정의당 후보 당선

찾아보기

[저자 약력]

엄 기 홍

연세대학교 정치학사 및 정치학 석사
University of Kentucky 정치학 박사
Iowa State University, Full-time Lecturer
Harvard-Yenching Institute, Visiting Scholar
현) 경북대학교 정치외교학과, 부교수
경북대학교 사회과학기초자료연구소, 소장
중앙선거관리위원회 선거자문단, 자문위원
국회 입법조사처, 자문위원
한국정치학회 비교정치분과, 위원장

주요 저서

「한국 국회와 정치과정」(공저)
「투표행태의 이해」(공저)
「정치학 연구방법론으로의 초대: Stata로 따라 하기」 외 다수

주요 논문

Money Matters in Party-Centered Politics: Campaign Spending in the Korean Congressional Election(공저)
Democratization Effects of Campaign Contribution Limits in Gubernatorial Elections(공저)
Generation Effects, To Be or Not To Be: Empirical Analyses of Korean National Assembly and Presidential Elections(공저)
Contribution Limits and Disparity in Contributions between Gubernatorial Candidates(공저)
민주시민교육과 투표참여: 제17대 대통령 선거를 중심으로
고액 정치후원금의 정치적 대표성: 대통령선거 경선, 국회의원선거, 광역단체장선거 후보자 후원회에 관한 경험적 분석
한국 후원회의 정치자금 기부금 결정요인: 2004~2006년 기부금액에 대한 경험적 분석
한국인의 정치부패 인식, 감소하고 있는가?: 정치부패 인식 지수화와 경험적 적용(공저) 외 다수

한국의 선거 60년사 ③
권위주의 체제, 선거 그리고 민주주의:
제5공화국의 선거들

초판인쇄 2016년 7월 25일
초판발행 2016년 7월 30일

지은이 엄기홍
펴낸이 김중용

총괄기획 박노일
편 집 심성보·김인숙

펴낸곳 마인드탭 MIND TAP
경기도 파주시 책향기로 441, 1004동 1004호(동패동, 책향기마을)
등록 제406-2014-000093호
전 화 070)7550-3758 팩 스 02)718-8554
홈페이지 www.mindtap.co.kr 이메일 pnc@pncmedia.co.kr
ISBN 979-11-86672-37-2 94340
979-11-86672-36-5 (세트)

※ 마인드탭은 피앤씨미디어의 자매 브랜드입니다.

정 가 20,000원